LOCUS

U0003795

LOCUS

LOCUS

LOCUS

mark

這個系列標記的是一些人、一些事件與活動。

mark 33 眞愛奇蹟

(Miracles Happen)

作者：布魯克・艾利森 琴恩・艾利森

譯者：黃佳瑜

責任編輯：湯皓全

美術編輯：何萍萍

法律顧問：全理法律事務所董安丹律師

出版者：大塊文化出版股份有限公司

台北市105南京東路四段25號11樓

www.locuspublishing.com

讀者服務專線：0800-006689

TEL：(02) 87123898　FAX：(02) 87123897

郵撥帳號：18955675　　戶名：大塊文化出版股份有限公司

版權所有　翻印必究

Miracles Happen:One Mother, One Daughter, One Journey

Copyright © 2001 by Brooke Ellison and Jean Ellison

Chinese Translation Copyright © 2002 by

Locus Publishing Company

Published by arrangement with William Morris Agency, Inc.

through Arts & Licensing International, Inc., USA

ALL RIGHTS RESERVED

總經銷：北城圖書有限公司　　地址：台北縣三重市大智路139號

TEL：(02) 29818089 (代表號)　　FAX：(02) 29883028　29813049

排版：天翼電腦排版印刷有限公司　　製版：源耕印刷事業有限公司

初版一刷：2002年 8 月

定價：新台幣 250 元

Printed in Taiwan

MIRACLES HAPPEN:
One Mother, One Daughter, One Journey

真愛奇蹟

她是我母親，我是她女兒

Brooke Ellison Jean Ellison 著
黃佳瑜 譯

中文版序

她是我母親，我是她女兒

女兒，她叫布魯克・艾利森。

母親，她叫琴恩・艾利森。

一九九〇年九月四日，布魯克十一歲，一個對未來充滿期待的年齡，也是生命憧憬的起始點。這之前，她跟小男生一塊打棒球、踢足球，學會踢踏舞、爵士舞與芭蕾舞。她還彈奏大提琴，加入合唱團，學習空手道……。她所熱中的每一件事塑造出她的特徵，也預示了她未來可能的身分：一名舞者、歌手和大提琴手……。然而，就在一瞬之間，她的生命全然改觀。

這是布魯克進入初中一年級的第一天，在放學途中，一場致命的車禍就這麼降臨。在汽車高速的撞擊下，她弱小的身軀幾乎被全然撕毀，她的頭蓋骨出現裂痕，身上多處嚴重骨折，頸部脊椎神經受到極大程度的傷害，她的意識不清，而且無法自行呼吸，人們認爲恐怕會失去她！昏迷三十六個小時後，她甦醒了！老天眷顧的同時，卻賜與她更大的磨難！從此，她的頸部以下全身癱瘓，而且必須依賴人工呼吸器維生。她在恢復知覺後向她母親琴恩所提的幾個問題當中包括：「我什麼時候還能回學校？」「我會不會趕不上進度？」

經過一年的手術與復健，布魯克重回校園，只是她得有母親琴恩隨時陪伴在一旁。她再也無法跳舞、彈奏大提琴或者打棒球，用來定義她個人特徵的事物全然消失。從她的形貌、她的發聲到她的生存方式，似乎全都變了個樣：她必須依靠安置在呼吸導管內的氣閥，把呼出的空氣導向聲帶藉以發聲；她同時得靠每分鐘經由氣管切口將空氣輸入肺內十三次的人工呼吸器維持生命；她外出所坐的輪椅是藉由舌頭操控裝設於上顎的一種類似齒列矯正器的鍵盤裝置；而如果輪椅故障了，她就只能像是擱淺在床上不得動彈……。

母親琴恩，學的是特殊教育，但她執教鞭的第一天——也是最後一天，就碰上女兒的車禍，從此她成了布魯克的二十四小時護士，服侍女兒的一切所謂「個人需求」：抽痰、導尿、洗澡、餵食、刷牙、梳頭髮、發癢時幫忙抓癢、在需要時幫忙拭淚、擤鼻涕、陪她上每一堂課，幫她一頁一頁翻書，留意人工呼吸器是否正常運作，並注意隨時可能發生的褥瘡（布魯克曾經因爲睡姿不當或鞋子太緊產生皮膚潰爛，而她大四時尾椎骨附近所產生的褥瘡，一度讓她差點中斷學業）……。琴恩常說：「我是身軀，她是大腦。」她帶著微笑，以及一份令人爲之動容的無私的愛進行這份工作。

布魯克說：「不管我面對的是甚麼環境，問題只在於我該怎麼活下去，以及不讓那些我所不能做的事來決定我所能做的一切。」「那就是我生活該有的模式。」人們可以控制自己的生活態度：樂觀或悲觀；也可以選擇看待生命的方式：希望或絕望。艾利森母女突破了生理傷殘的極限，讓生命在樂觀與希望的滋養下日漸茁壯。常有一些人對琴恩提出忠告：「艾利森太太，當妳告訴布魯克，只要她下定決心就能達成任何事，妳可不要帶給她『不實的希望』。」琴恩會這樣回答：「沒有所謂『不實的希望』這種東西……你若非存著希望，就是不抱任何希望。」

這一對爲彼此締造奇蹟的母女，果然實現了她們心中的愛與希望：布魯克不僅以最優異的成績從初中畢業，這樣的表現讓她有機會繼續進入高中資優班，加入「衛斯特預科」（West Prep）的科學研究班級。這項延續三年的課程將進行各種科學研究專案，並在最後一年參加「西屋科學獎」的比賽。三年後，布魯克以平均成績A加，學力測驗一五一〇分，榮獲全國性報紙《今日美國》遴選爲全國成績最優異的前二十名學生之一，並順利取得一流學府哈佛大學的入學許可。

二〇〇〇年七月，幾乎就是在車禍的十年之後，布魯克以傑出的成績取得哈佛大學心理學及生物學學士學位，也是哈佛大學創校四百多年來第一位四肢癱瘓的畢業生。「她是我的母親，我是她的女兒」，這對母女不僅成爲最知心的朋友，也是最親密的夥伴。她們的身心結爲一體，走過所有的歡喜與哀愁。世界對她們而言是如此清晰：母女之間產生的凝聚力，其實和所有人緊密相繫在一起的力量沒什麼不同——「我們皆爲了其他人而存在」。琴恩曾經向布魯克表示過這種疑惑：「生命到底有什麼目的？」此時此刻，布魯克終於明瞭，媽媽心中其實一直存在著這個答案：生命的目的，就是爲彼此製造奇蹟。

這不只是一個癱瘓失能的故事，也是愛與包容的奇蹟；不只是一個個人如何突破困境，也是整個家庭成員的英雄事蹟；不只是一對特別的母女關係，更是天下母女普遍存在的一種牽繫。

我們決定以最安靜的心，出版《眞愛奇蹟》中文版，向琴恩和布魯克致敬，向所有母親和女兒美麗的夢致敬。

謹以本書獻給艾德華・艾利森，他一路看著我們走過每一步，若非他的協助，這本書不可能存在。他源源不絕的愛、扶持和鼓勵，一直是我們的靈感泉源。他無私地奉獻於愛的勞務、教導與分享，以及指引和照料。他是我們生命中最重大的奇蹟。我們愛你。

感謝

感謝艾德華、凱絲頓和理德從不遲疑的盡心盡力。

感謝我們的大家庭所給的愛。

感謝我們的友人，他們是生命中的天賜之福。

感謝鄰居們在艱難時刻所提出的扶持。

感謝與我們分享知識的師長與教授。

感謝哈佛大學的慷慨熱心。

感謝強・羅森和威廉・莫理斯經紀公司的協助與指導。

感謝珍妮佛・蘭和 Hyperion 出版社對我們的信心。

感謝每一位曾觸碰我們的生命、讓生活變得更加美好的人們。

燭

禁錮於蠟中，我燃燒，
緩緩，沉穩向上升，
我向前，我用力，我渴望衝出。
依舊動彈不得，信守著指派給我的使命，
堅定地燃燒，熊熊地燃燒。

油蠟獄卒讓我心無旁騖，
莫看那別無其他用處，不可逾越的層層包圍，
但見流洩而出的璀璨光芒，
堅定地燃燒，熊熊地燃燒。

我的存在還有什麼其他意義？
可看得清，先前處於闃黑之中的人？
白晝裡，我黯然失色。
但在黑暗之中，我是最明亮的光。

堅定地燃燒，熊熊地燃燒，

我必須在此時此刻奮力燃燒，
只因我的火焰如此微弱，
輕易被不經意拂過的微風緊扼。
搖晃閃爍，回到原路——我還活著。
火焰才是我，蠟不是。
堅定地燃燒，熊熊地燃燒。

布魯克・艾利森

第一部

登高必自卑，行遠必自邇。
——孔子

前言

朝陽的光芒穿透窗戶，灑進我的房間，顯得如此完美無缺。有人說晨光是上帝的手指頭，伸入人間溫暖我們、撫慰我們。點點塵埃在光線中乍隱乍現，漫無目的地飛舞盤旋。我不禁想著，塵埃就像我們，孤零零地，認定生命不具備什麼崇高目的。我們是否只是點點塵埃？還是存在著更深層的蘊涵？以前，我母親從早報讀到人們犯下的愚蠢罪行後會雙手一攤，瞪著天花板嘆道：「這究竟怎麼一回事？」聽她這樣說，我往往不解。她就對我說：「布魯克，在我嚥氣之前，只希望你能回答我一個問題：我們的生命到底有什麼目的？」我總覺得她不過說說罷了。但是，發生在我生命中的事件，讓我踏上了一條我不得不反覆思忖這個問題的人生道路。我想，我離答案愈來愈近了。

布魯克

一九九〇年的夏天已進入尾聲，一如往常，早晚的空氣瀰漫著一股特別的感覺與味道。就像新鞋子的氣味或新襯衫的觸感，大自然以它獨特的方式告訴大家：新學期馬上就要開始了。年紀多大其實無關緊要，那個感受都是一樣的。草地在清晨散發出朝露氣息，指示腸胃開始蠕動，告訴大腦準備好咀嚼課本、筆記和家庭作業的紮實內容；這幾乎稱得上是制約反應。我總覺得九月才是一年的開始，揮別舊日時光的驪歌應在九月一日唱起，而不是在十二月三十一日。新的一年就要展開，而今年似乎比往常更充滿希望。我的母親——琴恩——即將就業，在鄰近學區的高中教導一群難以管教的孩子。她為了取得教師證書，三年前重返學校就讀，今年六月剛畢業，希望能為年輕人提供一臂之力。九月四日，將是她上任新工作的頭一天，也是我進入莫菲初中（Murphy Junior High School）就讀初一的頭一天。

我的父親在社會福利局上班，今天請假在家。他不想錯過我們兩人的新學期第一天，也感受到了緊緊伴隨著嶄新經驗而來的不安定感。母親似乎比平常來得煩躁不安，若有所失。這不僅是她第一天上班，也是她頭一回放任我們自己照料自己。我的父母一向分工合作，但是由於家裡的新狀況，父親得開始扛起更多家務責任。

「華多？」我聽到母親從二樓走廊上，以一種輕如呼吸的低語叫喚父親；當人們只想讓一個人聽見，不想讓聲音傳到其他人耳中時，經常會使用這種方法。她總是叫他華多或是心愛的或甜心，視談話的情況而定。我想，「華多」（Wardo）是從「艾杜華多」（Eduardo）這個名字演變而來的，而「艾杜華多」則是父親的名字「艾德華」（Edward）在西班牙文或義大利文中的說法。這是一大清早，我弟弟理德和姊姊凱絲頓都還在睡覺。

「華多。」她又喊了一聲。

「什麼事？」父親回答，他和我正坐在廚房裡的餐桌旁。

「布魯克的校車什麼時候來，要在哪裡接她上車？」母親問道。她有一種明知故問的習慣，這是她用來確定其他人也都搞得清楚狀況的微妙方式。

父親走到冰箱前，拿起母親用磁鐵黏在冰箱上的時刻表。任何重要的事情都會張貼在冰箱上：醫院掛號單、電話留言、有意思的剪報，以及母親用來提醒我們如何過日子的紙條。

「她九點上車，下午一點下車，地點是雪蘭巷與雪帕巷的轉角。」父親一口氣回答，彷彿早把這件事背得滾瓜爛熟。

父親和我相視一笑，我們都知道這是每天必經的例行程序。要讓母親安心，說不定得重複演練好幾遍才行。母親從不放過任何細節，在我認識的人裡頭，她可能是最嚴謹、最有計劃的人。她可以事先安排兩個星期後的晚餐菜單，如果凡事都能順著她的意思，甚至連餐具都很可能預先擺好呢！不論什麼時候，我們都得熟知自己的職責所在、為什麼要執行某項工作，以及該何時完成工作——並且隨時準備接受突擊測驗。她剛剛梳妝打扮好，在出門之前，先下樓來和我們共度幾分鐘的時間。

「你的衣服都擺在床上了。」她說。

「謝啦，媽。」

「別忘了帶活頁紙和新的課程表。」

「我不會忘記，媽。」

「緊張嗎？」

「一點點，不過不用擔心，我不會有事的。你呢？」我試著轉移她的注意力，她光擔心自己的新排程都擔心不完了，沒必要拿我的事增加她的煩惱。

「我很好，我只想確定你們把自己的事都弄得一清二楚了。眞不敢相信，你都要上初中了，瞧瞧你。」

她停了下來，把雙手放在我的肩上，然後親吻我的臉頰。

「別忘了問問看樂隊活動和大提琴課程的詳細情況。」她繼續說著，彷彿腦子裡列著一張鮮明的清單。「還有，舞蹈班這個星期開始上課，所以你得好好想想什麼時候寫功課，用什麼方式完成。」

「我知道啦，媽，我會安排好的。」

母親停頓了一下，明白顯示她應該走了卻實在很想留下來。母親是個讓人摸不清的謎，一個美麗的謎；她可以像軍訓教官一般強硬，不過，只要一個簡單的善行或一首打動人心的歌曲，就可以讓她立刻熱淚盈眶。她從餐桌旁起身。

「我的髮夾呢？我該走了。」她說。

我母親老是找不到她的髮夾，那是她用來綁住一頭紅棕色長髮的金屬夾子。她掃視廚房，在每一個可能藏匿髮夾的地點搜尋：洗碗槽上方、餐桌、流理台……最後在她手提包的背帶上發現髮夾的蹤影。她抓起髮夾，不假思索地把它含在唇間，然後扭轉長髮，再以髮夾固定住，這樣就完成了整個例行公事。這個花招，我看她玩過上千次了。

「我看起來怎樣？」她拿起一條花色腰帶圍在髖部，低低地綁在腰下。

媽媽以深綠色的包鞋搭配淺綠色的花洋裝，把她天然的橄欖色肌膚襯托得更加出色。她眼裡蓄滿了淚水，顯然，她正努力抑制著不讓它們奪眶而出。

「哇，親愛的，你看起來眞棒。」爸爸一邊搖頭微笑一邊回答。

當父親凝視母親的時候，我看得出他深知自己是多麼幸運。爸媽十六歲相識，高中時代就是一對小情侶，二十一歲結婚，二十五歲開始生養子女。我們三姊弟之間各差兩歲；母親甚至連這一點都能善加計劃。

「布魯克，」母親說：「我希望你記住今天發生的每一件事情，等我回家之後，我們就可以從頭到尾聊一聊。記得，連最雞毛蒜皮的小事都別忘了喔。答應我，好嗎？」

我覺得，媽媽這麼說，不僅是因爲她眞的感興趣，也是爲了彌補她心中由於離家工作而產生的愧疚感。

「我答應，」我說，「你也一樣，我也想聽聽你頭一天上班發生的事情。你就別再擔心我們了，快點出門啦。你不想第一天就遲到吧？」我說：「對了，媽，明天是你生日，別忘了想一想明天晚餐要吃什麼。爸說要下廚，這表示你得想清楚要叫哪一家餐廳外送！」

我想法子替媽媽脫困，我可以感覺到她的爲難。雖然我非常希望她留下來，但我也希望她安安心心出門。我們倆都即將展開一段新的冒險。不過，這一段旅程的眞實狀況，卻不是我們任何人可以料想得到的。

琴恩

那天早晨，我開一輛一九七八年份的雪佛蘭諾華（Chevy Nova）出門上班，在這一帶，鄰居們都戲稱此車爲「那輛惡狠狠的綠車」。艾德和我希望我上班之後我們有能力換一輛新車。我們不求什麼奢華享受，只求擁有一輛有冷暖氣與收音機的車子。艾德和我的經濟狀況一直很拮据，他在社會福利局的工作雖然穩定，但是那份薪水僅能勉強維持基本生計。我們是一個單薪的五口之家；在紐約長島，一個家庭至少得擁有兩份薪水，才能過著起碼的舒服生活。

從家裡到學校約七分鐘車程。一路上，我覺得非常掙扎，腦子裡彷彿展開一場激烈的拉鋸戰。一方面，我就要著手建立一份新生活與新事業，但是，這也意味著我必須暫時將家庭放在一旁。我仍然扮演著妻子與母親的角色，這是我最重要的使命，但如今我也是一位老師了。我必須不斷提醒自己：出外工作是出於無奈。我明白這是我的責任，然而私心裡，我知道自己也很願意這麼做。我覺得我能在新的工作領域上一展長才，這份工作並不容易，我要教導的，是一群被主流制度放棄了的年輕人。我希望除了自己的子女之外，也能在其他孩子的生活中發揮影響力——尤其是那些似乎沒有獲得公平待遇的孩子們。如果能做到這一點，那麼我求學時期的努力就沒有白費了。

上午七點半左右，我在協道學校（Unity Drive School）的停車場停妥了車子，然後用照後鏡檢查一下臉上的粧。睫毛膏和眼線在我臉頰上留下一道道的痕跡，一張臉彷彿大雨過後沾染著炭黑色污垢的窗戶；我輸掉了這場與眼淚對抗的戰爭。

儘管這是我第一天上班，但是我對這個學校和裡頭的教職員並不陌生。我就是在協道學校完成實習經驗的，在這裡，我結交了許多好朋友。暑假期間，我花了很多時間佈置新教室，三個孩子也都跟著我在這裡熟悉環境。我希望孩子們認識我的新工作，成爲這趟新歷程中的一部份。他們帶著剪刀、彩色紙和訂書機來幫忙，不過大部分時間，他們都在空盪盪的走廊和樓梯間跑來跑去，尋找著這裡並沒有擺設的自動販賣機。

我清理了臉上的粧，深深吸一口氣，然後跨出車子，踏上新的旅程。我走進學校大樓，心中仍記掛著家裡的一切。

布魯克

那是個陽光璀璨的日子，溫暖和煦，不過，你還是能在空氣中感受到秋天清爽的氣息。我姊姊凱絲頓和弟弟理德都還在睡覺，他們明天才開學。弟弟五年級，凱絲頓初三。我們初一新生比較特別，比其他人早一天開學。九月四日是新生訓練日，幫助我們熟悉初中環境。從今年起，我們就能像高年級生那樣自由選課了。我曾好幾個晚上熬夜翻閱姊姊的初中年度紀念冊，看著每一張照片，念著每一個名字。眞不敢相信，我終於要成爲其中一員了。我實在非常高興、非常興奮。

爸爸在外面陽台上喝咖啡，臉上滿是平靜與溫柔的表情。他的紅髮開始轉成淡棕色，而且頭髮也愈來愈稀薄；這對他造成的實際困擾遠遠多於他願意說出來的程度。寬鬆的運動服裝遮不住多年長跑訓練所鍛鍊出來的結實體格。爸爸的外表十分引人注目，尤其當媽媽躺在他懷裡時更顯突出，然而他從來不肯承認這一點。

我穿好了衣服，就到外面陪他坐一會兒。我前一天晚上把指甲塗成亮眼的粉紅色，然後在兩隻無名指上各戴上三顆亮晶晶的玻璃戒指。鮮豔的指甲與我簡單的黑白服飾形成強烈對比，再加上鬆鬆地綁著大蝴蝶結的黑色漆皮鞋子，就完成了我開學第一天的整體造型。我刻意挑選粉紅色的檔案夾搭配指甲顏色。檔案夾裡面放著一打彩色的透明夾，每一個科目各用一個顏色。媽媽要我把課程表放在檔案夾正面的塑膠套裡，這樣就可以看得一清二楚。課程表主宰著我一整天的活動；英文與數學、拉丁文與歷史——每一個科目我都迫不及待。我覺得很棒，信心充沛、蓄勢待發。

「你就像你媽媽，凡事有條不紊、計劃周詳，」爸爸說道，「我像你這麼大的時候，腦子裡唯一想知道的，就是午餐和體育課的時間。你知道嗎，小布親親？你看起來棒透了。」

「謝啦，老爸爹地。」

每當他叫我小布親親，我就會叫他老爸爹地，我知道他很喜歡這個親暱的稱呼。

「謝謝你今天請假陪我，」我說。

爸爸和我是好朋友，我們彼此了解，個性十分相近，只要一個眼神或動作，就能明瞭對方心中的想法。爸爸總會以他特有的詮釋，對我唱出貝瑞・曼尼洛（Barry Manilow）的「沒有你我無法微笑」（I Can't Smile Without You），我知道那是他發自內心的一首歌。

「我說什麼也不會錯過這一天的，」他說，「而且，打從你們這幾個傢伙入學以來，這是你媽媽頭一次錯過開學日。你知道她今天早上出門工作，沒辦法在這裡陪你，對她而言是多大的折磨。」

「我知道，她出門前有一點難過，不過眞的沒有關係，等她回家之後，我們會找機會聊一聊的，」我說。

「你打算怎麼去公車站？」爸爸小心翼翼地問道。他說話的態度，彷彿希望聽到心中盼望的答案。

「什麼意思？」我一頭霧水。

「你想要自己走過去，而我在這裡等著？還是要我陪你一起去？不論你怎麼決定，我都沒有意見，我不希望讓你覺得丟臉或什麼的。」

「你不會丟我的臉的，」我回答道，「畢竟，車站的每一個人都認識你，也知道今天是我上初中的第一天。我以後會有很多機會自己上學的。」

「你不是怕我傷心才這麼說的吧？相信我，我會了解的，」他說，「我在你這個年紀的時候，才不會讓奶奶陪我去公車站呢！」

「不，是眞的，我希望你陪我一起走，」我說。

爸爸牽起我的手，一步步地向前走著。如果當時，我知道這是最後一次感受爸爸的手在我手心裡的感覺，我就會緊緊抓住、絕不鬆手。

琴恩

我跟克麗絲和艾思翠一起到學校附近的速食店吃午餐，她們是我在實習期間認識的好朋友。餐廳裡擠得水洩不通，我們得在外頭的人行道旁席地而坐。不過，我們一點兒也不介意。那天天氣美麗晴朗，比起又悶又熱的教室，戶外的新鮮空氣眞叫人覺得舒服多了。這個早上頗具工作效率，簡短的教務會議之後，我整理了教室，爲明天的課程做好準備。我覺得信心滿滿，一切就緒。

儘管剛離開孩子們的時候，我感到惶惶不安，不過，我還是想辦法把家裡的瑣事暫時拋到腦後。和克麗絲、艾思翠聊天時，我發現自己毫不爲家裡的情況擔心，我相信一切都會好好的。

克麗絲、艾思翠和我剛用完餐返回學校，大辦公室裡的一個小姐從走廊上叫住我們。

「琴恩，保健室裡有一通緊急電話，是找你的，」她神色慌張地說道。

「找我？誰打來的？」

「你先生艾德打來的，」她回答道。

「他有沒有說出了什麼差錯？」我說，一顆心開始砰砰亂跳。

「沒有，他只說情況緊急。」

那種感覺，就好像半夜兩點被電話鈴聲從沉睡中驚醒一般。一開始，我覺得茫茫然，不知道發生了什麼事，接著，一股驚恐的感覺突然排山倒海而來，腦子開始慌亂地搜尋各種可能出錯的原因。

「保健室怎麼走？」我問克麗絲。

克麗絲抓起我的手臂，拉著我往穿堂方向跑。我對週遭刺激突然變得敏感許多，每一樣聲音都比以前嘈雜，卻模模糊糊地難以辨認。

「會出什麼事？」我問克麗絲，「有可能出了什麼事？」我們似乎花了一輩子的時間才走到保健室。

「電話在哪兒？」我在好不容易抵達保健室的時候大聲問道。我原本就因為消化不良的速食午餐和可能收到的壞消息而覺得噁心，此刻，刺鼻的外用酒精和防腐劑的味道，更讓我一陣陣作嘔。

「在這裡，你先生打來的，」護士小姐說道。我在那一瞬間靜止了下來，試著從護士的臉上表情看出端倪。不過，只一瞬間就立刻拾起話筒。

我在開口之前停頓了一會兒。

「親愛的，什麼事？」我對艾德說道，心裡並不眞的想聽到他的回答。

「發生了一件意外，」艾德說道。他的語氣沉著，但是聲音裡透露出焦躁不安的情緒。

「什麼事？……在哪裡？……是誰？」我焦急地問。

「布魯克發生意外了，」艾德答道。他的聲音開始顫抖，我聽得出他的焦慮，「我需要你來石溪（Stony Brook）醫院的急診室，」他說，「找個人開車載你，快點過來。」

抵達醫院之前，這就是我所知道的一切了。

艾德依照計劃，帶著理德到石溪村找菲爾剪頭髮。石溪村位於長島海灣一帶，就在我們家北邊不遠處。那裡風景如畫，是長島的中心點，西接布魯克林，東通蒙托克岬（Montauk Point）。殖民地拓荒者進駐此地的歷史，可以追溯到獨立戰爭以前。一句老掉牙的說法：「華盛頓曾居於此」，確實可以套用在此間的一家小旅館上。關於石溪村的故事不僅僅是歷史軼事而已，我們家在那裡的回憶也同樣豐富、同樣地意味深長：夏天在廣場綠地上的音樂會，冬天裡的耶誕樹點燈儀式，還有一年四季在磨坊附近池畔餵鴨子的經驗；這些記憶是我們家庭生活中充滿活力的一部份。

我先生找到空位準備停車，理德逕自跳出車外，一溜煙地向前跑去。菲爾的理髮店裡人滿爲患，看來，附近的每個小孩都要拖到最後一刻，才肯乖乖地修剪頭髮。石溪的每個居民都找菲爾理髮，他是第一代義大利移民，口音裡帶著濃濃的義大利腔調。菲爾和每個人的交情都很好，他確實是城裡最受歡迎的人物。菲爾知道那天一定會很忙，所以特地找了一些幫手，不過，排隊時間還是長得離譜。

「菲爾，生意不錯吧？」艾德問道。看看小店裡的顧客人數，其實不用說也可以知道。
「還不錯啦，托你的福，」菲爾用義大利話回答，他接著問，「你的……呃……太太好嗎？她眞是個……呃……好女人，」菲爾說：「她是義大利人，是吧？」
「噢，是呀，她在布魯克林出生，五歲時候和家人搬到這裡。我眞高興她搬到這裡來了，沒有她我可不知道該怎麼辦，」艾德說道，「她今天開始從事一份新工作，到附近學區教書，理德的姊姊布魯克今天開始上初中。對我們艾利森一家來說，今天可是値得大肆慶祝的一天呢。」
理德草草翻閱著過期雜誌，大約過了一個鐘頭左右，才被叫到那張巨大的紅色皮製理髮椅上。他長得比去年高了，如今，他的視線可以越過洗髮精、髮膠和爽身粉等瓶瓶罐罐，在鏡中看見自己的身影。
「眞是個……呃……大男孩，」菲爾說道，「不用再坐兒童椅了。你的兒子……呃……想剪……呃……怎樣的髮型？」
「這個嘛，稍維修一修就行了，」艾德回答，「不用太短，也不要太長，一般髮型就可以了。他媽媽喜歡他剪短髮，可是他不喜歡，所以我們折衷一下好了。」
菲爾開始展開絕技，喀嚓喀嚓地在理德耳朵兩側凌空揮動大剪，藉以舒活舒活刀具。一俟眞的下剪，一簇簇仍帶著夏日痕跡的淡棕色髮絲，便亂紛紛地飄落了一地。剪刀的喀嚓聲彷彿具有催眠效果，艾德的心神在眼前活動和腦中思緒之間游移不定。

他思忖著，每個新學年的開始都象徵著時間的流逝，而時間過得多麼快啊！他想念孩子們的幼年時期，但也明白生命中的每一個階段都有它珍貴的地方。他既希望孩子們保持童稚，卻深知他們必須持續成長，這兩種相悖的想法讓他感到莫衷一是。艾德起身看看菲爾的傑作，這時，牆上的時鐘吸引住他的目光。時間有點晚了。艾德開始覺得有些緊張，他必須在布魯克下車以前回到家；校車預計一點鐘到站。艾德曾向我保證到車站接布魯克，因此他知道自己絕不能錯過公車到站的時間。艾德付了帳單，塞給理德幾塊錢做為菲爾的小費，然後走向停車場。

「別忘了……呃……拿隻棒棒糖，也給姊姊拿一隻，」菲爾說道。

艾德和理德在十二點半左右離開理髮店，布魯克的學校正好在他們的回家途中。他們可以看到開往各個目的地的校車在路邊排成一串，車隊就像一條黃色長蛇，在校門口連成一個圓。駛過紅磚大樓時，艾德曾想停下車來接布魯克回家，同樣地，他認為這或許會讓布魯克覺得尷尬，或顯得他過於保護孩子了。他們繼續向前走，沒有停下來，打算直接回家等候布魯克。

凱絲頓已經起床穿好衣服了，正等著爸爸和弟弟回家。理德跑到朋友家裡，好好把握暑假最後一天自由自在的日子。早晨清爽的氣息已逐漸淡去，繼之而起的，是午後陽光帶來的熱力。凱絲頓和艾德決定到門口的車道尾端等待布魯克的校車。路旁種了一排梧桐樹，綠蔭讓他們的眼睛避開太陽的直射，可以看清楚雪帕巷巷底的校車車站。我們的鄰居珍珠把車子停在路旁和艾德聊天。校車到站時，艾德和珍珠正聊著孩子們與工作的近況。校車停了下來，卻不見布魯克下車。

「怪了，」艾德對凱絲頓說道，「我以爲布魯克會搭那班車的呀，會不會還有另一班車？」

「不曉得耶，爸，」凱絲頓回答，「我想她應該搭這班車的呀。」

「你在等布魯克嗎？」珍珠問道，「我以爲學校明天才開學。」

「不，她今天參加新生訓練，」艾德說道，「明天才正式上課。」

他看著珍珠，卻開始心不在焉。他其實並非十分擔心，只是覺得很奇怪。事情不太對勁。

「艾利森先生！……艾利森先生！」遠處傳來一陣驚慌失措的聲音。

「從你前院草坪上跑過來的人是誰呀？」珍珠問道。

艾德轉過身，看見也住在這條街上的伊麗莎白向他跑過來，她是布魯克的朋友。

「艾利森先生！」伊麗莎白再度高聲喊叫。她跑得上氣不接下氣的，臉上表情令人爲之心寒。

「艾利森先生……布魯克她……」

「怎麼了，伊麗莎白，出了什麼事？」他說。

「布魯克在尼可路上被車子撞到了。」

「上車！」珍珠大聲喊著。

艾德和凱絲頓跳進珍珠車子的後座，匆匆忙忙地穿過雪帕巷趕往梧桐街，這是我們這個社區通往尼可路的必經之道。艾德的思緒快速轉動著，但是並不驚慌，他實在不相信會發生什麼嚴重的事。艾德認爲伊麗莎白一定是搞錯了，布魯克要搭校車回家的，根本不可能跑到尼可路上。

尼可路是一條四線寬的主要幹道，由北岸的石溪通往南岸的派屈丘，貫穿整個長島；莫菲初中和我們的社區之間便隔著這條大馬路。這條路上的車速高達每小時八十多公里，我們都諄諄告誡孩子們離尼可路遠一點。

珍珠的車逐漸抵達尼可路上交通糾察隊平常站崗的地方，沒有人看見什麼不尋常的景象。艾德對自己說道，「什麼事也沒有，這一定只是一次要命的玩笑。」他們慢慢駛過十字路口，艾德下意識地往左邊看，什麼也沒瞧見。

「這究竟在搞什麼？我什麼都沒看見，」艾德說道。

他接著往右邊看，前方四分之一哩處的車子都在路邊暫停，好讓救護車通過。他仍然不覺得出了什麼差錯。

「珍珠，」艾德說道，「布魯克不會到這裡來的，她怎麼可能大老遠跑到這兒來呢？」

車子向右轉，愈來愈接近出事地點，這時，艾德看見散落一地的活頁紙和彩色透明夾。週遭景物開始以慢動作移動，幾乎像夢境一般的朦朧。他無法呼吸，彷彿有人在他肚子上猛地揍了一拳。

「噢，我的天啊！我的天啊！我的天啊！」像在施展魔咒一般，艾德一次次地重複這幾句話。珍珠把車停靠在路邊，當他們步出車子時，艾德叫凱絲頓留在車上。

「小布親親！」艾德跑向馬路中央，一邊大聲喊叫著。兩名急救人員抓住了他。

「別攔我，那是我女兒……小布親親！我得看看她！」

「你不能到那兒去，」穿著深藍色連身制服的急救人員說道，「你現在幫不上忙。」

艾德看著眼前混亂的景象，事態的嚴重性慢慢浮現。警車聚集，警笛發出刺耳的聲響，員警和急救人員正驅離著馬路上的人們。許多人大聲嚷嚷、傳達著指令，我先生的腦中卻一片空白。急救人員把儀器從救護車上拖下來。艾德可以看見布魯克躺在公路中央的分隔島上。汽車撞擊的力量讓她整個人向前彈了將近一百呎的距離，她正流著血，意識不清，整個身體軟綿綿地毫無生氣。一位年輕的醫學院學生和本地消防隊隊長正在執行心肺復甦術，他們在意外發生之後旋即抵達，並展開急救。

撞倒布魯克的車子停在路邊，車子前緣和散熱器凹了進去，擋風玻璃也破了。一群警察爲了檢查機械問題蜂湧而上，就像方糖上的螞蟻群一般。幾位幹員衡量輪胎的煞車痕，計算事發當時的車行速度。員警們對這些枝節末葉的關注，似乎不具太大意義。珍珠一直想法子瞭解事情的來龍去脈。

「布魯克沒有上車，」她對艾德說道。

「什麼意思？」

「她決定走路回家，」珍珠回答。

「從這裡？」他說。

「顯然地，她決定和幾個朋友一道，」珍珠解釋道。

她們穿越學校後方操場，從樹林中的小徑抵達尼可路旁，這是年紀較大的孩子們常走的路。小徑尾端銜接尼可路上的一個護欄缺口，孩子們因而可以輕易地跨越馬路。馬路對面就是基督科學教堂，教堂所屬的樹林就位在我們這個社區的後方。這原本只是十分鐘的路程……而布魯克卻無法走完全程。

急救人員需要在不加深傷害的情況下，盡速將布魯克送往醫院。在那要命的關頭，沒有人知道她到底傷得多重。他們小心翼翼地把她放到擔架，再抬上救護車。救護車門關上的那一剎那，傳達出一股可怕的終結感。艾德想要看看布魯克，和她說話，摸摸她。恍惚之間，他覺得自己再也沒有機會這麼做了。急救小組不肯讓艾德隨行。

「珍珠，他們要把她送往大學附屬醫院，」艾德哭喊著，「我們得趕在他們之前抵達。」他跳進車子前座，然後轉身看看仍坐在後頭的凱絲頓。

「不會有事的，甜心，」他對她安撫道。

凱絲頓彷彿沒有聽到他的話，反而對事情抱持著相反的看法，她不斷哭著說，「我從來沒對她說我愛她……我從來沒對她說我愛她。」

位於山頂的石溪大學醫院，坐落在意外現場的視線範圍內，只需三分鐘車程即可抵達。珍珠猛按喇叭，急速地超越救護車，然後在急診室前讓艾德下車，她自己則試著找車位停車，並且幫忙照顧凱絲頓。當救護車到達醫院、開始倒車進入急診室門口時，艾德正站在門外等著。尖銳的警笛聲敲打著艾德的大腦，這聲音不僅象徵著救護車的到來，也意味著車內又驚又恐的傷患終於抵達醫院；對許多人而言，這些傷患是多麼珍貴的寶貝。救護車門刷地打開，急救人員抬出擔架。原本尚未打開的擔架支柱，這時猛地放下，架在人行道上。艾德拼命靠近看看布魯克；他仍然不敢相信眞的是她，覆蓋在那小臉蛋上的呼吸面罩，讓艾德更無法看清她的臉。他對自己說道：那眞的是她嗎？

從發生意外到進入醫院，時間並未改變任何事情，艾德仍然無法接受事實。他接著看見那套黑白相間的衣服和那雙黑色皮鞋，幾個小時以前，這些衣著打扮是布魯克多麼看重的事啊，如今，對那些從她身上剝下衣服的醫療人員而言，卻絲毫不具任何意義。她的生命掌握在他們手中。「那是我的小女兒，」艾德在腦中尖叫著，「我是她的父親！」他覺得徬徨無助，不知所措。別人正在執行他應盡的義務。

急診室的値班醫師和護士，站在急診室的門外等候。

「她看起來怎樣？」急診醫生問道，試著聽取急救小組的簡報。他們只是搖搖頭，沒有多說什麼，清楚地顯示情況實在很不樂觀。

「她的身上多處受傷，意識不清，而且無法自行呼吸，我們恐怕會失去她，」一位急救人員在擔架從他們身邊推過時，向醫生和護士這麼報告。

急救小組發表他們致命的預言時，並未發現艾德就站在一旁。一位在意外現場見過艾德的醫療人員認出他，並向護士示意艾德和布魯克之間的關聯。

「先生，你是她的家屬嗎？」護士把手放到艾德肩上問道。

「是的，我是她的父親。」

「你得跟我一起來。我知道現在說還太早，但是你必須做好心理準備；情況看來並不樂觀。」她極富同情心地說道。

艾德當時的感覺，彷彿整個人向後摔倒，景物急速地掠過他的身邊，而他卻無法加以攔阻。

護士小姐將我先生拉進一個世界，而布魯克卻被推入另一個世界。當手術室的大門將布魯克吞噬，艾德只能無助地望著。

克麗絲開車載我前往醫院，我們都猜不透發生了什麼事；艾德只是叫我盡速前來。行經尼可路時，我們可以看見警察封鎖了社區的十字路口。不知道爲什麼，我就是曉得這與布魯克的意外有關。木頭拒馬橫亙著整條尼可路，克麗絲把車開到拒馬旁的一位警察面前。

「你不能過去，」他說道，「這條馬路封閉了。」

「我女兒被車子撞了，我必須趕往醫院，」我傾身向前，隔著駕駛座的車窗說道。我不知道自己是怎麼曉得狀況的，我就是知道。

「你說什麼，這位太太？」他問道。

我再回答一次，他就讓我們通過了。我們經過基督科學教堂對面的護欄缺口，我知道這就是出事地點。

醫生們忙裡忙外地穿梭於手術室與等候區之間，試著讓艾德和我隨時掌握最新情況。醫療人員不肯讓我們進手術室看我們的女兒。骨科醫師、腦神經外科醫師、整形醫師以及急診室的醫生和護士小姐都在現場，此外，還有努力協調整個混亂局面的外科主任。

「艾利森先生、太太，我是外科的住院醫師，負責爲令嬡操刀。」

大夥兒握一握手坐了下來。我們倆都無法想像他要說些什麼，我試著從醫生的臉上尋找蛛絲馬跡，但是無法看出端倪。艾德很擔心他會表示事情結束了，布魯克並沒有撐過來。

「她還活著嗎？」我問道。我幾近崩潰，還沒有從剛聽到消息時的打擊平復過來。

「她會怎麼樣？」艾德提出疑問。

「是的，她還活著，」醫生回答道，「不過，令嬡的情況十分危急，還沒有脫離險境。」

他的答覆客觀、不帶感情，彷佛正在對巡房的實習醫生描述我女兒的狀況。

「還有希望，」我說，「這就是我們現在眞正想聽到的。」

我緊握艾德的手，望著彼此，試著從對方眼神中找到一些答案。我們面臨了生命中前所未有的難題，兩人臉上的表情，深切反映出對方心裡的感受。有時候，一個人的腦中會閃過非常莫名其妙的想法。我想著：在宇宙中，任何福分都有相對應的災厄，這次事件，是否只是反映出宇宙中的均衡法則?我回想著過去的幸福,布魯克的意外,是否只是我們所有福氣的一個回應呢?

「我知道這對你們而言是很大的煎熬,」醫生說道,「但我希望你們知道,院方會盡一切力量醫治令嬡的。」

「你能不能講得詳細一點……她受了怎樣的傷?我們該預期怎樣的結果?」艾德皺著眉頭問道,他只要一擔心,總是會出現這樣的表情。爲了我的緣故,艾德竭盡所能地保持平靜。

「預後情形並不樂觀,」醫生答道,「我只能告訴你目前所知道的。看來,她的頭蓋骨出現裂痕,左腿斷裂,右膝蓋脫臼。她的右手折斷了,肩膀也脫臼了。她咬掉了舌頭的前緣,而且就我們目前的判斷,」醫生沉吟了一會兒,表情看來比剛才更凝重,「她的大腦與脊椎神經可能也受了傷。」

「你如何判斷的?」我要求聽到更多解釋。

「她的頭部和頸部都受到嚴重傷害,」醫生說道,「況且,她的腦電波波動不明。」

「這是什麼意思?」艾德問道。

「這表示她的腦部活動量不大,而且她的頸部脊椎神經受到某種程度的傷害,」他試著解釋。

「她會癱瘓嗎?」我詢問著,害怕聽到答案,「她會知道自己是誰,我們又是誰嗎?」

「現在說還太早,她仍在昏迷當中,」他回答道。

「噢，我的天哪，親愛的，」我哭著對艾德說道，「我不知道自己能不能撐得住。如果她死了，如果她……」我再也說不出話來。

親戚朋友和我們的教區牧師都前來醫院守夜祈禱，大夥兒從禱辭中尋求慰藉，也試著言不及義地聊天，想辦法轉移所有人對現實狀況的注意力。我們的家庭兒科醫師也前來醫院幫忙，孩子們都很喜歡他，經常沒大沒小的直呼其名——李查。他本身就是一個大孩子，每當小朋友們不舒服的時候，李查總會讓他們覺得很自在。他也是艾德的哥兒們，兩個人經常一起慢跑。

「很抱歉，我一聽到消息就盡速趕過來了，」李查說道。他給我們一個擁抱，然後抓了張椅子坐在我們面前。

「你不知道對我們而言，你的出現具有多大的意義，」我說，「李查，每件事情看起來都沒什麼道理。整個世界都瘋了，我也要跟著發狂了。」

「現在什麼也別想，」李查說道，「我發現人們對思考本身有著過高的評價。」

「他們不讓我們進去探視布魯克，」我絕望地說，「我需要一個認識她的人進去看看，然後坦白地對我們描述實際狀況。」

「我看看我能幫什麼忙，」李查說道，「我和這裡有些聯繫，應該不會有什麼問題。」

這一整天，李查不斷進出手術室關心狀況並向我們解釋。他證實了醫生的說法，但是從他口中聽到，讓我們覺得容易接受多了。

李查直截了當陳述狀況，不會拐彎抹角、閃爍其詞，也沒有滿口令人費解的醫學用語。

「布魯克的情況很糟，」李查說道，「我們可能會失去她，就算她活下來了，結果怎樣也很難說……你們想看看她嗎？」

「可以嗎？」我憂心忡忡地問道。我多麼想看看布魯克、摸摸她、和她說話，但又害怕面對她目前的狀況。

「我應該可以想法子做到這一點，」李查答道。

當天晚上九點鐘，艾德和我終於獲准進去探視布魯克。我們已經等了七個小時，在這段令人不堪負荷的時間裡，我們枯坐、踱步、試著理解發生在我們身上的事，再怎麼說，這種事情是絕對無法預先做好心理準備的。李查領著我們穿過兩扇巨大的彈簧門，走進一個排滿手術台的房間。這個房間可以容納許多傷患，是爲了因應像飛機失事那一類的大型災難而設的。在手術房中央的一個手術台邊，有人正在活動，布魯克是這房間裡唯一的一名病患。我們可以看見白色被單底下藏著一個小小的身軀。李查陪著我們走到手術台旁，然後向醫生、護士和技師表示我們是布魯克的父母。李查負責解釋一切。

「她目前陷入昏迷，無法察覺週遭事物，」李查說道，「她的額頭上端有一個嚴重的傷口，所以頭上才會纏著紗布。伸入她口中的管子是用來連接人工呼吸器的，目前，她的生命全靠這個機器維繫。」

我渾身發軟，噁心想吐，彷彿就要昏倒了似的。我無法吞嚥、也無法呼吸，布魯克簡直變了個樣。我唯一看得到的地方，就是她的臉蛋。汽車擋風玻璃的撞擊力量，以及當她摔落地面、在柏油路上滑動時的摩擦，使得整張臉都腫了起來。

「布魯克……親愛的……你聽得到嗎……是媽咪啊，我愛你，」我說。

「我們就在這兒，小布親親，我們不會離開你的，」艾德說道。

我往前靠近，試著摸摸她、抱抱她，可是環繞在她周圍的一大堆管線和監控器，使我無法越雷池一步。

凌晨兩點左右，布魯克被送往十六樓的兒童加護病房。艾德和我對醫院環境並不陌生。凱絲頓出生以前，我曾任職於附近醫院的營養室，經常裡裡外外地探視病人。艾德經常造訪石溪醫院，負責主持這裡的聖餐感恩儀式，並且到各個病房分發聖餐。儘管我們習於醫院環境，但是見到布魯克全身插滿管子，維生器上的指示燈光閃爍不定、警報器嗡嗡作響，還是令我們倆難以接受。這個景象違反了自然、違反了人性。

時間由白天進入夜晚，又從夜晚進入白天，我們倆卻渾然不覺。沒有人知道布魯克是否挨得過去，就算她活下來了，也沒有人知道她未來的生活將是怎樣的情形。離意外發生的時間，幾乎已經二十四小時了，艾德和我一直寸步不離地在醫院裡守候。

「今天是你的生日，甜心，」艾德傾身向前親吻我的額頭時說道。

今天是九月五日，我的三十九歲生日。我望著艾德，我們倆同時聳聳肩，嘆了一口氣。我走到布魯克的床邊。

「我不該慶祝生日的。」

「我知道今天並不快樂，但這還是屬於你的日子，」艾德說道，「我在家裡準備了一份禮物給你……不過，那也得我們回得了家才行。」

「我唯一希望得到的禮物，就是讓布魯克睜開雙眼，認出我是誰。我希望這一切趕快結束，其他什麼都不重要……什麼都不重要，」我搖搖頭，遲疑了一會兒之後說道，「我眞希望高興起來，不只因爲今天是我的生日，也因爲我不想要面對這個，」我對著四周牆壁揮了揮手，表明了我所指的不只是這間病房，還包括一切與病房有關的意涵。布魯克總愛嘲笑我以手勢強調語氣的方式。

「我不要被逼著理解這件事情，我沒有辦法處理。眞是一點道理也沒有。我希望今天是九月四號，不是九月五號，不是我的『生日』。我要回到昨天，再重新來過一次。」

艾德和我都疲憊不堪了，我們不願回想手術房裡的一切、不願這個可怕的處境竟成現實。我走到窗邊眺望風景，這間病房的視野遼闊，你可以遠眺好幾英哩外的景緻。我們站在薩福克郡（Suffolk County）最高建築的十六樓，沒有什麼東西阻擋視線，景色出乎意料之外的壯麗。我眞想徜徉於戶外，而不是被禁錮在這裡。如果有雙翅膀該有多好！艾德走過來摟住我的肩膀，他知道我的想法與感受，這又何嘗不是他的想法和感受呢。

「不會有事的，」艾德老是這麼說，不過，這一次他缺乏往常慣有的信心。「我不知道我們該如何撐下去，但是我知道我們終究會渡過難關的。昨天，所有事情看起來都那麼簡單，不是嗎？」他說，「而今……我都不知道要作何想法了。」

「我不希望往壞處想，但是『如果』這兩個字在我腦子裡盤桓不去，」我說，「如果她撐不過來怎麼辦？如果她認不出我們怎麼辦？我好害怕，事情全不在我的掌控範圍之內，我完全使不上力。」

我習慣掌控大局，凡事都有個譜，這次事件是我從未面臨的狀況。布魯克躺在醫院病床上，身上插滿了管子，而我卻完全無能爲力。

「我希望大家都在家裡，」我說，「坐在餐桌旁，聊聊我們在意的事，一些無聊的傻事。我希望每個人都平平安安的。還記得孩子們很小的時候，我經常坐在門口的車道上看著他們玩耍，因爲我總害怕他們會跑到街上，可能會被……會被車子撞到……不管你採取什麼措施、不管你多留心他們的安全，事情的發生卻總在一瞬間。」

只在一瞬間，我們的生命全然改觀。我們曾經認爲安全無虞的，或是以爲可以依靠的，如今都已消失無蹤。生命中的日常小事——像是晚餐後飲茶、觀賞大都會隊出賽，或是坐在前院陽台上乘涼——似乎已經是上古時代的事了。生活還可能恢復原來的面貌嗎？

布魯克

我躺在床上試著入睡，腦中轉個不停的思緒卻不肯配合。我和姊姊凱絲頓共用一間臥房，我們相處得還算不錯，可是也常常吵架。有時候，我很高興和她同寢一室，我們可以隨心所欲地聊天聊到半夜。不過，我總覺得該是擁有自己房間的時候了，畢竟我都要升上初中，應該享有自己的隱私。我心裡想著：如果能擁有電視上那種調節床、那種可以上下搖動調整頭尾高度的床，該有多好？我在床上翻來覆去，對學校充滿幻想與期待。我想著一切，擔心著同年紀的青少年都會擔心的事情。不知道自己是否會受到同學歡迎，我會很酷呢？還是會變成書呆子？我將加入學校的資優輔導專案，這可沒什麼幫助。資優班的學生多半是一群書呆子，我從來不認爲自己是其中的一份子。我認爲自己沒那麼聰明，而且，資優課程也似乎過於嚴肅了。我們在小學二年級曾進行一次學力測驗，我的成績莫名其妙的出色。我有資格加入資優生訓練班，可是得搭公車到另一個學校就讀才行。爸媽詢問我的意見，我表示不想和朋友們分開，他們就沒有再多說些什麼。資優課程非常注重學業，你得用功讀書。我不確定這是不是我所想要的，我對其他事物的興趣也十分濃厚。

我瞪著天花板想著，過去十一年以來，我或許沒有悟出人生的大道理，卻發現男生和女生之間存在著非常大的差異。我或許得補充說明，我對這項差異擁有高度的興趣與好奇。別誤會我的意思了，我跟姊妹淘蘇西和伊萊莎的交情很好，但是男孩子們不一樣，他們會讓我的心情激盪澎湃不已。我曾暗戀幾個傢伙，包括空手道班裡的同學依凡，我眞的很喜歡他，但是他甚至不知道我的存在。我還只是個綠帶，他已經得到黑帶資格了。此外，還有一起參加小聯盟的湯瑪斯，以及和我上同一所學校和教會的強保羅。我想他們可能也喜歡我，但是實在不能確定。我從來沒有眞正交過男朋友，或許能在學校裡認識心儀對象的念頭，是初中之所以令人興奮的一大原因。

我開始想到舞蹈班，它也將在這個星期開課。除了男孩子之外，我最熱中的就是音樂了。我熱愛各種音樂，我在學校樂隊擔任大提琴手，也是教堂少年合唱團的一員。我兩歲起開始上舞蹈課，學過踢踏舞、芭蕾舞與爵士舞蹈。我眞的好喜歡跳舞。如果我不能唱歌、跳舞或拉大提琴，眞不知道該做些什麼才好。跳舞最有意思了，甚至比空手道和踢足球還棒；隨著音樂舞動身體，能夠滿足我的每一份感官、撩動我的每一絲情緒。如果能與男孩子共舞的話，那眞是人生最美妙的樂事。

我被一陣持續不斷的鈴聲喚醒，那聲音不像發自我的收音機鬧鐘。我睜開雙眼，眼前不是貼滿了海報的粉紅色房間，也不是我那覆蓋著彩色簾幕的床，而是一堵毫無生氣的白牆，以及一張我從沒見過的護欄病床。模模糊糊的世界圍繞在我的床畔，景象實在令人費解。掛著一袋袋鮮血和透明液體的點滴架站在我的面前，像是一顆結實累累的果樹。旁邊另一個架子上掛著許多充塡玩偶，數量多得滿到了地上。這不是我的房間，我在什麼地方？牆上貼著上百張寫著「早日康復」的卡片和標語。當我試著辨認那些守候著我的臉孔時，心中突然閃過一陣驚恐。這是什麼鬼地方？這些人是什麼人？我爲什麼不在家裡？

我重新睜開眼睛。我不記得自己又睡著了，甚至不記得曾闔過眼，不過，我想我一定是睡了一覺，因爲那些陌生人大多都走了。我凝視著這團混局，開始慢慢地回復自我意識。我嚐到糊在嘴巴裡的血液，腫脹的舌頭噎住我的呼吸。我的頭一陣陣地抽痛，房間裡的噪音和警報器聲響，更讓這股疼痛達到無法忍受的地步。我試著專心思索我的狀況。我心裡想著：我的生命已不再相同了，儘管我不知道發生了什麼事。我試著開口尋找答案，但是當我打開嘴巴，卻吐不出隻字片語。我覺得自己好像迪士尼電影中被奪走聲音的小美人魚。嘴裡插著的管子讓我透不過氣來，我試著拔掉管子，卻無法移動雙臂。我是不是被綁在床上了？我對自己說道。我想辦法起身，卻動彈不得。我的腦子不斷發出命令，但是身體就是不肯聽話。我的身體……等等，我的身體在哪兒？爲什麼我毫無感覺，身體彷彿睡著了一般？我想要坐起來，卻發現自己被一套無形的枷鎖困住了。某種程度上，那種感覺就彷彿遭到斬首，頭部與身體分開了一樣。

「叫醫生來，我想她醒了，」我聽到爸爸這麼說。

我平躺在一個比較像中世紀刑具而不像床的東西上，無法看見坐在房間角落裡的爸爸媽媽。

「噢，感謝上帝，」媽媽說道。

在我還來不及理解週遭發生的事情之前，便受到一群陌生人的猛烈圍攻。

「放慢說話速度，」一個穿著白袍的男人說道，「我們仍然無法判定她能理解多少。」

爸爸的聲音從床尾傳來，充滿慰藉的力量。

「小布親親，小甜豆，你聽得到我嗎？我們都在這兒陪著你。」

穿白袍的男人以小手電筒照射我的雙眼，反反覆覆地問道，「布魯克，你知道你是誰嗎？你知道發生了什麼事嗎？」

「布魯克，你聽得到我說話嗎？你知道自己的名字嗎？」

我無法回答，但是事情的輪廓已愈來愈明顯了；我實在不需要、也不想要任何答案，隱隱約約之中，我就是知道發生了什麼事。隨著我的每一次呼吸，床畔一台大型機器便會發出「呼吁呼吁」的聲音，我一開始以爲它在計算我的呼吸次數，隨後卻發現嘴裡的管子與機器相連；它正幫著我呼吸。我無法移動，無法自行呼吸，無法開口說話，而且沒有人知道我了解這一點。我嚇壞了。雖然我無法發出聲音回答，但當我凝視他的雙眼，他便停止了檢查動作。

「我暫時不煩你了，」他說道，彷彿藉由手電筒看穿了我的想法。

琴恩

布魯克已持續三十六個小時毫無動靜，醫生們的想法並不樂觀。他們不確定布魯克是否會甦醒，就算她醒過來了，恢復認知能力的機率也很低。這兩種可能性都令人難以承受，但在心底深處，我從不相信這會是最終的結局。

布魯克睜開雙眼，她無法說話，但臉上表情已傳達出我所需要知道的一切訊息。她直楞楞地望著我，眼底盡是疑問，眼神既不茫然也不空洞。

「布魯克，我是媽咪，我愛你。你認得出我嗎？」

我可以看到她眼裡的恐懼與悲傷，但我得確切地證實她了解我的意思。

「布魯克，如果你聽得懂我的話，就眨一次眼睛。」

我一顆心七上八下地瞅著她，她眨了一次眼。那是一次費力而謹慎的動作，明白地表示她能領會我的意思。眼淚從布魯克的眼角湧出，流入兩旁的耳朵裡。

「親愛的，我們仍保有這個小女兒，」我對站在床另一邊的艾德說道。艾德低下頭靠在枕上，貼近布魯克的臉頰，開始對她輕聲吟唱，這是他過去兩天來持續不斷的動作。

「布魯克，你知道發生了什麼事嗎？」他問道，「眨一次眼代表知道，眨兩次眼表示不知道。」

她眨了兩次眼。

「你從莫菲初中回家的路上被車子撞到，記得嗎？眨一次眼表示記得，兩次表示不記得。」

她眨了兩次眼。

「你現在住在石溪醫院，這裡每一個人都很努力地想辦法改善你的狀況。你一定有好幾千個疑問。我知道你還無法開口發問，但以後會有機會的，」我說。

「你媽媽和我都在這裡，我們不會離開你的，」艾德說道。

「你並不孤單，我們會和你並肩作戰，」我說。

布魯克

「喝茶時間到囉。」爸爸從我的床邊抬起頭，看到他的朋友約翰站在病房門口。「喝茶時間，」他重複一次。這時是晚上十一點鐘，從我發生意外開始，約翰每天都會帶著一壺熱茶和他的支持準時出現。

「她在睡覺嗎？」約翰問道。

「才不呢，」爸爸答道，「布魯克和我正在討論生命的意義。事實上，是我一直在說話，她都插不上嘴呢。」

「呵，布魯克，你爸爸找到一個無處可逃的聽眾了。這麼多年來，根本沒人要聽他說話，我很訝異你居然沒有被他催眠，」約翰說道。

約翰的出現讓我們眼睛一亮，我們對他的夜訪已養成依賴性。約翰的性情平穩、樂觀，總會想法子聽我們傾訴、逗我們開心。他和爸爸同爲我們小聯盟球隊的教練，兩人也同時成爲主持聖餐儀式的神職人員。他是爸爸最親密的朋友之一。

「艾德，看看你能不能找到幾包羅娜杜尼牌的餅乾，可以浸在茶裡面吃，」約翰說道，「布魯克，我眞愛那些羅娜杜尼牌的餅乾，我想，我也讓你爸爸染上癮了。」

爸爸走到走廊對面的護理站，那裡有咖啡和一些小點心，他搜括到幾包羅娜杜尼餅乾之後就返回病房。

「琴恩呢？」約翰問我爸爸。

「她回家看看凱絲頓和理德，順便洗個澡換換衣服，」爸爸說道，「我母親從意外發生之後，就一直待在家裡照顧那兩個孩子。」

「是啊，我聽潔姬說過。令堂是個了不起的女人，凱絲頓和理德不會有事的。」潔姬是約翰的太太，她和我們的鄰居瑪麗每天都會來醫院看我們。她們都在白天出現，而約翰則固定在晚上進行拜訪。

「光是洗個澡，感覺一定就像在巴哈馬渡過兩個禮拜的假期一樣，」約翰說道。

「是啊，這樣的事情，會讓你的人生觀出現一百八十度的大轉變，」爸爸說道，「你原本看重的事情變得毫無意義，而洗澡這一類的小事，反倒成爲最重大的享受。這讓人體會出一點：你不能將生命中的任何事情視爲理所當然，或者浪費時間爲無聊的事情擔心煩惱。」

「阿門，」約翰說道。

「布魯克，約翰和我到走廊上待幾分鐘，」爸爸說道，「我可以從門口看到你，沒問題吧？」

我們仍在使用這套眨眼溝通系統，我眨了一次眼，表示「沒有問題」。

即便我幾乎任何事情都需要仰賴旁人協助，偶爾也需要獨處的時間，我知道爸媽也是一樣。我的心碎成一片一片的，但我不願意輕易流露出來，爸媽的處境已經夠艱難了，我不想加重他們的負擔。獨處時間儘管難得、儘管遠不如自己所願，卻足以賦予我思考目前狀況的機會。車禍發生才一個星期，我覺得自己改變了許多。我的生理情況發生了變化，這是誰也無法否認的事實，不過就情緒與心理上而言，我再也無法回到從前的模樣了。我非常確定初中生活會改變我，只是沒想到變化來得這麼快。

我不能相信當我躺在醫院裡，擔心自己是否能活著見到明天的時候，世界卻還照舊運轉、一切如昔。

「怎麼會這樣？」我帶著憤怒與懷疑自問著，並不是眞的想知道答案。「爲什麼有些人可以這麼快樂，而其他人卻得面對這樣深的痛苦？怎麼會這樣呢？」

我覺得眞沒有道理。我看看四周，見到呼吸器、抽痰器，和其他醫療器具，以及許多在一個月前從沒聽過或想過、如今卻成爲我日常生活一部份的東西。「爲什麼會發生這樣的事情呢？」

除了我的兒科醫生李查之外，我從未想過自己會見到這麼多的醫生。他們似乎老待在我的病房；如果醫生們不是這麼毫不掩飾地表示悲觀的話，他們的出現或許不會令人如此難受。那情形彷彿他們擔心自己傳達了什麼正面訊息卻沒有成眞，恐怕得面對醫療過失的訴訟一樣。有一個每天早上巡房的醫生，總會拿一根小針扎我。

他一次又一次地說道，「艾利森，你可以感覺針刺嗎？」

他甚至連我的姓和名都搞不清楚，也不明白我無法開口回答。醫生們巡房時，總是肆無忌憚地討論我的病情，彷彿我根本不在現場。這天早晨，一位骨科大夫帶著一群住院醫師與實習醫師巡房，就我裂傷的膝蓋韌帶交換意見。我的腿是車禍發生時的撞擊點。一位實習醫生提出問題，希望瞭解如此嚴重的傷害可能對腿部功能產生的影響，以及是否需要動手術進行修復。骨科大夫表示這其實無關緊要，因爲我的脊椎神經也受到傷害，這條腿反正也派不上用場。我想，爸爸幾乎是完全失控了，他把醫生們趕到走廊上，表示如果他們繼續以稱不上樂觀或正面的態度在我面前討論病情，他們自己可能得找骨科醫生看病。

我的父親不是那種容易發脾氣的人，事實上，除非罪證確鑿，否則他不會輕易地怪罪於人。但是現在情況不同，他不僅試著保護我不受醫生騷擾，也想保護我不受一切可能的傷害。我是他的小女兒，我知道如果可能的話，他寧可犧牲自己的生命，也不願意見到我受苦。

「小布親親，」爸爸淚眼模糊地對我說道，「如果我做得到，我會毫不考慮地和你交換情況。」

「我可不答應，老爸爹地，」我心中想著，「我可不答應。」

我可以從床上看到他，這個左右轉動的床，彷彿一艘在狂風巨浪中搖擺不定的小船。隨著床轉動方向，我的視線從牆上的卡片與標語移到走廊，看見爸爸與約翰在那裡談話，然後又轉回房間。「原來就是得這麼做，」我對自己說道，「才能得到自己的房間和我想要的調節床。」

住進加護病房已經一個星期左右的時間，布魯克仍然無法自行呼吸。外科醫生必須執行氣管切開術（Tracheostomy），將呼吸導管從嘴巴取出，然後動手術插入她的喉嚨裡。手術之後，布魯克可以開始移動嘴唇，我們開始試著讀她的唇語。儘管溝通仍然十分困難、混亂，但情況已逐漸好轉。布魯克心中有好多疑問。她移動著嘴唇，可是還是無法發出聲音。我急急忙忙地試著理解她想要表達的訊息。

「我是不是……」布魯克的唇形說道。

「我是不是？」我複誦一次。

「會……」她繼續表達。

「會，」我重複著。

她想知道些什麼？我是不是會恢復呼吸？我是不是會癱瘓？我是不是會死？我不敢聽到問題的最後一部分，心知自己不願意回答這類問題。

「趕不上進度，」她說。

「趕不上進度？」我大感詫異。

在這麼多可能存在的疑惑中，這個問題著實讓我鬆了一口氣。我不知道答案，但是我毫不考慮地回答：「不會。」這對我而言是個全新經驗，我不知道醫療過程會拖到什麼時候。

艾德和我都希望、也全心全意地相信布魯克能完全康復。我們認爲布魯克終究會出院回家，一家人重新回到以往的生活，這只是時間早晚的問題罷了。布魯克會回到她的班上，我也會回到我的工作崗位。

「你能保證嗎？」布魯克再度以唇語表示。

這個時候叫我如何許下任何承諾？我連上下都分不清了，但我若不保持希望與樂觀，就實在是罪不可赦了。

「我保證，」我說。

生命中許多事情都不是我們所能掌控的，但也並非全然如此。我們可以控制自己的態度，決定讓自己保持樂觀或悲觀，也可以選擇以希望或絕望看待生命。爲了讓一家人安然渡過難關，艾德和我決定保持正面的態度。我們必須找出事情好的一面，然後以此爲念。以其他方式面對目前的處境，都會讓布魯克與全家人陷入悲慘的生活。

我的朋友瑪麗與潔姬是上天派來的天使，她們每天都會來醫院陪著我們。潔姬與約翰的兒子強保羅，意外當天與布魯克在一塊兒。他是那天決定走路回家、不搭校車的幾個孩子之一。

「被車子撞到的人也可能是強保羅，而不是布魯克，」潔姬說道。

「我知道，」我說。

「我不明白……不明白爲什麼會發生這樣的事，」潔姬說道。

「我不能陷入怨天尤人的泥沼中，」我答道，「我不能浪費力氣要求解釋，我必須做的事情，就是找出處理現狀的方法，事情背後的原因，日後將會自動浮現。我們必須心存感激，幸好只是布魯克受傷，而不是連強保羅或其他任何一個孩子都一起受了傷，」我說。

我們再也沒有提起這個話題。

車禍發生迄今，布魯克只能透過靜脈注射補充養分，包括醫生在內，沒有人知道她是否可以進行吞嚥，這得視她脊椎神經受傷的部位究竟有多高而定。如果傷到頸椎第一節，她將無法進食或吞嚥。

「我什麼時候能吃東西，」布魯克移動她的嘴唇。

「我不知道，不過現在如何？」我說，「先喝一點東西好嗎？你想喝些什麼？」

「思樂冰。」

「她說什麼？」瑪麗問道。

「7－11的思樂冰，」我說。

瑪麗聞言立刻起身，我們還來不及告訴她什麼口味，她就衝出門外前往便利商店了。不過沒有關係，瑪麗把店內出售的各種口味都買了回來。

「布魯克，你要哪一種口味：可樂、櫻桃，還是這個藍藍的東西，」瑪麗說道。

「可樂，」布魯克無聲而堅決地回答。

思樂冰使用的吸管很有意思，一頭是扁的，另一頭則是圓的，扁的那頭可以用來舀冰吃。

我用吸管舀一點冰放入布魯克的口中，就像第一次餵嬰兒吃東西一樣，我覺得既害怕又興奮。我不知道會有什麼結果，我們看著她，她把冰嚥下去了。大夥兒又哭又笑，我們得到了一次勝利。

布魯克

「嘿，布魯克，你在做什麼？提昇你的社會階級？你現在搬進了新的房間，擁有一張別緻的新床。我才轉身兩分鐘，你就爬上更高的社會層級了啊？」

夜班護士麗莎才剛當班。醫院指派給我的護士小姐，通常一天工作十二或十六小時。其中許多人是在全國各地巡迴的旅行護士，麗莎就來自加州。麗莎年紀很輕而且說話得體，所以我很喜歡她。她喜歡談論音樂與舞蹈，不會提出一連串叫我無法回答的問題。由於我的傷勢過重，同年齡的朋友們都無法獲准前來探視，因此，麗莎就成了週遭比較可以在友誼層面上與我產生聯繫的一個人了。他們在白天把我移到另一個房間，給了我一張新床。這張新床也可以上下左右轉動，和舊床一樣，不過這張床感覺更寬敞、柔軟。

「好酷的床，布魯克，我眞希望也能擁有一張像這樣的床，」麗莎說道。

我想叫她小心自己許下的願望。

「布魯克，我知道你一定很討厭我這麼做，但是我得執行護士應盡的責任。」

她量了我的體溫和血壓，檢查我的呼吸器、導管以及點滴管線，也看一看腿部的包紮、我斷掉的手臂與肩膀，以及曾經裂傷的前額。我的額頭動過整形手術，傷口上的包紮需要經常檢查。我的脖子上戴著護頸，護頸中央有一個洞，用來插入連接呼吸器的導管。她盡量不移動我的頸部，小心翼翼地查看護頸下的皮膚有沒有長瘡的現象。

「我現在得看看你的舌頭，布魯克，」她說，「我知道你很討厭這件事，但我一定得做。」

我的舌頭腫得很大，幾乎塞滿了我的口腔。由於我不斷咬傷舌頭，所以它一直沒有復原的跡象，每次我一咬到它，傷勢就更加惡化。我的牙齒矯正醫師為我做了一個假牙托，以免我繼續咬傷舌頭。沒有一位護士樂於檢查我的舌頭，她們知道這會讓我多麼疼痛。眞巧，我全身唯一有感覺的地方，讓我覺得快痛死了。

我總覺得麗莎很喜歡照顧我，其他護士就沒有讓我產生這份感覺了。我知道我很麻煩，我是說，我有很多狀況，帶給他們很繁重的工作。有些護士不是非常和善，可能會失去耐性，其中兩人被解除照顧我的任務，我不知道是她們自願的呢？還是爸媽要求醫院這麼做的？媽媽會盯著她們執行每一項工作，她試著邊看邊學。

在石溪醫院十六樓的日子，一天天、一週週慢慢地過去了。我仍得仰賴呼吸器維生，所以必須一直留在兒童加護病房裡。病房裡沒有電視，爲了幫我排遣煩憂，爸媽會唸書或唸雜誌給我聽，不過，還是以初一英文課程規定閱讀的書籍爲主；媽媽已經開始貫徹她的承諾。隨著時間慢慢流逝，爸媽眼睛底下的黑眼圈範圍愈來愈大、顏色愈來愈深。我覺得非常愧疚，害他們經歷如此深沉的痛苦，我亟欲安慰他們，這個念頭更甚於他們想安慰我的程度。

儘管我的生理狀況沒什麼改變，但醫生認爲我算是穩定下來了。我的血壓有時仍會降到危險程度，或者由於呼吸器銜接不良而導致呼吸困難，不過，我已經不像剛進醫院時那麼脆弱了。爸媽仍然無時無刻不盯著我瞧，但是如今他們已經能夠根據警示器的聲響找出問題，而且往往能設法解決。他們從未想過自己能做到這個地步，但是他們的確做到了。我爲他們感到驕傲，並且衷心感謝他們爲我付出的一切。

「嗯，布魯克，看來我們能做的都已經做了，」我的主治大夫說道，「差不多該讓你出院了。」

我猜不透他的意思，我已經在石溪醫院待了六個星期，卻還是無法說話、移動或自行呼吸。我能夠到哪裡去？

「我是不是要回家了？」我問。

醫生一直學不會解讀我的唇語，轉身詢問媽媽我說了些什麼。

「不，親愛的，」媽媽說道，「你爸爸和我得替你找一間復健中心，一個可以提供物理治療和呼吸訓練的地方，以便幫助你做好回家的準備。」

「我得去什麼地方？」我問。

「我們還不確定，你爸爸和我正在深入瞭解幾個地方，沒有太多地方願意收容靠呼吸器維生的孩子。我們已經將範圍縮小到兩個可能性，一個是在達拉威的復健中心，另一間則位在新澤西州。我想，老爸和我得親自看看這兩個地方，然後才能決定。」

我多麼想回家啊！我想回到自己的房子、自己的房間，我想坐在餐桌旁和理德談笑。我好想念理德，好想念我的朋友。

「我會在醫院裡待多久？」我想要知道，「誰會陪著我？我會一個人孤孤單單的嗎？大家會把我丟在那兒忘了我嗎？父母親都得回到各自的工作崗位，如果我住在達拉威或新澤西，他們怎麼看得到我？我好害怕。如果我永遠沒有好轉該怎麼辦？如果我永遠回不了家該怎麼辦？」

父母親決定在同一天內拜訪這兩家醫院，他們先開車南下達拉威，回程再繞道前往新澤西。媽媽的朋友瑪麗與潔姬在他們出門的這段時間裡陪著我，瑪麗負責白天，潔姬則負責晚上。這是我住院以來，爸媽第一次離開我的身邊，瑪麗與潔姬之所以留在醫院，不僅是爲了照顧我，也爲了讓媽媽能夠放心。

「這是屬於我們女生的夜晚，就像睡衣舞會一樣，」潔姬說道，「就你和我，布魯克，我們倆打打混、消磨時間。不過，下一次得挑個好一點的地方，一個氣氛好得讓我們願意犧牲美食的地方。說眞的，這裡實在一無是處，連個好看的男孩子都沒有。這個嘛，或許一兩個醫生長得還不錯……昨天我看到你挑逗的那個實習醫生是誰？他還不賴。」

潔姬設法保持輕鬆的氣氛，她知道我很害怕，所以一直想法子轉移我的注意力。她也很害怕，不過隱藏得很好。

電話鈴聲在十一點左右響起，是媽媽打來的。

「沒有，你和艾德何不試著好好地睡一覺？」潔姬叫他們留在家裡，「布魯克和我都好得很，是不是啊，布魯克？」

「你決定地點了嗎？很好，你現在心中可以放下一塊石頭了。你們一定累壞了，好好休息，我們明天早上見，別擔心。」

我迫不及待地想知道情況。

「看來新澤西的那一間雀屏中選了，布魯克。這樣很好，因爲那裡比較近，我們可以去看你。你爸媽明天會告訴你詳情，他們現在打算補充一些睡眠，或許我們也應該這麼做，你覺得呢？」

我竭盡所能地想辦法露出微笑，但是我覺得怎樣呢？我想到自己不能回家，得前往新澤西州，去一個沒有人認識我、瞭解我的地方。我非常害怕，一夜無眠。

琴恩

清晨五點左右，燈光從走廊上映入布魯克的房間。儘管我想盡辦法，還是輾轉反側無法成眠。我整夜醒著，回想過去幾天發生的點點滴滴。哥倫布紀念日（十月第二個星期一）的週末連續假期剛剛結束，空氣中瀰漫著秋天的氣息。這是一年之中我最喜愛的季節。每年這個時候，我們一家人都會跑到長島東岸採南瓜，爺爺、奶奶、姑姑、表哥、表姐都會同行，形成一條長長的車隊。我們花一整天的時間駐足於農場攤位前、採摘南瓜與新鮮蔬菜、沉浸於彼此的陪伴，然後回到家裡享用一頓豐盛的秋天歡宴。這是我們每年引頸期盼的季節，不輸給聖誕節和復活節。今年的情況多麼不同啊！艾德和我只能挑選復健中心，沒機會挑選南瓜。

那是漫長的一天，我們開車往返於紐約與達拉威之間，不論身心都疲憊不堪。

「我希望我們的決定是對的，」我對艾德說道。當時，我們正在回家途中，行經韋拉扎諾—奈洛斯海峽大橋，我們正越過大西洋的一小部份，海水看起來平靜無波。我想，只要一步一步地來，你可以跨越整個海洋。或許，這就像我們目前所要面對的生活——一個一次走一小步的漫長旅程。

「我們的決定是對的，不要想太多了，」艾德說道。

「我想要做正確的事，」我說，「新澤西那家醫院的氣氛好像還挺舒適的，不是嗎？」我這麼說的目的，不只在於說服艾德，也爲了說服我自己。「那裡的員工感覺很親切，讓我不覺得置身在醫院裡。我想布魯克應該會比較喜歡那兒，不過……」我遲疑了一會兒，視線回到窗外的海水上，「我們之間必須有一個人陪著她，我們不能把她一個人丟在那裡。」

「兩家醫院都沒有供病患家屬休息的地方。醫院附近沒有麥當勞叔叔之家（譯註：麥當勞為病童及其家人提供的休憩之處），也找不到任何臨時的住所，」艾德說道。

「我知道，我們得租一個房間或想其他辦法。我不能把她丟在那裡！我不會把她丟在那裡！」

我感到心煩意亂，每天都有新的狀況需要處理、出現新的問題需要解決。醫療費用愈來愈龐大了，我不知道我們是否會傾家蕩產，更別提在新澤西州另外租一個住處了。

「我從沒說過要把她一個人丟在那裡，」艾德說道，「別擔心，不會有事的，我們會想出辦法的。」

我不知道該怎麼做，也不知道事情會如何解決。想到骨肉離散、一家子各分東西，就讓我感到驚恐莫名。打從艾德十八歲那年赴外地求學之後，我們就再也沒有分開過。他為了和我在一起，大一結束後就立刻轉回家鄉的大學就讀。我們在他大四那年結婚，從此形影不離。孩子們呢？我思忖著。凱絲頓和理德怎麼辦？凱絲頓十三歲了，理德才九歲，他們失去了我該怎麼辦？我開始啜泣，替每一個人感到害怕。人們迫於無奈而踏上的人生道路，往往與心中的理想大異其趣。我們為了我的住處打了許多電話，卻無法及時找到任何地方。無論如何，我們都得讓布魯克轉院了。

大夜班護士蒂娜準備進行清晨巡房。她悄悄把頭鑽進布魯克的房間偷看，掛在她脖子上的聽診器，映照出走廊上的燈光。她躡手躡腳地走進房間，很訝異地發現我並沒有睡。

「早啊，琴恩，你起得真早。今天就是出院的大日子了，不是嗎？」她輕聲細語地說道。

「是啊，我整夜醒著，不斷祈禱著清晨不要這麼早降臨，」我說。

我們將在這一天離開石溪醫院，轉入新澤西州的復健中心。這是我們在意外之後首次移動布魯克，爲此，也爲了即將展開的陌生旅程，我感到憂心忡忡。布魯克全身都是傷，生命很脆弱，我擔心任何移動都會造成更大傷害。我們聽說對布魯克而言，轉往復健中心是很合理的下一步，她會在那裡逐漸好轉。醫生表示布魯克可以在復健中心進行呼吸訓練，期望能斷絕她對呼吸器的依賴。她會在那裡接受物理與職能治療，希望能幫助她重新恢復身體機能。我們不知道該抱多大的期望，醫生們也是一樣。

當時，醫學界對處理布魯克這類的重大傷患，幾乎毫無經驗可言，因爲就醫生所說的，這樣嚴重的傷患通常無法存活下來。醫生確實知道的一點，就是每一位脊椎神經受傷的傷患都是獨一無二的。他們表示最理想的狀況，是期望布魯克的脊椎神經只是暫時腫脹，消腫之後就會開始復原。而最嚴重的狀況就是脊椎神經斷裂，如此一來，受傷點以下的部位就完全無法動彈，也不會有任何感覺。所有檢驗都無法做出結論，只能靜待時間揭示一切；我們只能耐心等待，並且保持希望。

意外發生迄今已經過了六個星期，石溪醫院無法繼續留置布魯克。出院以前，我們必須將布魯克的頸部固定住。她一直戴著護頸，不過長遠來看，護頸的支撐效果可能有所不足。外科醫生幫她裝上一個「光環支架」，架子的四根支柱以螺絲鎖進頭蓋骨，兩根在前、兩根在後，從頭頂往下延伸到肩膀以下，與一個大型的塑膠身體護罩相連，將她的頭部固定在往前看的方向。這個架子之所以稱爲「光環支架」，是因爲它在頭頂上方，有一個與四根支柱相連的環。儘管這個新玩意兒的外型駭人，我認爲它的名子取得不錯；布魯克的確是我的天使。

「那麼，我要開始替布魯克打理打理了，」蒂娜說道，「麗莎會過來幫我，所以你應該盡可能的休息一下。」

我點點頭，心知自己絕對睡不著。我想要幫布魯克更衣，這是六個星期以來，她頭一次能夠穿上平常的便服。我希望讓她看起來正常一點，讓她保有一絲尊嚴。我挑了一件她很喜歡的漂亮衣服，但由於她身上笨重的光環支架，我得將衣服剪開反穿，就像她在醫院裡穿的病患袍子一樣。我頓時瞭解，我得用不同的方式思考每一件事情，甚至連穿衣服這類被我們視爲理所當然的基本工作，都得以全新的方式重新思索。我們第一次幫布魯克洗頭髮時，得用臉盆、讓她躺在病床上進行。原本只需五分鐘的工作，最後竟花了一個多鐘頭的力氣。除了因車禍而黏在髮上的塵土、雜草和血塊，我們還洗掉了一大搓頭髮。人們說這是正常現象，但是這些關於「正常」的新定義，顯然與我們所熟知的定義截然不同。對多數人而言最微不足道的小事，像是洗頭髮、刷牙，如今都成了我們值得紀念的里程碑和重大成就。這樣正常嗎？

從醫院到復健中心的調適過程不會太容易。儘管石溪醫院的經驗既恐怖又痛苦，離開這個地方仍讓我們依依不捨。它以奇特的方式成了我們所熟悉的地方，這裡離家很近，我們和某些護士也產生了感情。沒有人知道復健中心會是怎樣的狀況、會發生怎樣的事，或者需要在那裡待多久。我們只希望它能幫助布魯克逐漸好轉，讓她學會自行呼吸，並且恢復身體的各項機能。

很早以前，艾德和我就明白生命中許多事情都不是我們能夠掌控的。布魯克仍然活著，我們得設法制定其他父母永遠不需要面對的決策。我開始覺得冥冥之中自有一股引導力量，如果我們信任直覺、保持信心，將可以安然渡過難關。我感受到上帝的指引，它藉由進入我們生命中的人們，顯現出這股力量的介入與存在。

布魯克

準備要離開石溪醫院了，我以為我的目的地，純粹是一個幫助我復健的地方、一個很快就可以離開的地方；不見得要完全康復，只要顯示出復原的跡象就可以了。我以為不用多久，我就能恢復呼吸、自行起身、自由地移動；我以為新澤西州這家醫院的醫生和護士，可以教導我學會這些事情，而我在這一年的聖誕節以前，就可以回家和家人團聚。在石溪醫院待了彷彿無止無盡的六星期之後，我預料在新澤西的就醫時間，應該不會比這段時間更長。聖誕節是我設定返家的日子，我將和理德、凱絲頓一起佈置聖誕樹，然後在聖誕節清晨拆禮物。

從病房到預備前往復健中心的救護車上，是一段既恐怖又刺激的旅程。這是我六星期以來頭一次跨出病房。我被抬到一張推送病人用的輪床上，從這裡，我頭一次見到訪客和護士們所形容的許多事物。護理站的模樣和我想像的差不多，它就像座地下碉堡，護士們得跨越壕溝才能進出。經過護理站時，一群護士越過一整疊圖表和一大盤餅乾注視著我。走廊上的感覺與味道都和想像中不同，空氣中瀰漫著一股隱隱約約的咖啡香氣，讓我回想起家裡的星期天早晨。走廊的溫度比病房低一些，隨著輪床向前滑過，我可以感覺涼風拂過我的臉龐，彷彿漫長嚴冬之後的一絲早春微風，令人心曠神怡。我愈來愈仰賴感官影像了；我可以聽到、看到、嚐到和聞到的事物，成了我神經刺激的唯一來源，幫助我記得原本的生活方式。我開始在腦海中貯藏這些影像，以便在需要它們的時候得以細細回憶、品嚐。

等著搭電梯下樓時，我開始覺得有人灼灼地盯著我瞧。一個小男孩站在他爸媽身旁，也等著搭乘電梯。他似乎受到眼前景象的催眠，嚇得無法動彈，楞楞地望著我的光環支架、呼吸器和身上插著的管子。他的年紀大約只有我的一半，六歲左右，我分不清他究竟是感到害怕，或者只是好奇。一接觸到我的視線，他立刻把頭埋進媽媽的懷裡。我好想說些什麼，但是無法開口。我不希望他怕我；這會令我難以承受。他轉回過頭來，彷彿被迫凝視他根本不想看到的東西。我對他微微一笑，他略為遲疑，沉思了半晌，然後回給我一個微笑。我確定他不知道這一點，但是他幫忙挽救了我的生命。

上救護車之前，我得以看到天空，一個多月以來，頭一次感受陽光灑在臉上的感覺。我從沒想過這麼簡單的一件事，可以具有這麼重大的意義。我們離開醫院，啓程踏上尼可路，途經莫菲初中時，我不禁開始想像學校裡的情景，如果我現在在學校裡，會做些什麼事呢？那天是十月十三號，隔週就是我的十二歲生日了。我開始回想我的朋友、我的弟弟和姊姊，還有我的人生……

我出生於一九七八年十月二十日，生產過程並不順利。我在媽媽肚子裡面頭上腳下，必須在擠進這個世界以前，先想辦法翻個跟斗。即便在當時，我就不肯採用簡單的方法做事，看來打從一開始，我就讓父母親添了許多華髮。我稱不上順利的出世經驗，爲我幼年時期的其他麻煩事鋪好了路。兩個月大時，我染上了肺炎，當時正值耶誕節期間。一九七九年初，我們到附近的醫院掛急診，醫生懷疑我可能對聖誕樹過敏，那是我第一次、也是最後一次在家裡頭看到眞正的聖誕樹。我住進醫院，在氧氣箱裡過了一個星期。爸媽說他們連續好幾個晚上沒睡，毫不放鬆地盯著我呼吸。或許，那是對未來生活的一次預告。

童年時期，我是一個非常好奇而且好發問的小孩。雖說擁有求知慾是有益的，但是我的好奇心經常爲我惹上麻煩。我永遠無法滿足於事情的表象，人生對我而言，必須是全然的感官經驗，什麼東西都會拿來摸一摸、聞一聞、嚐一嚐。九個月大開始學走路之後，媽媽總會發現我往自己的嘴巴裡、鼻子裡亂塞東西，或者在手上拿著不該碰的玩意兒。我會把保鮮盒戴在頭上、在浴室地板上翻書，或者卡在字紙簍裡面、只剩下兩隻腳在空中懸盪。我喜歡探索新事物，爲了尋求答案而拓展知識疆界。儘管我的滑稽動作往往讓我陷入尷尬局面，但是我想，爸媽總能在其中看到幽默的一面。

不過，凱絲頓姊姊就不像其他人那樣覺得有趣了。她是家中兩年多來的生活重心，和一般長子長女相同，一直無法接受另一個人來分享她的光芒。成長期間，凱絲頓和我的姊妹關係顯而易見，因爲從我們的外表，任何人都可以看出我們出自於同一對父母。有時候，我們甚至穿著一模一樣的衣服。她有一頭像媽媽的褐色長髮、相稱的褐色眼睛，以及一個往往能吸引人們目光的燦爛笑容。不過在她十三歲以前，爲了矯正脊椎側彎，大約有四年時間需要穿戴馬甲一般的塑膠背架。她恨透了這個背架，我則憎恨她得穿背架的事實。我擔心她會因此感到尷尬，變得扭扭捏捏，想到她可能受到的譏誚，就讓我十分難過。我們從來沒有眞正討論過這個話題，但我希望她能了解我的感受。

儘管我們不論做什麼事都得同進同出——包括上舞蹈課、踢足球、參加女童軍或練習空手道——但是我們就像兩條沒有交集的平行線；我們同處一室，卻從不分享彼此的經驗。我老覺得凱絲頓認爲自己是個大人，我們對玩樂的看法簡直南轅北轍。我喜歡搞得髒兮兮的，凱絲頓則喜歡盛裝打扮；我凡事都抱著順其自然的態度，凱絲頓則偏好井然有序的生活。我們倆截然不同，但我眞希望雙方對彼此的差異能抱著更高的尊重，或許這樣一來，我們就會更懂得珍惜兩人相處的時間。我知道我愛她、她也愛我，但是彼此的瞭解究竟有多深，並不是一個容易回答的問題。

我的弟弟理德於一九八〇年六月出世，隨著他的降臨，我們一開始居住的那間黃色尖角式房屋就顯得太過狹窄了。凱絲頓、理德和我共用一個房間，空間似乎不太夠用。我們在一九八一年夏天遷居長島東岸的石溪，住進一幢較爲寬敞的房子。父母親選擇石溪，是因爲這裡擁有絕佳的學區，我們的教育一直是他們十分看重的問題。石溪也是一個非常靜謐的地方，交通與人潮都不多，孩子們在這裡成長似乎比較安全。父母親覺得很幸運，能夠找到一間經濟上可以負荷、又合乎我們需要的房子。

遷居石溪是一件皆大歡喜的事情。我們的後院是一塊青翠綠地，凱絲頓、理德和我可以在這裡奔跑、嬉戲。爸爸爲我們搭了一座鞦韆，又在院子裡的一棵楓樹上掛了一個輪胎。我總喜歡爬到輪胎裡面往上飄盪，愈飛愈高、愈飛愈快，直到我能低低地倚著身子，望著天空從身旁掠過。我覺得自由自在，彷彿在天空翱翔，彷彿是一隻老鷹，怎麼玩也玩不膩。

理德出生後，我不僅得到一個弟弟，也得到一個好朋友；還不只是一般的朋友，而是那種幾乎與你合而爲一的朋友。我們倆秤不離砣，就像雙胞胎一樣親近。我們雖然只是手足關係，卻無法阻擋我強烈的母性本能；我守護著理德，而他似乎也挺能享受我的寵愛。我總擔心弟弟會發生什麼不測，這樣的想法往往令我驚恐不已。

理德小時候有一張胖嘟嘟的圓臉，褐色頭髮剪成小男孩常見的髮型，襯托著他那淺褐色的大眼睛。他經常穿著一套牛仔連身衣褲，吊帶總會從肩膀上滑下來。他咯咯的笑聲非常具有感染力，有一次笑得太厲害了，居然從椅子上跌了下來。凱絲頓和我上舞蹈班學跳舞，理德則從五歲起開始學鋼琴。他彈得很不錯，彈琴成了他抒發情感的管道，也是我們全家的樂趣泉源。我好喜歡聆聽從他指尖流洩出來的樂音。

我愈來愈常想起我的姊姊和弟弟，我想著自己對他們的感情，不知道何時才能再見到他們。救護車行經社區入口時，我好想請司機掉頭送我回家。我想看看凱絲頓，向她傾吐我從未表達過的一切。我也希望陪在理德身邊，我非常想念他，我知道他也非常想念我；我想聽到他的笑聲，請他爲我演奏一曲。我覺得自己就像一個無處可逃的囚犯，將被帶到一個非我所願的地方，卻完全無計可施。我只想回家。

琴恩

艾德駕駛私家轎車一路尾隨著救護車，一行人於午後抵達復健中心。這所醫院的外觀頗能掩人耳目，它坐落於住宅區內，與社區巧妙融合，若非刻意尋找，你很可能從它面前經過而不會注意到它。和參觀許多地方的經驗一樣，我們穿過大型自動門之後，首先察覺到的，就是它的氣味。這味道並不難聞，但它傳遞出的訊息，擺明了這裡並非人們願意稱之爲家的地方。那是一股冷冰冰的、可以立即與復健中心產生聯想的味道。

隨著輪床穿越走廊前往病房，布魯克所能看到的，就是從她頭上經過的天花板。她平躺在輪床上，光環支架將她的頭頸固定在同一個方向。這或許再好不過了，因爲這樣一來，她就看不見坐在護理站前的那些病童。他們有些人看起來呆若木雞，就像面無表情的怪獸雕像。布魯克與其他三個女孩分享同一間病房，她獲得窗邊的床位。這個床位才剛剛空出來，我不禁想著曾在這張病床上躺過的每一位病人，他們出院回家了嗎？還是……我打住自己的思緒，明白自己並不眞的需要知道一切細節。

「嘿，還不壞呢，」艾德望著窗外對布魯克說道，「窗外有一株美麗的楓樹，葉子正準備變色呢。布魯克，楓樹是最美麗的樹木，不用多久，它鮮豔的黃葉和紅葉就會塡滿你的窗景，幾乎就像是望著我們自家的後院一樣。」艾德竭盡所能讓自己更具有說服力，不過布魯克和我都知道，他只是試著抓住可以幫助我們更容易渡過這次劇變的任何事物。

這間病房漆成黃色，以深褐色的木條飾板裝飾。房間後方有一架電視，不過就它的位置和病床的角度，布魯克根本不可能看得到它。布魯克的表姊妹崔西和凱莉，以家人的照片拼成一幅畫掛在床頭上，好讓她時時刻刻感覺家人環繞身旁。艾德從家裡帶來布魯克房間內的海報，試著讓她產生家的感覺。他也帶來一幅特製的畫作，這是當布魯克還住在石溪醫院時，一位自稱「輪子」的囚犯所爲她繪製的；輪子在服刑期間內，將大部分的時間奉獻給醫院裡的病童，試著爲他們帶來快樂。這幅畫是描繪一個跪在床畔禱告的女孩，女孩的頭上寫著：「神佑布魯克」。人們似乎從最稀奇古怪的地方進入我們的生命，不過，卻是在我們最需要幫助的時候適時出現；「輪子」便是其中一位。

「你覺得怎樣，布魯克？這裡還不壞吧，」我說。

我想盡辦法保持樂觀，但我實在恨透了這個地方。我很害怕，但不希望布魯克察覺我眞正的想法。我不知道我們得在這裡待上多長的時間，可是光住上一天的念頭，幾乎就超過我所能承受的限度。我開始卸下布魯克的行李，她分配到一個附帶抽屜的衣櫃，和一個用來存放私人物品的床頭櫃。空間並不寬敞，四個女孩同寢一室，顯得相當擁擠。

「未來一段時間裡，這裡將是我們的家，」我說，「我們必須想辦法善加利用它。」

頭一天，醫院的院長與護理長前來會見我們。

「你認爲布魯克需要在這裡住多久？」艾德問道，「我們什麼時候可以準備出院？」

「像令嬡這樣的重大傷患，」院長答道，「你可以預期至少在這裡住上一年，很可能更久。」

艾德和我對看了一眼，然後轉頭望著布魯克，我們都大吃了一驚。

「什麼？」我說，「不會發生這種事的。」

「絕對不會，」艾德說道，「布魯克，你會提前回家的，別擔心了，甜心。」

我想，當時院長和護理長都不知道該如何解釋，好讓我們了解情況。我不曉得他們認爲我們只是天眞、只是愚蠢，還是兩者兼備，不過他們臉上的表情，明顯地流露出我們對自己的言論毫無概念的訊息。事實上，他們是對的，我們眞的不知道自己在說些什麼，我們對此毫無經驗，每天都得面對新的冒險。如果她眞的得待上一年以上，我能忍受嗎？當我跟凱絲頓和理德道別時，我向他們保證會盡快回家，如果離家那麼久，對他們公平嗎？我可以撐過這段日子嗎？我沒有答案，心中明白我們的生活，如今已操在陌生人的手上。不過，我確實知道如果有任何方法可以讓布魯克提早回家，我們絕不會放棄。不論用什麼方法，不論得付出多高的代價，我們一定會試著完成這項心願。

隨著夜幕一分一秒地逼近，住處的安排就愈來愈叫我們煩心。布魯克的住處當然沒有問題，我自己的境況卻完全沒有著落。我們依舊試著在這附近找個住處讓我暫時棲身，必要的話，我們甚至準備在車上渡過一晚。我們希望頭一天晚上，能夠守在布魯克的病床床畔。

「艾利森先生、太太，你們現在得離開了，」一位夜班護士說道，「家長不得在十點以後繼續逗留。」

「我們今晚實在無處可去，」我說，「況且，我們也不想頭一天晚上就留下布魯克一個人。」

「醫院裡沒有供家長休息的地方，」她說，「你們也不能待在她的房裡，讓我來想想辦法。」

她回來的時候表示，醫院二樓有一間空病房，院方可以安排讓艾德和我暫住一宿。這是布魯克自意外發生以來，頭一次沒有人陪在她的床畔。她害怕地哭著，卻無法發出任何聲音。我們把她留在一個陌生的環境裡，交由一群對她一無所悉的人們照顧，所有人都惶惶不安。我在夜裡曾數度下樓查看，頭一天夜裡，我們三人都一夜無眠。

布魯克

「嗨，布魯克，我是琳達，你住院的這段期間將由我負責照顧。」

琳達是我的專責護士，我住進復健中心的第一天早晨就見到了她。她的值班時間是周一到周五的上午七點到下午三點。

「我跟你爸媽提到，我做任何事情差不多都是一板一眼的，凡事照表操課、發展出固定作息以便順利完成工作，是非常重要的一件事。」

爸媽稍早從二樓下來，在琳達輪班之前和她會面。「一板一眼……發展固定作息，」我心想著，媽媽準會愛上她的。至於是怎樣的「一板一眼」，或是怎樣的「固定作息」，我可是毫無頭緒。

琳達是個中年婦女，大約四十好幾或五十出頭。她蓄著一頭花白的短髮，白的部分多過黑的部分，我想，她剪短髮的目的，或許是爲了不想妨害她的工作。她戴著一付雅皮式的紅框大眼鏡，與她那深藍色的眼珠形成對比。她個性認眞，每一項任務都能迅速而有條不紊地完成。掛在她脖子上的聽診器前後搖擺著，就像是爲她的每一個動作計時的節拍器。琳達經驗豐富、非常專業，顯然對自己的工作瞭若指掌。我想，爸媽對她的能力深富信心，很放心把我交給她照顧。

「你得在每天早上吃藥，然後我們會測量你的生命跡象，」琳達說道，「我們會量體溫、血壓，並且檢查你的氧氣含量。你必須排尿、排便，然後梳洗乾淨。每隔一天進行一次床浴，每星期進入哈柏槽（Hubbard tank）（編按：即全身水療。）三次。」

我想，當媽媽問道：「哈柏槽是什麼？」時，她或許看到了我眼裡的驚恐，或許，她自己也開始感到一點不安。

「那就像一個浴缸，我們會把布魯克抬進去再抬出來，」琳達說道。

「噢，」媽媽帶著一點就事論事的語氣說道，試著掩飾她心中極度的恐慌。

「你每天都會接受治療——包括物理、職能與休閒治療。」

「那麼學校功課呢？」媽媽問道，「有時間複習功課嗎？」

「某些孩子可以做一點功課，但是我們大多數的病患都會受到頭部傷害，只能教他們最基本的生活技能，」琳達說道，「我們的課程是最基本的，不過，我確定只要布魯克覺得應付得來，就可以開始讓她學習功課。」

「我們什麼時候可以讓布魯克下床，並且斷絕她對呼吸器的依賴？」爸爸問道。

「我們很快就能讓她下床，關於呼吸器……」琳達遲疑了一會兒，眼睛望著地上，避免接觸爸媽的眼神，「你得和呼吸治療師討論這個問題。」

「你和房裡的女孩子們打過招呼了嗎？」琳達問道，我想，她是試著轉移話題。

我無法說話也無法移動頭部，媽媽因此介入我們的談話。

「還沒呢，琳達，」媽媽替我回答。

「丫頭們，」琳達對房間另一頭叫道，「我要你們見見一個人。布魯克，這是綺莎、唐娜和萊拉，」琳達說道。

綺莎的床位正對著我，她已經可以下床坐在輪椅上了。她只有十歲，但是看起來可能有兩倍的年紀。綺莎的個頭很大，已經開始發育。她的頭髮粗糙，像鋼絲一樣硬梆梆地直立著，看起來就像推動拳擊運動的唐金（Don King）一樣。包括護士在內，醫院裡的每一個人都很怕綺莎，她出身於貧民區，在那裡受到槍擊，導致腰部以下完全癱瘓。我一直搞不清楚她究竟如何與爲何遭到槍擊，不過，我覺得自己最好永遠不知道詳情。綺莎是我見過最強悍的人，臉上帶著一股陰鬱的表情，讓人不敢直視她的眼睛。要是她不願意，任何人都無法勉強她做任何事。我在初見面時對她微微一笑，爲了某種無法理解的原因，或許是出於對另一個情況更糟的人的同情，綺莎回望著我，然後綻出一抹微笑——不是那種燦爛的笑容，而是很謹慎的一笑，以眼神中的笑意取代嘴角的牽動。我們來自兩個截然不同的世界，但是個人的不幸把我們倆牽連在一起，我見到陰鬱表情之下的她，她也見到光環支架背後的我，我知道我們會成爲朋友。

唐娜的病床在我的右手邊，她比我年長幾歲，但是由於一次嚴重的氣喘病發作導致腦部功能受損，唐娜只能執行最基本的生活技能。沒有人可以預測唐娜的下一步，她的行爲完全無跡可循，通常也沒有明顯的目的。有時候，她會蹲在角落裡綁著鞋帶、穿上不同顏色的襪子，我記得有一次，她還將內衣套在衣服的外頭。基於她的特殊情況，唐娜幾乎不受任何限制。有時候在深夜裡或者在浴室的時候，唐娜會冷不防地開始唱歌，用盡吃奶力氣發出最大的音量。那通常是她自己的創作，或者是她對某一首流行歌曲獨特而往往荒謬的詮釋。

住在我的斜對角、靠近門邊床位的室友是萊拉。六歲大的萊拉非常嬌小，在她短暫的生命裡，已經經歷了十分困苦的歲月。她有一個支持她的家庭，但母親已離開人間了。萊拉的傷勢與我非常類似；她的上層脊椎神經受傷，導致她頸部以下癱瘓，需要仰賴呼吸器維生。萊拉在我住院之前的幾個星期才住進這家醫院。人們經常表示萊拉和我看起來像姊妹一樣，我們倆都有棕色的長髮，身材也頗爲類似。我總害怕人們之所以認爲我們相像，是基於我們倆相似的處境，我不希望人們以這樣的眼光看我。基於一個但願我倆都不曾遭受的共同經驗，萊拉和我之間存在著一股聯繫。我們彼此瞭解，發展出一份獨特的友誼，一份僅能由共同經驗塑造出來的情誼。

我的母親照料著每一個病童，尤其是我們這個房間裡的孩子。這個擠著四張病床的小房間就是我們的社區。我們十分不同，但是天啊，卻又那麼相像。我們的年紀、體型和膚色都不一樣，但是一股扭轉了我們生命的不知名力量卻讓我們緊緊相繫。我們四個同寢一室的病童形成一個家庭，媽媽就是這個家的家長。她每天陪伴著我們，直到夜深了才會離去。萊拉以「媽媽」稱呼我的母親，我知道綺莎與唐娜也有相同的感受。她會協助她們、傾聽她們，不會將一字一句都紀錄下來或製成圖表。我想沒有人想像得到，媽媽第一份眞正的教學工作，竟會在這裡——這個房間裡——展開。她是我的母親與導師，但是我不介意和別人分享她，因爲我深知自己是多麼幸運。

琴恩

住進復健中心的第一個星期已近尾聲，艾德必須回家重返工作崗位。住院的第二天，艾德的表哥里奇就前來醫院探視我們。在如此陌生的環境見到一張熟悉的面孔，感覺眞的很好。他和太太梅莉安以及兩個女兒麗莎和丹尼絲，同住在新澤西州的愛迪生市，和這家醫院僅隔著一個城鎮。他問我們是否需要任何幫忙，艾德則向他詢問這附近有什麼可以讓我過夜的地方。他說他知道一個眞正舒適的地方——他的家。他表示麗莎即將上大學，如果願意的話，我可以借住她的房間。里奇、梅莉安和他們的家人幫忙挽救了我的生命，就像在石溪醫院電梯裡遇到的那個小男孩對布魯克的意義一樣。他們沒有懷疑、不需討論，立刻張開愛的雙臂接納了我。

「一、二、三……拉，」康妮說道。她扶著布魯克的上半身，琳達則抬起布魯克的雙腿，艾德負責搬動呼吸器，小心不讓導管糾纏在一起。

康妮是布魯克的日間助理護士，在早晨協助琳達打點布魯克的一切。康妮總是充滿幹勁，布魯克和我都跟她產生親密的感情。她喜歡幫布魯克綁辮子、擦指甲油，由於她自己的孩子年紀尚輕，所以她能談論布魯克所瞭解與關心的事物。她真的就像對待親生孩子般地疼愛著布魯克。

我們把布魯克抬進一張「老人椅」，這個粉紅色的龐然大物主要供老年病患使用，看起來就像帶著輪子的牙醫用椅。椅子背後有一個架子，用來放置手提式的呼吸器。這是意外發生以來，布魯克頭一次坐到椅子上，而且就在我們住進復健中心的第一週發生。我們在這一週內見到許多令人興奮的進步，相信這只是個開端，布魯克的生理狀況將有更重大、更長足的變化。意外發生之後，院方一直向布魯克供應額外的氧氣，住進復健中心的第一個星期，呼吸治療師便完全斷絕了她對氧氣筒的依賴。拿掉布魯克的呼吸器是我們的第一要務，想到她必須栓在機器上以維持每一次呼吸，就讓我們每一個人都憂懼不已。我們以爲拿掉氧氣筒是讓她徹底脫離呼吸器的第一步。

「我們何時可以斷絕布魯克對呼吸器的仰賴？」呼吸治療師前來更換布魯克的呼吸導管時，我這麼向他問道。

「我們會繼續努力，」他說。不過，從他說話的模樣看來，這件事情在他心中的優先順序，似乎比不上我對它的重視。

「想不想試著說話，布魯克？」他問道。我無法判斷他只是在製造話題，或是他知道一些我所不明白的事情。

「什麼？」艾德不確定自己是不是聽錯了。

「你想要說話嗎，布魯克？」他從口袋裡拿出一小片圓形的藍色塑膠片，高高舉著好讓我們看清楚。

「那是什麼？」我問。

「這是帕賽—繆爾（Passy-Muir），」他說。

「什麼？」艾德又問了一次，實在搞不淸這是什麼意思。

「這是帕賽—繆爾氣閥，是根據發明它的法國人而命名的。我們可以將氣閥放入布魯克的呼吸導管內，藉此將她呼出的空氣導向聲帶，這樣一來，她就可以發出聲音了。你想試試看嗎，布魯克？」他說。

布魯克帶著興奮與懷疑地移動著嘴唇說道，「好。」

「覺得怎麼樣？」我在呼吸治療師將氣閥放進導管後說道。

布魯克凝望著我，什麼話也不說。她看起來旣害怕又困惑，彷彿忘了該如何說話。

「小布親親，你能說些什麼嗎？」艾德焦急地問道。

停頓了好半晌之後，布魯克以沙啞的嘶聲說道，「這……感覺……很怪。」她還無法自如地操作氣閥，所以每一個字都得慢慢地吐出，中間還夾雜著呼吸器傳出的一兩次呼吸聲。艾德和我望著彼此，禁不住哭了起來。

「我……聽起來……那麼……糟嗎？」她見到我們哭泣時，以同樣嘶啞的聲音斷斷續續地問道。

「哦，老天，才不呢，」我說，「這是我所聽過最優美的聲音。」

「這感覺很怪，」艾德意識到布魯克或許會因爲她的聲音而感到沮喪，因此試著緩和氣氛，「那就是你可以想到的話嗎？」他說，「怎麼不說些像……『人類的一小步』或是……『別問國家爲你作了什麼』之類的。『這感覺很怪』，說得好啊，布魯克。」艾德挖苦道。

布魯克每天只能使用氣閥幾個小時，吃飯或睡覺時必須取出，不過這是個開端，一個美麗的開端。這是我在將近兩個月來第一次聽到布魯克的聲音，聽起來不太一樣，但確實是她的聲音。我們有這麼多話要說，不必再讀唇語，或揣測她的需要或願望。這或許不是人類的一大步，卻無疑是她和我的一大步。

布魯克

大部分時間裡，我的世界就是四堵牆、四張床以及一扇窗，這扇窗總令我回想起另一段時期裡的另一份生活。有時候，我覺得自己像個階下囚，爲我不知道自己曾犯下的罪行而遭到監禁。時間一點一滴地流逝，但速度卻慢吞吞的，這裡的白天很長，黑夜卻更長。

「你媽媽到家了，布魯克！」夜班護士從護理站向我的房間高聲吼道。

媽媽必須在每天晚上十點左右離開醫院，回到里奇和梅莉安的家。她的離開總令我心煩意亂，擔心她是否能安全抵達。每天晚上，我都強迫她致電護理站，傳達她已順利返家的訊息。這大概讓夜班護士不怎麼高興，但我不在乎。除了一位名叫約翰的男護士之外，夜班護理人員與其他時段的人員不同，大多缺乏耐性、心胸狹窄。眞是諷刺，在我最需要護士協助的時候，反而常常見不到他們，更糟的是，他們著實叫我害怕。

夜裡是最糟的時候。不論我在醫院住了多久，每天晚上還是覺得膽戰心驚。我不敢閉上雙眼，因爲不確定自己是否能見到明天。我的帕賽－繆爾氣閥必須在夜裡取出，如果發生了什麼事，我仍然無法開口或引起任何人的注意。如果導管與呼吸器銜接的部分鬆掉了，我必須祈禱某個人聽到聲音，然後及時爲我伸出援手。我強迫自己維持淸醒，而醒著的時候，就會不由自主地思考每一件事情。我想起爸爸提過，我的兒科醫生李查曾表示人們對思考本身有著過高的評價。我漸漸體會出這句話的涵義。

我躺在床上想著週遭發生的每一件事，以及我所失去的每一個東西。我深切思念著每一個人，一心一意想要回家。對於拆散家庭以及對家人造成的痛苦，我深感愧疚。我凝視著一片黑暗，幻想著若非這場車禍的話，我的生活將會怎麼樣？我怎能讓這件事情發生呢？我眞笨，眞不小心。我心想著：不知道朋友們都在做些什麼？他們忘記我了嗎？我能否再見到他們？我會不會擁有一個男朋友，甚至建立自己的家庭？我想起自己原本應該跳著舞，在腳踝上纏著芭蕾舞鞋的緞帶。我眞想念舞蹈，眞想念身體的移動。我注視著毯子下手的輪廓，使盡力氣想略爲移動，它卻一動也不動，我禁不住哭了起來。我無法在哭泣的時候發出聲音，或揩揩眼睛或鼻子。這究竟是怎麼一回事？我渴望得到答案，向我解釋這件事情的意義，告訴我何時才會結束。這不是我的生活，我應該在學校裡的，我應該成爲舞者的。厄運爲何會降臨在房內其他幾個女孩以及我的身上？我四處張望，懷疑我們爲何會受到這樣的懲罰？

這些想法在我腦海中無止無盡地奔騰，儘管我想要停止思索，但是這些念頭能讓我保持清醒，並且帶領我回到一個熟悉的地方。我不願意理解呼吸器、病床、護士與治療，這些事物多麼不同，令人感到害怕。我渴望回到從前的生活，極度地渴望著。我哭泣著，從靜寂的深夜，到太陽從窗外的楓樹樹梢升起，就這樣徹夜哭了好幾個鐘頭。

琴恩

大多數的家庭通常以生日或節日爲歲月的流逝做記號，復健中心裡也不例外。布魯克住進新澤西醫院的隔週，就是她的十二歲生日，比起正常的情況，這個生日是明顯冷清了許多。布魯克這個年齡的孩子過生日，往往意味著與朋友開派對同樂、在學校裡分發泡泡糖與胸花、以及來自親友們的高昂興致與熱切關注。我們準備在週末爲布魯克慶生，艾德將帶著凱絲頓與理德前來，他的兩個姊姊艾美和瑪格麗特、瑪格麗特的先生李，以及她的四個孩子克里斯多福、崔西、凱莉與皮傑也打算前來同樂。我們會想辦法好好地熱鬧一番，但在這種情況下，是無法用我們希望的方式慶祝的。布魯克對大家的探視心存感激，但絕對稱不上快樂。

「等等，理德，慢一點！」

我聽見艾德的聲音從走廊傳來。

「嗨，媽，生日快樂，小布，」理德衝進房間時高聲喊著。

「嗨，甜心，我好想你，」我說。

「我也想你們，」他說。

「凱絲頓呢？」

「她和爸爸一起，他們還在走廊上呢。」

「從我上禮拜看到你，你大概又長高了一吋，」我說，「奶奶一定把你餵得很好。」

「是呀，沒錯。」

「家裡都還好嗎？學校怎麼樣？」我問道。

「還可以啦。小布，我爲你的生日學了一首新的曲子。」

「眞的！」布魯克說道。她已習於帕賽—繆爾氣閥，說話聲音順暢多了。「哪一首？」她問道。

「這是個驚喜，」理德說道，「我想要彈給你聽。」

星期一一開始，布魯克和我就會開始倒數計時，滿心期待週末的來臨。艾德會在星期六早晨從石溪出發，帶著凱絲頓與理德前來新澤西探視我們，他們會整天陪著我們，然後在里奇與梅莉安家裡住一晚，星期天早晨再回到醫院，一直待到傍晚才離開。我們為了每一個週末而活，迫不及待地想見到他們。

「嗨，媽，」凱絲頓隨著艾德進入病房時說道。

她親吻我、擁抱我，然後走向前祝賀布魯克生日快樂。似乎有什麼事情不對勁。艾德和我緊緊相擁，我遲遲不肯放手。每次擁抱之間相隔太久了，我希望每一次都能長長久久。

「家裡還好嗎？」我問艾德。

「一切順利，」他一邊說著，一邊走向布魯克的床邊。「嘿，生日女郎，我聽到一個很有意思的笑話，我走之前，別忘了提醒我說給你聽。」

一切事情永遠順利，即使事實並非如此。他從不願意增加我的煩惱，我知道他打算轉移話題。

「你媽媽好嗎？」我問。

「她為我們打理一切，」他說。

「多虧了她，否則眞不知道該怎麼辦，」我說

「我曉得，親愛的，別擔心，」艾德說道。我再度擁抱著他。

我婆婆從意外發生以來就一直待在家裡幫忙，只有當艾德在週末帶著孩子們前來新澤西

時才回到自己的家。她每天送凱絲頓和理德出門上學，也在他們放學的時候在家裡等著。在這個不堪負荷的時期裡，她幫助我略感心安。我把艾德拉到一旁，詢問凱絲頓的近況。

「她還不錯啊，」他說。

「不，說眞的，坦白告訴我。她看起來不太對勁，我知道事有蹊蹺。」

「她很傷心，也很害怕，」他說，「不知道怎樣面對這件事情。她想念你也想念布魯克，不過由於她不是眞心地想來醫院陪你們，所以覺得很愧疚。她很討厭這裡，很討厭看見布魯克此刻的模樣，這個地方讓她嚇壞了。」

「她回去舞蹈班上課了嗎？」我問道。

「還沒呢，她沒回去上課，也不打算再去上課，」艾德說道，「她跟理德也都沒回去學空手道。」

「爲什麼？」

「沒有布魯克，他們不願意回去。」

「媽，」理德走過來拉拉我的臂膀，「我可以到交誼廳去嗎？我可以讓布魯克坐在椅子上推著她去嗎？我想要彈我的新曲子給她聽。」

「當然可以囉，親愛的，我們走吧，反正那兒也比較舒服。」

我們老喜歡走進可以俯瞰小小中庭的交誼廳，那裡有沙發、桌子和椅子和一架鋼琴，理德總喜歡爲布魯克演奏曲子。那是一架老舊的直立式鋼琴，從未好好地調過音，而且似乎總是鎖著的。

「誰去偷鋼琴鑰匙啊？」艾德帶著狡黠的笑容說道。

「別擔心，老爸，我可以解決，」理德從口袋裡拿出一支迴紋針，解開了鋼琴的大鎖。

「我不在家的時候，你都教了他一些什麼把戲啊？」我對艾德說道。

「這可跟我無關，」艾德臉上閃過一絲罪惡感。

艾德把布魯克的椅子推往鋼琴邊，我們各抓了張椅子圍繞在理德身邊，準備聽他演奏。

「這架鋼琴的音調不太準，而且我也沒有太多時間……」

「理德，只管彈就是了，」艾德打岔道，「什麼也別擔心。」

理德開始彈奏，並且輕聲地隨著樂音吟唱。他從未邊彈邊唱，不過爲了姊姊的生日，他唱著《美國鼠譚》（*Somewhere Out There*）的主題曲，傳達出思念姊姊的心聲。

所有人在第一段結束之前便已熱淚盈眶，我們以一雙雙淚眼凝望著彼此。理德彈奏完畢之後，大夥兒都默然不語。

「嘿，布魯克，」艾德在一陣沉默之後說道，「一隻鴨子走進藥房對藥劑師說道：『給我一些護唇膏，然後塗到我的鴨嘴上。』」（Give me some Chap Stick and put it on my bill。譯註：原文為雙關語，另一個意思是「記到我的帳上。」）

感恩節很快地降臨了，我們都不知道今年該怎樣過節。我總喜歡烘烤糕點，爲感恩節作準備。這個節日總是和家人一起渡過的——爺爺奶奶、阿姨叔叔、表兄弟姊妹。我們當然無法要求所有人長途跋涉地開車來新澤西，到醫院裡過感恩節。醫院裡的其他病童，大多能至少回家一天，但由於布魯克的傷勢嚴重，也因爲我們開車回家的距離太遠，所以我們無法離開。艾德和我打算點一些外賣食物，一家五口在布魯克的病房裡用餐。這比不上傳統的方式，但我們起碼能團聚在一起。

艾德、凱絲頓和理德在感恩節前夕抵達新澤西，在里奇和梅莉安的家裡待了一晚。感恩節早晨，里奇表示他和梅莉安會在當天下午前來醫院探視。艾德和我爲晚餐傷透腦筋的時候，布魯克和理德一起觀賞感恩節遊行表演，一如往常。下午兩點鐘左右，里奇和梅莉安出現了。我們原本以爲只是一次短暫的探視，結果卻遠遠超出我們的預期。

「在哪兒吃飯？打算什麼時候吃？」里奇說道。

「什麼？」艾德反問。

「你聽得很清楚，」里奇說，「我不知道你的情況怎樣，不過我可餓壞了。」

里奇、梅莉安、麗莎與丹尼絲帶來豐盛的感恩節晚餐，包括千層麵、烤火雞、火雞餡料、洋芋泥、蔬菜、麵包、派、餅乾——每一樣我們所能想像得到的感恩節佳餚。他們還帶來精緻的桌布和餐具，不過最重要的是，他們帶來了一份濃濃的愛以及願意與我們在醫院共渡節日的心意。我們完全沒有料到這樣的事情，他們就像天使一般。我們在交誼廳擺設桌椅，風捲殘雲地吃得盤底朝天。我們談天、說故事，理德彈鋼琴，雖然身處醫院當中，我們仍無比感激。儘管我們亟欲回到自己家中，但這是我們曾渡過的一次最美麗、最窩心的感恩節。

布魯克

我漸漸明白，我勢必得在醫院裡渡過整個聖誕節假期了。我一直以聖誕節爲出院回家的限期，因此，這樣的醒悟實非易事。儘管我無時無刻不想回家，但我特別希望在家中渡過聖誕假期。

隨著十二月的流逝，情況已經越來越明顯，我的復原狀況已不可能如我先前所期待的那樣。經歷第一週的重大轉變之後，我的復原狀況就停滯不前，我逐漸明瞭到我將無法自行走出醫院，或甚至在生理上得到重大進展。復健中心對我的幫助，似乎只是讓我學會適應自己新的生理狀況，它是介於石溪醫院與回家之間的一個漫長的中繼站。

情況愈來愈明顯，我可能得坐著那種像在醫院裡學著使用的電動輪椅回家。我可能仍得依靠呼吸器維生；院方雖然多次試圖幫助我脫離呼吸器，卻都徒勞無功，我無法自行呼吸，大腦的訊息無法傳送到橫隔膜。我可能還是無法移動手臂或雙腿，也可能將會繼續這麼癱瘓下去。這與我所熟知的生活，將會有多大的不同？

我在生命的前十一年裡打棒球、踢足球，跳了九年的舞，學會踢踏舞、爵士舞與芭蕾舞。我彈奏大提琴，加入教會的合唱團，學習空手道，取得了綠帶的資格。每個晚上都安排了特定活動，而這似乎再正常不過了，這就是我應有的生活。在我心中，我做過的與熱中的每一件事塑造出我的特徵，奠定了我的身分，我是一名舞者、歌手和大提琴手，然後，就在一瞬之間，我的生命全然改觀。

我再也無法跳舞、彈奏大提琴或者打棒球了，用來定義我個人特徵的事物全都消失無蹤。從我的聲音到我的生存方式，似乎每一件事都顯得不同、變得陌生了。我懷疑自己是否能習於這種狀況。我藉以辨認自我的生活層面若是不再存在，我將成爲什麼樣的人？我將如何瞭解我自己？不論對我或對我的雙親而言，這是一個難以面對的狀況；這是我們最擔心、也是我們深知或許非得接受不可的結果。只是想到聖誕節的來臨，讓這一切顯得更令人難以接受。

十二月裡的某一天，我剛結束物理治療，心情異常低落。就在返回病房的途中，我看見門邊站著一棵高大的聖誕樹，周圍放著一箱箱的裝飾品與金箔彩帶。治療部門正在籌備一場大型的聖誕樹裝飾晚會，會中將提供聖誕餅乾、糖果，還有吟唱耶誕聖歌的活動。這副景象讓我開始眞正地思考聖誕節，以及我的回憶和我的傳統。

聖誕節的一大部分來自於它的歷史，過往的聖誕節影像塡滿我們的腦海，就像烤蘋果與肉桂的香味瀰漫在溫暖而舒適的廚房裡，縈繞不去。傳統與聖誕節互相交錯，就像織錦畫中層層疊疊的繡線一般。每年，獨特的景象、聲音與香味都會創造出一個充滿感官經驗的聖誕集錦。正如聖誕節必定隨著聖誕夜降臨，我們已學會期待以熟知的方式渡過每一個聖誕節。

回憶與傳統具有十分重大的意義，但它們就像銅板的兩面，一方面帶給我們足資依賴的事物，但是另一方面，我們在失去它們的時候將感到茫然失措。

我依賴著我的回憶，覺得若失去我的傳統，我的聖誕節將毫無意義。我回想著我的過去，覺得若無法使用我的身體，我的生命將失去目的。我錯了。在繼續踏上人生道路之前，我必須先學會發掘眞正的自我。我擁有永遠無法被奪走的回憶，這場車禍也沒有奪去我思考、推理與愛人的能力。我的身體或許無法作出反應，但我的精神與心靈卻和過去沒什麼不同。這就是我。我將無法體驗我所企盼的一切，但我仍然擁有最重要的事物——我的生命以及家人與朋友的愛，而這就是建立一切傳統的基石。我的家人將陪著我渡過聖誕夜與聖誕節當天，我知道我的生命將會繼續走下去。

琴恩

看著布魯克掙扎著恢復身體功能與脫離呼吸器卻徒勞無功，對我們所有人來說都是一種折磨。我們需要在保持對長遠的樂觀之下改變短期計劃。如果無法在復健中心得到新的進展，我們需要集中心力促成布魯克早日回家，繼續過我們的生活。「希望」是至關緊要的，是讓我們撐過難關的必要條件；它扶持我們走到這一個境地，艾德和我都相信「希望」不僅是心理學的一支，也具有生理學上的意義。我們覺得如果存著希望，任何事都可能成眞。不過，復健中心往往不是孕育希望的好地方；某些員工認爲對未來抱持正面的思考與計劃，似乎都是不切實際的。

「艾利森太太，當你告訴布魯克，只要她下定決心就能達成任何事，你可不要帶給她『不實的希望』，」我太常聽到這樣的說法了。

「沒有所謂『不實的希望』這種東西，」我會這樣回答，「這是個矛盾、相互牴觸的說法，你若非存著希望，就是不抱任何希望。」

我們必須保持正面與樂觀的態度，也需要讓一家人重新團聚在一起。我承諾讓布魯克在九月回到學校，加入原先的班上，我打算信守這份承諾。我設法確保她在住院期間接受適當的教育，我要求莫菲初中的老師寄給布魯克所有教科書與一份基本的學習計劃，以便讓她趕上同學的進度。這是布魯克第一年接觸拉丁文、代數和物理，醫院裡從未教過這幾項科目。她每天早晨和下午都要上課，是醫院裡唯一一位接受如此繁重教育的病患；不過，她很喜歡上這些課，這讓她覺得「正常」，彷彿正在做一些原本就該做的事。

艾德和我需要籌備一份計劃，好讓我們盡速返家。我得學習照顧布魯克所需的一切知識。每一件事。我必須知道護士所知道的每一件事，執行看護人員所執行的每一項活動。我必須明瞭呼吸訓練師所明瞭的每一件事，進行物理治療師所進行的每一項工作。我必須成爲這裡的每一個人，有能力完成他們的所有工作。我們的家需要大規模的整修；我們住在一間殖民式的房子裡，所有臥室都位於二樓，走廊與出入口都太窄了，無法讓輪椅通過。我們必須搭蓋一座讓布魯克進出屋子的斜坡，以及一間能容納她的浴室。

「我們有一個家庭決策得制定，布魯克，」我說，「我們需要賣掉房子，買一間一層樓的牧場式房子，或者重新整修我們目前住的地方。你認爲呢？如果搬家的話，你覺得怎樣？」

「我不想搬家,」布魯克說道,「我不認爲我能忍受搬到另一個陌生的地方。我想要回家,媽,我想要回到我們的家,」她說。

這讓決策容易多了,我們將重新整修房子。當我在醫院執行分內工作之際,艾德開始著手整理房子。他的密友兼小聯盟教練搭檔、石溪醫院喝茶夥伴、聖餐神職人員同仁與新澤西復健中心常客的約翰,同時也是一位木匠師傅,他們倆攜手展開這項工作,是意料中之事,一點兒都不讓人感到意外。他們在十二月開始規劃整修工作,然後在一九九一年一月破土動工。這項計劃是要拆除樓下的隔間,讓整個空間更寬敞、更容易進出,此外,還要在一樓加蓋一間臥房以及可容納輪椅的浴室,同時在房屋一側興建斜坡,並在屋後搭建陽台,好讓布魯克進進出出。這是在嚴冬裡展開的一項浩大工程,雖然這並非動工的好季節,但是愈早展開工作,我們就能愈早帶布魯克回家。

工程費用會是一大問題。布魯克發生意外之前,我們原本就十分拮据,現在看來,我也無法在短期內回去上班。信箱裡塞滿了醫院與醫生寄來的帳單,其中一部分帳單甚至是來自我們聽都沒聽過的人。我們得仰賴舉債與家人的協助渡日,但這不足以支付所有費用。

「約翰,我還不確定要怎樣付這筆錢,」艾德說道。

「我知道,」約翰回答,「潔姬、我以及珍珠和小聯盟的維尼,爲你們籌措了一筆資金,我們把它叫做布魯克・艾利森之友基金,我想這會幫助你們解決困難。」

整個社區都參與其中。維尼爲了募款,在高中舉辦了一場清唱和聲演唱會。教會投入其中幫忙，學校也投入其中。住在附近的哈伯一家人，在聖誕期間裝飾他們的房子以籌措資金。人們舉辦了蛋糕義賣、瓶瓶罐罐的回收，以及其他的募款活動。鄰居們不僅協助募款，還幫忙進行整修工程。偶爾幫我們看孩子的隔壁鄰居哈洛德爺爺，每天都會來幫忙釘釘子，或者只是幫忙打掃一下。對街的鄰居瑪莉與丹尼士經常出力協助，他們的女兒蘇西是布魯克最好的朋友。鄰居們不時登門拜訪，看看能爲我們做些什麼。這份盛情讓艾德和我不知所措，我們是那麼的感激。這是一次美麗的見證，證明當人們擁有以愛爲基礎的共同出發點時，將能達到怎樣的成就。

布魯克

「小布親親，我帶著錄影帶來了，」爸爸進門的時候說道。

「上週有多大的進展？」我問道。

「我們做了很多事，等不及要讓你看看，」他說。

家中的整修工程正如火如荼的進行中，爸爸擔心我會因爲這一切改變而感到沮喪，所以從最開頭、從破土動工的第一天開始，爸爸就將他所做的一切拍攝下來，讓我在每星期六觀賞，好讓我掌握工程進度。對我而言，觀賞這些錄影帶是一件很愉快的事。片中總有一群前來幫忙的鄰居、親戚和朋友，而這些人總會透過鏡頭向我傳送他們的愛。整修工程的紀錄對我提供很大的幫助，我得以見到家中原來的模樣以及它的改變，並且讓我短暫拜訪心中思念的每一個人。

「你這次要待上一整個星期，對吧，老爸爹地？」我問。

「一點兒也沒錯，玩樂時間到了，」他說。

每四星期左右，爸爸會前來復健中心陪我渡過一整個星期。他在社會福利局裡的一些同事捐出他們個人的休假時間，好讓父親可以多一點時間陪我，若非他們的幫助，事情絕不可能發生。媽媽因此得到她迫切需要的休息，她實在累壞了。這樣的安排不僅讓媽媽得以回家陪陪凱絲頓與理德，也讓飽受整修工程折磨的奶奶有機會回自己的家。由於我們的廚房已經整個拆掉了，奶奶只好利用一塊加熱板做菜，而每個人都在爸媽房間裡的燙衣板上吃飯。這也讓爸爸有機會學著照料我。他基本上取代了媽媽在醫院裡的角色，整個白天都待在醫院裡，晚上則到里奇叔叔家過夜。我的每一項療程他都會隨侍在側，也會協助進行看護工作。我好喜歡有他作伴的一個星期，他會在傍晚的時候唸書給我聽，我們會玩遊戲、看電影、聊聊天，幾乎無話不談。

小夜班的工作比白天輕鬆許多，不需進行任何治療。我最喜歡的護士之一，就是一位小夜班的護士，她有一個再適當不過的名字：「喜悅」（Joy）。有時候，一些訪客會在傍晚時分出現，這會是一天的高潮。里奇、梅莉安、麗莎和丹妮絲經常來訪，外公外婆也是一有機會就會來看我，還帶著我最喜愛的義大利美食，像是肉丸、烤起司茄子和炸洋薊心。

住在曼哈頓的艾美姑姑，會帶著愛和扶持前來醫院陪陪我們，她的拜訪對我們很重要。

有時候，她會從紐約帶著一位具有直覺力與經驗的治療師蘿拉一同前來。蘿拉每兩星期來一次，總會帶著巧克力、乳液、唱片、錄影帶、或任何她認爲能激起我的感官的禮物。蘿拉過著非常刺激的生活，認識許多知名人士，我好喜歡聽她提起那些人，或向那些人提起我。她興致勃勃地過著生活。蘿拉試著用她的能量爲我進行治療，她將雙手放在我的身上，我們倆會盡可能的集中精神。雖然從未見到生理上的任何變化，但她和姑姑帶給我的關注和鼓勵是取之不盡、用之不竭的。

有時候，爸爸從小一塊兒長大的好朋友麥可也會前來拜訪。他是一位音樂教授，住在舊金山，卻爲了研究和授課而走遍全世界。麥可會告訴我旅程中最有趣、最精采的故事。聽他說話是一大樂事，他是我生命中的眾多麥可之一。

父親和訪客是我和外界的聯繫，他們讓我保持心智健全。我陷在身體和醫院的雙重桎梏中，必須透過他們的感受而間接地活著。當我傾聽蘿拉的故事，我就化身爲蘿拉；當我聆聽麥可曾到過的地方，我便和他一同神遊；當父親和我暢談我的希望與恐懼，我知道他側耳細聽。

「一切都會安然無恙的，小布親親，」他會這麼說，「一切都會安然無恙。」

琴恩

安排布魯克返家的步驟之一，就是拿掉打從石溪醫院時期就一直掛在身上的光環支架。

布魯克的醫生和治療師對她的脊柱狀況愈來愈感憂慮，尤其是曾經明顯受創的Ｃ—２—３與Ｃ—５—６這幾節脊柱。她的脊柱往前突出，醫生擔心一旦拿掉光環支架，她的頭部將會不由自主地往前下滑。爲了拿掉光環支架，布魯克必須先進行手術穩定她的頸部。就醫生所言，這將是一項大型而危險的手術，必須由整形外科醫生與神經外科醫生聯手操刀。醫生將在她的脊柱嵌入骨頭、金屬絲和支架，藉以穩固她的頸部。由於復健中心不具備手術設施，布魯克必須轉往紐渥克的一間綜合醫院開刀。我們在一月聽到消息，得知手術安排在二月初進行，還有一個月的準備時間。不過，再長的時間好像都不夠用。

布魯克的穩固手術預定在二月六日進行，她必須在開刀之前完成一般性的手術前檢驗，這是任何病患都得面對的，此外，她還必須進行頸椎的ＭＲＩ（磁振造影）檢查。這意味著我們得離開復健中心一天，前往另一個醫療中心接受檢驗。

ＭＲＩ儀器看起來就好像是時間膠囊(time capsule)，布魯克的頭部和軀幹必須滑入一個長長的圓筒，身上不得穿戴任何含有金屬的物品。她的光環支架與ＭＲＩ儀器相容，但呼吸器就無法過關了。沒有人事先料到這個問題，但是我們無論如何都得完成這項檢驗，以便讓醫生瞭解他們所將面對的挑戰。若要卸下布魯克的呼吸器，必須有人以呼吸袋（Ambu bag）爲她進行人工呼吸。呼吸袋的形狀近似於一顆小小的橄欖球，一頭有一個附件，可以銜接布魯克頸部的氣管切口。必須有人來回擠壓呼吸袋以強迫空氣進出她的肺部，動作幾乎像是很輕緩地爲腳踏車的輪胎打氣。

院方在呼吸袋上裝上一根七呎長的導管，然後再將呼吸袋銜接到布魯克身上，護士開始爲布魯克進行人工呼吸，也開始展開MRI檢驗。儀器發出轟隆隆的響聲以及咯咯的雜音，我則緊盯著布魯克的胸部，看看胸腔是否出現上下移動的現象；這是我唯一能辨別她有沒有呼吸的方法。我甚至不敢眨一下眼睛，眞希望艾德此刻能陪在身邊。在這一個多鐘頭的時間裡，我緊緊地盯著布魯克，心中驚恐莫名。我回想起當布魯克還是個嬰兒的時候，曾因爲肺炎而住進醫院的氧氣帳裡。我記得當時自己注視著她的胸腔，害怕她會驟然停止呼吸。我無法想像布魯克對於這一切噪音、無法開口說話，以及如此無助而脆弱地平躺著，究竟有怎樣的感覺？

我不由自主地體會著整個局面中的嘲弄意味。波斯灣戰爭剛剛爆發，我斷斷續續地從醫院中的電視上捕捉片段消息。在世界的另一面，數以千計人們遭到毀傷、殘害，而在我小小的世界中，人們則爲了維持我的小女兒的生命，付出了如此高度的努力與關注。我無法理解，世事似乎再也沒什麼道理可言了。我希望這一切盡快結束，我以爲唯有奇蹟，才能讓布魯克從這次手術中倖存。

布魯克

我凝望著窗外的楓樹。這棵楓樹是我的朋友，它在每個清晨迎接我醒來，又在每晚入睡前向我道晚安。它堅定、可靠，成了我所仰賴的日曆。由鮮黃又轉爲深紅的樹葉已飄然落盡，如今，光禿禿的樹枝就像向外伸展的玻璃手指，彷彿試著觸碰我的雙手。這天是二月五日，我懷疑自己是否還能見到這位老友。

母親陪著我搭乘救護車前往紐渥克，父親則和往常一樣，駕著私家轎車緊緊地尾隨在後。他爲了陪伴我們而請了一星期的假。前往紐渥克的車程大約只花了二十分鐘，但是抵達的時候，感覺好像相隔了好幾個世界。這家醫院十分老舊，外觀晦暗不堪。要在這個地方渡過一整個星期進行手術，似乎是一件無法忍受的事情。完成報到入院手續之後，護士帶領爸媽和我進入加護病房。這家醫院的加護病房只是一間切割成兩部分的大房間，總共有六張病床。

我躺在擔架上進入醫院，不過立即被移送到病床上。院方開始爲排定在隔天進行的手術做準備，他們爲我抽血、衡量生命跡象並詢問一些醫療資訊，以確保能夠安全無虞地進行手術。很奇怪，我反倒希望他們發現某種罕見的血液疾病，這樣我就不用開刀了。外科醫生前來會見爸媽和我，向我們說明可能的狀況與結果。

「手術預定在上午八點開始，可能會花六到七個鐘頭的時間，」神經外科醫生說道，「如果一切順利，我們很快就能拿掉光環支架，而她只需戴上護頸差不多一個月的時間。」

醫生把我父母拉到一旁講話，我無法聽到談話的內容，但從母親的表情來看，我很高興自己聽不到醫生的這一番話。進行手術的早晨很快地降臨，比我期望的快了許多。爸媽一大早就走進病房，看著醫療人員爲我進行手術前準備。我被推進手術房裡，而爸媽只能在等候室裡守候。

「拜託，別讓他們把我送進那裡！拜託，叫他們停下來，不要強迫我進去！」我在前往手術室的走廊上對爸媽高聲叫嚷著，我確信自己再也見不到他們。

當我睜開雙眼，我無法相信自己竟然活著。手術歷時八個鐘頭，而我活下來了。由於麻醉的作用，一切都顯得朦朦朧朧、模糊不清的，但我明白我的頭上纏著繃帶，光環支架已經被取下來了。

「你看起來好漂亮，」爸爸說道，「你的臉蛋前面再也沒有一根根的柱子了。」

肢體癱瘓再加上光環支架，就好像身處於大牢籠中的小牢籠。如今，外在的牢籠已除去，從此可以接受人們的觸摸、擁抱。我仍然無法動彈、無法自行呼吸，但是我仍保有生命。

我在手術後一個星期回到復健中心，我眞高興回到那裡。我回到熟悉的地方，身旁圍繞著我知道關心我的人。我見到我的護士、我的老師以及我的治療師。我見到綺莎、唐娜與萊拉，而當我被抬到病床上時，我見到我的楓樹老友依然在窗畔挺立，等候我的歸來。

琴恩

春天即將來臨，我可以在空氣中感受到、嗅到春的氣息。水仙綻放，而連翹則讓出舞台，讓杜鵑與石楠爭妍鬥麗。大自然的甦醒，只會令我們更敏銳地察覺自己的重生。出院的日子已近在眼前。家中的整修工程即將峻工，布魯克的輪椅訂製完成，艾德和我也通過必要的測驗，顯示我們確實有能力照顧布魯克。被人評斷我們是否有能力、是否適合擔任布魯克的看護人，是我最難以接受的一個程序。即便我們被裁定足以擔此重任，但是在找到適當的居家看護仲介公司、呼吸器供應商與醫療補給品供應商之前，院方仍然不允許布魯克出院返家。艾德得處理大部分瑣事，並且設法籌錢支付一切醫療費用。

「布魯克，我們就快要回家了，」我說。

「你眞的認爲可以很快出院嗎？」

「噢，就快了，只是還不知道確切的日期而已，」我說，「不過，絕對會比醫院裡所有的人一開始以爲的日子要早得多。」

到了四月底，家中的整修工程已全部完工，我們也找到適合的呼吸器供應商與醫療補給品供應商，此外，一家護理人員仲介公司也表示能他們爲我們找到居家看護。由於布魯克仍得靠呼吸器維生，因此身邊需要一天二十四小時、每週七天的看護。

「我想，我們這裡就要準備妥當，可以迎接你們回家了，」艾德在五月初透過電話傳達這項訊息。

「我簡直不敢相信，親愛的，太好了，」我說，「你找到辦法解決保險問題嗎？」我問道，「我們要如何支付這一切費用？」

「看來，我們的保險公司會負擔一部份的醫療費用，州政府的醫療輔助計劃也會負擔部分的看護費用。我還在向保險公司爭取一些看護補助，事成之前，我們每天得花幾個鐘頭的時間親自照顧布魯克。」

「我們還是可以讓布魯克回家，是吧？」我問道。

「只要仲介公司能提供護士，讓布魯克回家時能立刻交由專業的看護照料，這樣就沒有問題了。不過，我還在爭取全面的看護津貼，要讓布魯克回家，我們一定得得到全面津貼才行，」艾德說道。

出院的日子終於定下來了，就定在五月十六號。我們幾乎不敢相信眞的可以回家，這實在太好了，簡直不像眞的。艾德和理德在出院前一個週末來訪時，我們把大部分時間用在打包、整理布魯克平常使用的地方。我們拆掉每一張圖片和海報、將她的充塡玩偶和小裝飾品都裝到箱子裡，除了出院之前需要換洗的衣物之外，所有衣服都先寄回家裡去。綺莎、唐娜和布魯克的其他朋友都前來幫忙與觀看。我們很高興要回家，但是和這些女孩們的分離，仍讓我們感到悲傷。這就像是學期的最後一天，學生們打包整理準備過暑假，而你知道在九月之前，你將有一段時間無法見到某些同學。不過這一次，我們知道自己很可能再也見不到這些女孩。

星期二晚上，也就是布魯克出院的前一天晚上，里奇和梅莉安最後一次前來醫院探望我們。我們圍坐在布魯克的床畔聊天。

「琴恩，」一位護士對著病房喊道，「你先生打電話找你。」

「眞奇怪，」我對里奇說道，「應該輪我打電話給他的。」我走向護理站拾起話筒。

「什麼事，親愛的，」我問，心中爲了即將返家而雀躍不已。

「布魯克明天不能回家，」艾德說道。

「什麼？你在開玩笑是不是？」

「不，我很希望自己是在開玩笑，仲介公司尚未幫我們找到看護。」

「怎麼會呢？我以爲所有問題都解決了，」我說。

「他們找不到任何看護，」艾德說道。

「即便只是在門口迎接我們的護士都找不到嗎？」我不可置信地說道。

「一個護士都找不到。可能是因爲人力不足，也可能是因爲他們對於自己能收到多少錢還存有疑惑。我只知道沒有人願意開誠佈公地解決問題。」

「我要怎樣跟布魯克解釋？」我說，「我如何告訴她明天不能回家？所有東西都打包好了，他們甚至爲布魯克舉辦了歡送派對。我眞不敢相信，究竟如何才能離開這裡？一次奇蹟嗎？」

「我正在設法解決，」艾德說道，「給我一兩天的時間，一有任何消息，我就會盡快通知你。」

我想，或許醫院裡的一些人是對的，或許布魯克永遠無法出院。我們已經達成了這麼多項任務，解決了這麼多的細節問題。即便我們完成一切應盡的義務，似乎仍有許多事情不在我們的掌控範圍之內。如果仲介公司就連第一天的一位護士都無法提供，對未來而言，這又透露了怎樣的訊息？我們如何才能帶布魯克回家？如何應付回家後的狀況？我感到心煩意亂、灰心喪氣，而我還得回到病房中，向布魯克傳達這項消息。

第二部

我總算了悟，在隆冬之際，我心底那永不馴服的夏天。
——卡繆

布魯克

「我就在這裡，抓著我的手，別害怕，」小時候，媽媽經常對我這麼說，「也別擔心，交給我就好了，那是一個做母親的職責所在。」

她的手心覆蓋在我的手上，兩個人的手指密密匝匝地纏在一起，正如我們過去八個月的生活那樣地密不可分。我掃描腦海中的點點滴滴，試著找出一幅影像，一幅可以幫助我回想起這份感受的心靈圖像；她的拇指在我指頭上摩娑的撫慰力量、她那柔軟溫暖的肌膚，以及我的手在她掌心中迷失方向的感覺。生理上，我的大腦與肢體已不再相連，但我的心智仍須與靈魂產生聯繫。我必須牢牢記住，不能失去那些影像。

我仔細端詳著交握的雙手，母親的婚戒是兩者之間唯一的差別。我無法看出哪幾根是她的指頭，哪幾根又是我的；我們的雙手已合而爲一。母親和往常一樣坐在我的右側床畔，她總是從右側餵我吃東西、對我說話、向我朗讀書報。她和父親同寢時，也總是睡在床的右邊。父母親距離上次一塊兒睡在自己的床上，已有八個月的時間了。不過，這一切即將改變；我就要回家了。

不過五天之前，媽媽才向我傳達無法回家的消息。她當時是那樣苦惱，那樣地爲我操心；我也悶悶不樂的，深深擔心著媽媽；而我們都替爸爸擔心、發愁。他爲了一個無法掌控的局勢而感到洩氣、憤怒、自責，同時還替我們煩惱、擔憂。如今，他暫時解決了問題，適當的看護人員也準備就緒。我們準備好出院回家，然而不知怎地，這一切似乎很難叫人相信。

「媽，你眞的認爲這一次可以成眞嗎？」我問。

「這次一定沒有問題的，」她看著外面走廊說道，「而且，回家的時間一定比你所想像的還快。」

準備帶領我們回家的救護車人員業已抵達。

「媽，我們見過他們其中一些人，不是嗎？」我說。

「是啊，的確如此。不過，若不是當時趕往意外現場的史脫克救援小組，還有恰巧開車跟在肇事車輛後頭的消防隊長，你現在也不會在這裡了，」她說，「消防隊長在幾分鐘之內立刻展開心肺復甦術，是他救了你一命。他當時在場眞是一項奇蹟。」

「你知道他是誰嗎？」我問。

「我一直沒有查出他的名字，」媽媽說道。

我想著闖進我生命中的每一個人，若非他們，我絕無存活的機會。有太多人需要回想了。他們只不過在執行自己份內的工作？或者，我們的生命交錯只是一場偶然？我無法接受這樣的想法，事情的發生必定存著某種更深層的蘊涵。

我環顧病房四周，心知這是最後一次這麼看著它。綺莎、唐娜和萊拉都正在進行治療，我們已經事先互道別離了。大夥兒淚眼汪汪地叮嚀彼此保持聯絡，約好再次相逢，可是，我知道這份承諾將是多麼難以辦到。我竭力吸收眼前的一切，試著在腦中保留一份圖像：機械床，塞滿藥丸、面霜和乳液的床頭櫃，釘在病床後面牆上、充滿醫院風格的日光燈。我在這間病房裡住了八個月，心中不禁懷疑自己是否眞的想在心靈剪貼簿中存放這樣的影像。

儘管醫院生活既艱辛又充滿磨難，然而，這段日子是我和母親共享的一段時光。我們之間產生了一股獨一無二的凝聚力。我從她那兒感受到一份眞愛、一份無條件的愛；那是一個母親投注於小嬰兒身上的那種摯愛。她爲我沐浴、刷牙、梳頭，每天早晨替我著裝，夜裡又爲我寬衣；她就是我的雙臂與雙腿。我是她的女兒，也背負著她對我油然而生的期望與夢想。雖然生命之路並不順遂，但她已下定決心好好過活。我們就要回家了，就要重拾舊日生活，而我們將設法從這一切之中悟出一些道理。這段日子她是如此辛苦、付出了所有力量，我知道自己必須竭盡所能，讓她的辛苦全都得到回報。

「謝謝你，媽，」我說。

「謝什麼？」她說。

「謝…你知道的，這一切。」

「噢，別謝我，這只是一個做母親的職責所在，」她說，「我愛你。」

「我也愛你，媽，我也愛你。」

琴恩

「媽，你是不是趁我不注意的時候蹬了三下腳跟想祈求好運？」布魯克的眼神穿過救護車後窗向外凝望，她說，「我們眞的要回家了。」

「我已經蹬了一整個禮拜的腳跟了，」我說，「今天早上我還想著，這眞的有效耶。」

搭乘救護車前往一個不會叫我聞風喪膽的目的地，實在是一項很難令人接受的概念。我心中那份七上八落的預感並非恐懼，而是一種愉悅的快感。

「你想，除了爸爸、凱絲頓、理德和奶奶之外，還會不會有誰在家裡等著迎接我們？」布魯克問道。

「我不知道應該抱著怎樣的期望，」我說，「到時候就知道了。」

我實在不曉得回家之後千頭萬緒的事情，將要如何獲得解決。我明白看護會是一大問題，而我也必須繼續支援布魯克的護理工作。凱絲頓和理德已經好長一段時間缺乏母親的關照，我希望多花點時間和他們相處；特別是凱絲頓，她一直無法調適和接受既定事實，我知道她會更加需要我的陪伴。我也希望重返工作崗位，不僅因爲我們需要錢，也因爲這是我付出許多心血準備從事的工作。我希望成爲一名教師，但我也知道自己必須扮演護士的角色，並且擔負妻子與母親的職責；我不知道如何在這麼多的角色之中取得平衡。

我把手伸入口袋，拿出艾德在復健中心交給我的小卡片；卡片上印著一篇「寧靜祈禱文」。我過去經常聽到這篇禱辭，卻從未認眞傾聽：

主啊，請賜予我寧靜，讓我接受不能改變的事實；請賜予我勇氣，讓我更改可以改變的事情；請賜予我智慧，使我能分辨兩者的不同。

我在復健中心時，每天都一遍又一遍地默念這篇祈禱文。第一段和第三段是我面臨最多挑戰的部分。我正嚐試學習一項生命課題，不過，卻以最艱難困苦的方式學習。布魯克發生意外之前，事事似乎都照著我的計劃進行。或許曾出現一些微不足道的小小障礙，但從未發生眞正至關緊要而且超乎意料的事件。不過，打從她發生意外的那天開始，所有事情的發展就都逸出了我的預料範圍。除了相信一切終會圓滿解決的堅定信念之外，爲了實現目標而踏出的每一步，都和我原本的打算大相逕庭。我逐漸明白自己無法確實掌控或盤算任何事情，但也覺得不能就這樣全然放棄。我得弄淸楚自己究竟能做些什麼，在此同時，也得明白哪些事情不在我的掌控範圍之內。

「我們就快到家了，布魯克，」我在救護車從納斯康薩高速公路南下，路經史密斯海芬購物中心時這麼說道。我總愛和丫頭們到那裡購物，不知道還有沒有機會一起這麼做。車子行經尼可路，轉進我們的社區，一切似乎都變得不同了。景物其實沒什麼眞正的改變，但是感覺上，我彷彿初次見到這些事物，事事都覺得新鮮。走過梧桐巷時，我看到右邊的公園，那是小聯盟棒球隊的孩子們打球的地方。附近有幾個孩子正在練習投球，我猛地想起目前或許是球季最火熾的階段。我記得球季期間電話鈴聲總是響個不停，往往令我不勝其擾；如今，我眞希望自己過去一年在家裡渡過，聽著整天沒完沒了的電話鈴聲。車子轉彎進入我們的街道，我的心臟緊迫迫地撞擊起來。我不知道該笑、該哭，或是乾脆放聲大叫。救護車在房子前面停了下來，開始倒車貼近大門。

「我們到了，甜心，我實在不能相信，可是我們確實到家了，」我說。

布魯克躺在擔架上，頭部的傾斜角度足以讓她從後窗望向車外。她可以看見艾德和鄰居丹尼斯合力爲孩子們架設的籃球架，籃球底下擠滿了人，他們聚集在這裡迎接布魯克的歸來。我對她微微一笑，她也微笑以對。

「沒有什麼地方比得上家，媽，」她說，「沒有什麼地方比得上家。」

布魯克

繫在信箱上的汽球已經拆下來了，掛在門上的大幅標語也卸下來了。這個色彩柔和的標語寫著：「布魯克，歡迎回家，我們想念你。」到了傍晚時分，除了家人和指定的護士之外，所有人都離開了。

「今天眞夠瞧的，不是嗎，小布親親？」父親說道。

「的確夠瞧的，」我累得幾乎無法全然理解這一天發生了哪些事情。

整個社區大集合，家人、鄰居、同學和空手道班上的朋友，通通前來迎接我回家。他們的盛情讓我不知所措，在場的親朋好友，多半是我在發生意外之前難得見上一面的。我的心中憂喜參半，一方面爲了即將見到他們而歡欣雀躍，另一方面又爲了他們見到我時可能產生的反應而擔心憂慮。這將是他們頭一次見到全新的我，我的外觀徹徹底底的改變了，但僅限於外在而已。內心裡，我還是原來的那個布魯克。不過，我無法確定大夥兒是否都能了解這一點。我特別擔心我的朋友們，我不希望發生在自己身上的事情，改變了我們之間的友誼。如今我回到家了，將會比以往更需要他們。我需要一些「正常」的事物幫助我堅持下去。

「見到空手道班裡的每一位同學眞好，不是嗎，布魯克？」媽媽說道。

「是很棒，」我說，「但是喬伊絲師傅告訴我，在我發生意外之後，凱絲頓和理德就一直沒回去上課，你知道這件事情嗎，媽？」

「我知道，」她回答，「只是沒有告訴你。」

「理德！」弟弟正坐在沙發上，我大聲喊著要他過來，「你得答應我再回去學空手道，你和凱絲頓都得答應我，」我說。

「如果你不能回去上課的話，我也不想去了，」理德說道。

「你必須回去，」我說，「你必須完成我們已經起了頭的工作。記得爸爸老是這麼說：重要的不是開了什麼頭，而是結了什麼果。你必須回去上課，就算不是爲了你自己，也該爲我這麼做。」

我知道這場意外影響了家中的每一份子，我們的生活被搞得天翻地覆。想到凱絲頓和理德爲了我放棄空手道、放棄即將到手的黑帶資格，實在叫我無法接受。這是我所能掌握的事：他們必須重拾空手道課程。

爸爸媽媽把我從輪椅上抬起來：剛到家的時候，救護車的隨行醫療人員就把我抬到輪椅上坐著了。我就要回到自己房間的床上──自己家裡面的房間床上：那是一張嶄新的床，一張具有醫院風格、可以上下調整，兩旁並設有護欄的床。這不是我原來的床，但它是屬於我的。我搬進位於一樓、專門為我改裝的新房間，房裡還有專屬的浴室。這不是我原來的房間，但它是屬於我的。

爸爸坐在我的身旁，媽媽則上樓洗個澡。

「你覺得怎樣，爸爸，」我說，「你有沒有覺得朋友們在我身旁的時候顯得不太自在？」

「噢，沒有啊，」他說，「你必須記住，我們過這樣的日子，已經有八或九個月的時間了，你得給其他人一個調適的機會。你不能指望所有事情啪的一聲就突然回到從前的樣子，」他說，「給它一點時間，小布親親，別擔心，你得給它一點時間。」

我實在不想多花任何時間，如今我回到家了，我希望生活一切如昔。整個住院期間裡，我一直靠著舊日回憶支撐下去，回家之後，卻發覺事情變得不一樣了。媽媽走進我的房間，她穿著一件浴袍，以毛巾裹住頭髮，就像她每次沐浴過後的模樣。這是一種熟悉的影像，如此美麗的熟悉。她看看我和爸爸，然後開始在房間四處張望。

「我的髮夾呢？」她一臉困惑地說道，「你們有誰看到我的髮夾？」

我回望著她，微笑、嘆息。這是一個好的開始，我思忖著，這是一個非常好的開始。

琴恩

高中時候，一些朋友試圖慫恿我加入「美國明日護士社」（Future Nurses of America），這是一個專爲矢志成爲護士的少女們所組成的社團。我從來無法理解這股白衣天使熱，在我的職業生涯選項中，護理工作會是最後一個選擇。當然囉，我沒有加入這個社團。當時，我實在摸不清自己的理想抱負，也對整個人生方向感到懵懵懂懂的。不過，我確實知道，便盆和血壓計不會成爲我最終選擇的謀生工具。我並不是認爲護士身分配不上我，或是我對人生抱著什麼宏偉的計劃——恰好相反，我只是做不來護士的工作，我太神經質了；這是我的一個特點，我個性中並不特別令人驕傲的一面。我想，我有些軟弱，這是我永遠不會欣然承認的一點。選擇成爲護士的女性朋友擁有我最高的尊重與欽佩，她們將生命奉獻於照料別人，還有什麼比這個更高貴的工作呢？

回到家之後，我深知我們既有的生活習慣必須加以調整和改變，只是不曉得調整和改變的程度將有多深。我在復健中心學會照顧布魯克的方法，但是我以爲自己只需要在突發狀況中伸出援手；我以爲到府工作的護士會是主要的看護人，就像復健中心裡的護士一樣；我實在錯得太離譜了。我們一開始接洽的仲介公司，只能在人手充足的時候派遣護士前來，而這種情況並不常見。我們可能在晚上十一點鐘聽見敲門聲，那會是負責十一點到七點的大夜班護士上門報到；她可能是我們從未見過、同時對布魯克毫無所悉的人。艾德和我其中一人得向她說明照顧布魯克的注意事項，另一個人則試著稍作休息。這些護士有時只待得住一天兩天，有時可能可以持續一星期之久。不過，她們最終都會離開、繼續踏上她們的人生道路。接著，另一名護士會前來報到、接受我們的訓練，然後也會同樣地離開。看護人員時有時無，而她們的能力水準良莠不齊，差距甚是驚人。

曾有一位大夜班護士在自我介紹之後，拿起布魯克的呼吸袋說道：「原來這就是你的人工呼吸器！」另一個人則分不清呼吸導管和導尿管之間的差別；一位護士在自己食用了過量的「藥物」之後前來報到，另一位則帶著自己的孩子一起上工。有些人希望我們接她們上班，另一些人則要求我們開車送她們回家。

我們雖然曾面對一連串反反覆覆的夢魘，然而另一方面，我們也曾找到專業、投入而慈愛的護士。許多人待上一段時間，與布魯克和我們一家人產生了親密的感情，不過，她們最終也得離開、繼續踏上她們自己的人生旅程。有些人年紀還輕，剛剛開始建立自己的家庭，另一些人則為了醫院或其他地方所提供的更好的工作而離開；仲介公司支付的薪水並不高，而且也不提供任何福利。

五月的一個傍晚，就在我們返家的兩天之後，一位新的護士前來報到，將負責三點到十一點的晚班工作。她的名字是黛比，大約三十四歲左右，先生在紐約市擔任員警工作。那是個大雨滂沱的惡夜，雷電交加。根據我們與居家看護打交道的經驗，我們實在沒料到她竟然會出現。黛比抵達之後不久，我們家開始停電，房子被閃電擊中了，屋裡傳來一陣陣煙味。

消防單位派來兩部消防車與一輛救護車，十幾名消防隊員拿著水管和斧頭，準備敲開剛裝修好的牆壁破牆而入。幸好，他們在造成任何破壞之前及時找到了問題點。

「這不是艾利森家典型的一天，」我對黛比這麼說道，不曉得她心裡抱著怎樣的感想。

「你一定以爲我們是『莫非定律』裡頭的莫非一家子，」艾德說道。

「你想，你願意再回來試試看嗎？」我說。

「我願意的，」黛比了無懼色地說道，「這還不算太糟。」

她不僅隔天回來工作，而且從此就一直陪伴著我們。

黛比是個例外狀況，她是我們唯一能在患難時刻仰賴的護士。

回家之後不久，我立刻看清了這一點：大部份的護理責任，將不偏不倚地落在我的身上。我不能期待看護們根據排定的工作時間表準時出現，即使她們眞的前來上班，我也不知道她們對這份工作會投入多少心血。照顧布魯克是一項二十四小時的工作，這不是我所希望的，也不是我所期待的。我需要多花點時間陪伴凱絲頓與理德，我希望能有時間與艾德獨處，我希望展開我的教育生涯；我想要當布魯克的媽媽，而不是她的護士。

生命中充滿了嘲諷，我想，這是伍迪．艾倫曾經說過的吧：「如果你想讓上帝發噱，就向祂訴說你對未來的計劃！」我目前所做的，正是我曾明確表達自己絕不會從事的工作。或許我在高中時代的朋友，當時就看出一些我所不知道的天機。不管我是否願意，我終將成爲她們社團中的一員，只是加入的時間晚了二十年罷了。

布魯克

住在家裡而不必每天起床上學，是一件很奇怪的事，感覺就是不太對勁。凱絲頓和理德起床、吃早餐、穿好衣服之後，總會衝進我的房間向我道別，而我一天的例行工作就要接著展開。凱絲頓和理德每天早晨只要花費半小時的工作，媽媽和我可能得花上三到四個小時的時間完成。進行我的醫療護理、解決我的生理需求、幫我穿衣、扶我坐上輪椅、再餵我吃飯，是一個冗長、艱難而繁瑣的程序。媽媽從不抱怨，我也試著盡量不發牢騷。不過有些日子，這些瑣事似乎比其他時候更難以對付。

每年六月學年進入尾聲的時候，我們總會舉辦一次舞蹈發表會。那是借本地大學舉行的一項盛會，往往一連進行三個晚上。在練習了一整年的踢踏舞、爵士舞與芭蕾舞等各種舞步之後，這是我和凱絲頓最引頸期盼的日子，也是全家人的重大活動之一。爸媽總會爲我們訂購鮮花，而即使這項盛會總是無可避免地和理德的生日撞期，他也會高高興興和穿著舞蹈服裝的姊姊們合影留念。自從凱絲頓十年以前首度登台表演之後，一九九一年的六月將是我們家第一次沒有舞蹈的六月，這簡直超過我所能負荷的程度。我一直勉力對付著我的狀況，但是催我回憶起舊日時光的事物，還是會偶爾刺進我的心扉；那是對我所熱愛卻深知不可得的過去之匆匆一瞥。有些事情看起來實在不公平，而無法跳舞就是其中最糟的一項。

在舞蹈發表會中缺席是迎面而來的一記耳光、是背後的一擊、是我所無法勝任的工作中最鮮明的例子。我知道自己若繞著這一點鑽牛角尖，我這一生就完蛋了；我可能整天無所事事地躺在床上看電視，然而或許除了爸媽之外，每個人都會說這不能怪我。我不能夠這樣對待爸媽，也不能夠這樣對待自己；我必須致力於自己還能做得到的事。我仍然能夠思考、仍然能夠學習，我必須回到學校復學。

儘管住院期間，每天都安排了兩次上課時間，但這樣的準備無法趕上同學的進度，沒辦法讓我在明年九月重新加入他們的行列。媽媽對她在石溪醫院加護病房向我許下的承諾仍然念念不忘，也打算盡一切能力實現這份諾言。暑假期間的在家教育計劃已安排妥當，周一到周五，每天都將投注於一項特定學科。我將接受每天長達三小時的一對一教學，沒有一個科目可以例外。我打算在家學習初一的高等英文、社會、數學、理化與拉丁文，期望到了九月，我可以完成初一的所有課程，準備好和同學們一起升上初二。

教我初中課程的老師共有四位：教理化的布洛克斯博士、教數學的德瑞斯科女士、教英文與社會學的貝闞爾先生，以及教拉丁文的格拉威諾先生。我一開始有些緊張，因爲我得單獨面對他們。我不知道他們對我會有怎樣的反應，也不知道他們是否會因我的狀況而感到侷促不安。此外，我也覺得自己必須證明些什麼，不是對他們，而是對我自己。我需要證明自己仍然能在學科成績上表現突出，不希望任何人對我放鬆標準，或因爲我的際遇而感到同情。這幾位了不起的老師，使我在暑假一開始的焦躁不安立即消失無蹤。德瑞斯科老師和布洛克斯老師都以相當認眞的態度授與我必備的知識，又以輕鬆的教學方式讓我在「課堂」中感到安然自得。以歷史見長的貝闕爾老師年約五十五歲左右，他身兼學校的曲棍球教練、夏令營的指導老師，以及高中學生的汽車教練。他獲得所有年輕人的愛戴，每一位分配到他班上就讀的學生，都被大夥兒視爲最幸運的人。他並非浪得虛名。

「布魯克，我們今晚將研究桃莉・麥德遜，」他說。

「我指的可不是第一夫人，而是這筒冰淇淋。」他猛地拿出一品脫冰淇淋、著手調製聖代，然後訴說讓課程生動活潑的歷史軼事。

拉丁文的學習則是一項獨特的經驗。我以前從未學過外國語言，即使住院期間曾經獲得一些指導，但這將是我頭一次正式學習拉丁文。格拉威諾老師是學校唯一的拉丁文老師，我對他的認識不深。我原本初一就應該上他的課的，住院期間，他曾爲我錄製用來指導發音、動詞變化以及名詞語尾變化的錄音帶。就卡帶上的聲音而言，他聽起來有點枯燥乏味，彷彿是個奉行禁慾主義的人。當他第一天騎著摩托車抵達時，我才發現自己實在錯得離譜了。

他是個矮個兒，大約五呎五吋，中廣身材，童山濯濯。他第一天穿著一件黑色圓領衫，衣服口袋上寫著：Hades Manes，我後來發現，這在拉丁文中的意思是「地獄天使」。我實在摸不清他的個性。

一開始，他似乎覺得我不可能趕上拉丁文的進度，因此認爲我或許應該學習另一種較不吃力的語言。他倒沒有明說些什麼，不過他的態度就讓我產生這種感覺。我覺得他認爲這項課程是在浪費他的時間、我不久就會放棄，而且不會在九月回到他的班上。他對我的態度嚴格，這正是我想要的；而我不僅向我自己、也向他證明了他是錯的。我們成了很好的朋友。到了暑假末期，我已經完成所有必修課程，準備好重返學校了。想到自己每天將起床上學，不再讓凱絲頓和理德拋下我自顧自地出門，實在是一件無法想像的事，不過，看起來這個夢想似乎就要成眞了。我對舞蹈的夢想則在晚上悄悄進行，這些夢是如此精采、生動而叫人歡喜。我輕輕鬆鬆地隨著音樂移動，感受著每一個跳躍、每一次旋轉和每一個舞步；感覺那麼眞實。並非每一個夢想都會出現我們預期的結局，有時候我們猝然驚醒，發現生命和我們的計劃截然不同。我無法移動身軀，但我仍然可以跳舞；我在腦中起舞、在心中起舞、在夜裡夢中毫不費勁地翩翩起舞。

琴恩

暑假時光一天天地流逝，布魯克和我都亟欲重返學校；她希望回去學習，我則希望回去傳道授業。不過，基於照顧布魯克所需投入的時間，我對於自己能否繼續工作，其實沒有太大的把握。看著布魯克與暑期家庭教師的互動情形，讓我更堅信自己必須實現承諾，幫助她回到學校接受教育。她熱中於學術挑戰與意見交流，不過我想，最重要的還是人際上的接觸；處在人群之中是她最快樂的時候。

布魯克努力追趕課業進度之際，艾德和我則計劃跟特殊教育委員會的成員碰面，藉以擬定布魯克的個人教育計劃。特教會是由學區裡的一群相關人士組成，旨在評估特殊學生的獨特需求，每一位委員都會針對學區的特殊建議和家長的個別要求投票表達意見。我們與特教會在暑假剛開始時會面，希望獲得充分時間解決布魯克的個人計劃中可能出現的任何問題。她的計劃是獨一無二的；在我們這個學區裡，從來沒有任何一位需要仰賴維生系統的學生加入正常班級接受常規教育。基於我在特殊教育方面的訓練，我很清楚布魯克的權利以及學區必須賦予她的協助。

住進復健中心的前幾個星期，我向學校申請布魯克的教科書與回家作業，當時，我就很清楚地向學區表明心跡。我告訴他們布魯克打算復學，回到她原來的班級。特教會董事和她的助理前來復健中心拜訪我們，她們似乎頗能接受這個構想。艾德和我對於此項計劃未受到任何阻力都滿心感激與歡喜。爲了幫助布魯克復學，有一些明顯的考量必須加以處理。學校必須提供一輛特別改裝的巴士送她上下學；由於布魯克無法寫字，所以必須有人幫她抄寫筆記；最重要的是，必須有一位護士隨時留心她的人工呼吸器，並且照顧她一整天的生理需求。

與特教會見面的過程中，除了看護問題之外，雙方得以就布魯克計劃中的所有事項達成共識。學區認爲護理事務並非教育單位的責任，而是一項醫療費用，應該由我們承擔。我們則相信學區有義務爲布魯克提供最無障礙的教育環境，而由於沒有護士，布魯克就沒辦法上學，因此提供一位護士是他們的責無旁貸的義務。事實上，即使我們同意負擔布魯克的護理費用，也無法找到一位能夠一整個學年每週五天準時上班的可靠護士。布魯克若得仰賴仲介公司介紹的看護，她大概就無法上學了。若非護士在場，學區就無法讓布魯克到學校上課，而他們又不願意承擔這份責任。我們也無法找到一位可靠的護士，整個計劃就僵持在這裡無法動彈。

特教會同意將看護議題帶到校董會進行表決，如果校董會同意，特教會將遵循他們的決策。然而僅除了一票之外，校董會一致反駁了我們的要求；大家都不願意承擔核准看護協助的責任。這是從來沒有過的事情，沒有人願意創下先例。表決結果宣佈之後，艾德親自致電每一位董事會成員，試著理解決策背後的理由。

某些董事會成員著眼於資金問題；這項費用將會非常驚人。另一些人則覺得布魯克不屬於主流的正規教育環境，應該送到專爲殘障學童成立的特殊學校，或者聘請初中老師到府自修。艾德和我認爲將布魯克送到社會邊緣或在家自修都不是解答，她需要過正常生活，需要走出屋外、踏入人群，而不被排擠於社會之外。我們也認爲不論她到哪裡上學，仍舊都需要護士的陪伴，而費用也將同樣的驚人。就我們看來，校董會的邏輯實在沒什麼道理。

艾德請求校董會主席讓他在下次會議中發表最後一次談話；那是新學年展開之前的最後一次校董會會議。艾德帶著特殊教育法規、護理費用相對於在家自修費用的成本效益分析，以及校董會或許能體諒我們的困境之希望，全副武裝地出席。艾德並不願意這麼做，但爲了讓布魯克復學，他覺得自己必須全力一搏。校董會聆聽了他的簡報、進行另一次投票，然後再度駁回我們的請求。

剩下一天就是九月四號開學日了，我們對將來可能的發展一無所悉。我們試著自行聘用護士卻徒勞無功，而學區也不肯在此議題上稍作讓步。

「我們必須解決這個問題，」我說，「我不能眼睜睜看著學校開學，而布魯克卻沒有回到自己的班上，我答應過她的。」

我們快沒有時間，也快沒有選擇了。

「如果我陪著布魯克上學呢？」我對艾德說道，「我可以照顧布魯克，絕不輸給任何護士。」這是我腦海中唯一可能解決問題的辦法了。

「我不知道學區會不會同意，」艾德說，「這樣當然不會花一毛錢。如果你願意，而布魯克也沒有意見的話，那麼就去徵詢學區的意思吧。」

我致電督察辦公室，他們同意了我們的辦法。他們允許我隨著布魯克上學，前提是我必須取得醫師認證，證明我有能力照料她。九月三號，在開學的前一天，也是意外發生滿一週年的前一天，我們終於準備就緒。

我將不會站在講台上擔任導師，而是以護士身分坐在課堂裡。不過，重要的是布魯克也將以學生身分坐在課堂中。我們倆都將回到學校，儘管這與我們原先的計劃不同，但我終究實現了我的諾言。

布魯克

「我看起來怎樣？」我對爸爸說道，他剛穿好衣服準備上班，出門前再度走進我的房間。

「你是我見過最漂亮的女孩，」他說，「或許，唯一的例外是我第一眼看到你媽媽的時候。」

「才怪。」

「你當然是囉，我不准任何人持反對意見，」他說。

「我才不是呢，」我再度說道。

爸爸老是對我說這一類動聽的話，他總說我有多麼漂亮，而我也不忘加以反駁。他會言過其實地胡吹一氣，我則照例阻止他繼續說下去。我知道他試著建立我的信心，但是儘管我很樂於聽到他的讚美，總還有一些自知之明。我覺得自己看起來不怎麼理想，回學校上課也讓我緊張兮兮的。

這是一九九一年九月四日，意外發生迄今正好滿一週年，同樣也是開學的頭一天。我不敢相信一年的時間就這樣過去了。在意外事件滿一年的日子裡，我不由自主地回想著當天的情況，以及後來接連發生的事情。家裡沒有人談論這個「週年紀念日」，或許是因爲太多心力都放在解決問題、幫助我復學，根本沒有時間想到它，不過，大夥兒也可能是蓄意地避開這個話題。總之，沒有人提到關於這個「大日子」的任何事情。不過很奇怪，在幫助我準備復學的興奮與忙碌之下，我仍然可以感受爸爸媽媽心中的哀傷。他們鼓勵我保持樂觀、忘卻煩惱的努力是顯而易見的，不過在這些努力背後，我知道一年前的記憶還緊緊纏繞著他們不放。我撞見爸媽彼此凝望，不發一語，但他們淚眼朦朧的訊息是清晰可見的。他們在無言之中對話，不想讓我察覺他們的感受。

「小巴士什麼時候來？」我問道，試著轉移他們的心思。

「不知道，」爸爸說，「我去看看冰箱上的時刻表。」他匆匆逃出房間，需要找個藉口抹抹眼睛、擤擤鼻涕。

「七點半，」媽媽輕聲說道，「你明知道的，你只是想考考我們吧？」

一股奇妙的似曾相識之感湧現心頭，我分不清這究竟是以前確實發生過的狀況，還是只是勾起了一年前的回憶。那麼多事情似乎非常熟悉，然而今年卻又那麼的不同。和去年一樣，我擔心著自己的外表和是否能融入團體。不過和去年不同，我所擔心的是我的輪椅而不是服裝，而且也不只擔心自己，我還得爲媽媽操心，不知道大夥兒會以什麼態度面對我和她。這是史無先例的情況，從來沒有人像我這樣帶著媽媽一塊兒上學。我心中惶惶不安，不知要感受怎樣的情緒。

媽媽上樓梳洗打扮的時候，爸爸留在房間裡陪我。這就是我們的生活方式。他們倆會一同在早晨幫我完成準備工作：媽媽幫我在床上著裝，爸爸再把我抬上輪椅，等我坐穩後，爸爸會去叫凱絲頓和理德起床，然後穿好衣服準備上班，等到爸爸準備好時，就換媽媽上樓梳洗。我們在暑假發展出這套例行動作，事事似乎都以媽媽喜歡的方式完成，按部就班。由於人工呼吸器的緣故，必須隨時有人陪在我的身旁，萬一呼吸器導管銜接不良，必須有人立刻幫我解決問題。

「小布親親，我只求你能平安渡過一天，」爸爸說道，「不求別的。看看你從去年此時到如今的進展，你不需要再證明些什麼。」

這是爸爸唯一提到那場意外的一次，而他對我的想法和感受都瞭然於心。不過，我覺得自己的確得證明些什麼，不僅爲了我自己，也爲了證明給校董會看。我需要證明我能出類拔萃，我希望他們知道沒有對我和我的家人提供協助，是他們的一大錯誤。我知道爸媽不希望我除了已經遭遇的經驗之外，還要承受更多的壓力；適應生命中巨大的身心變化，已經夠我受的了。

「只要平安渡過一天，」爸爸再度說道，「別擔心，擔心是我的工作。記得這句古老的諺語：昨日已成歷史／明天仍是個謎／今天是禮物／那就是它被稱做『當下』的原因。」（譯註：「當下」的英文present，另一解為「禮物」。）

「我知道，爸，謝謝你。可是我也不希望你操心，我會好好的。」

一切都不一樣了，然而那麼多事情似乎又沒什麼不同。相對於和爸爸手牽手地走向公車站，如今，我坐在輪椅上和媽媽一起等候小巴士的到來。媽媽和我在一年前踏上的兩條道路，如今已合而爲一，彷彿冥冥中不允許我們各走各的路。

我聽見媽媽的高跟鞋在我臥房外的磁磚上走來的聲音。

「你說什麼？」媽媽走進我的房間時問道。

「沒什麼，爸爸和我只是在閒聊，」我說。

「我看起來怎樣？」媽媽站在門口問道。

她穿著藍色印花洋裝和相配的高跟鞋，棕色的長髮在陽光下閃閃發光。爸爸看看她又看看我，沉吟了一會兒。

「我是地球上最幸運的男人，」他說。

我們相視一笑，然後我在媽媽還來不及說話之前搶先回答：

「在我浴室的洗手枱上。」

「謝啦，甜心，」她抓起髮夾固定髮絲時說道。

「讓我們給他們點顏色瞧瞧，」她說得彷彿我們就要上戰場一樣。

「我準備好了，」我說，但我非常清楚，我們兩個對於即將展開的日子沒有一絲概念。

琴恩

「你想，校車是迷路了，還是壓根兒忘記我們了？」我和艾德站在門前等待小巴士的時候對他說道。

「我不知道，但是假使校車再兩分鐘還不出現的話，我會親自開車送你們去，」他說。

前一天晚上，我們才買了一輛全新的麵包車。我們就怕學校的交通工具會出現問題，因此催促經銷商在開學之前完成交貨。我們還沒試開過這輛車子，打從布魯克回家以後，我們還不曾出門拜訪朋友、購物、看電影或上館子。事實上，這不僅是布魯克重回學校的第一天，也是她一年以來頭一次冒險跨越自家的後院。校車終於在七點四十五分抵達門口。

「上路囉，」我說。

「等等，讓我叫一下理德，我得照些相片，」艾德說道，「沒拍照留念怎能算是開學頭一天呢？」

正在吃著早餐玉米片的理德，匆匆跑出來照了兩張相片順便道別，他的校車晚一點才會來。由我們向他道別的感覺實在很奇怪。今年是三個孩子頭一次分別上不同學校的一年，稍早出門的凱絲頓升上高一了，今天是她進沃德梅維爾高中的頭一天；理德升上六年級，這是他在納沙基格小學的最後一年；而對布魯克而言，今天則是她在莫菲初中就讀初二的頭一天。

我們都很不安，但是沒有人願意洩露出自己的惶恐之情。從家裡到初中的車程不遠，我們只需穿過社區內迂迴的巷道，再跨過尼可路就到了。艾德央請鄰居哈洛德幫忙照顧理德，然後開車緊隨在小巴士之後。他希望見到我們平安抵達學校，並且確定我們進了校門之後不會出現任何問題。

由於巴士來得太晚，我們到學校的時候已經遲了。所有巴士都已駛離校車集中地點，除了站在門邊的兩位校董之外，整個校門口空無一人。他們若非正在巡邏，就是刻意地等候我們。艾德協助布魯克和我步出校車，並且幫忙搬運我的行李。我帶著我那黑色的大型手提包，一個裝著筆記本、原子筆、鉛筆與其他文具的書包，以及塞滿了布魯克的醫療用品的藍色行李袋。我們看起來準像是打包了整個房子，隨時準備遷入新居。

「他們究竟在這裡搞什麼名堂?」艾德輕聲說道,他指的是那兩位校董。

「或許他們是歡迎委員會的成員,」我說。

「他們若是歡迎委員會,我就是卡斯特將軍(General Custer),而這裡就是小巨角戰場(Little Big Horn;譯註:卡斯特將軍率領騎兵團與印第安人血戰,不幸於小巨角戰場全軍覆沒)」艾德說道。

在邁向前門的途中,我們倆都費勁地忍著不笑出來。艾德向校董點點頭,他們也跟著點頭回禮。雙方未交一語,一句話也沒說。我知道布魯克很怕見到他們,但從他們的表情看來,他們似乎更害怕見到我們。我們像軍事校閱一般地走過他們面前,我懷疑我們是否通過了他們的檢驗。他們從未見過布魯克,我也不認爲他們做好了心理準備。不過,一切都太遲了,布魯克來了,我也來了,沒有任何事能阻擋我們踏入校門。

我拉開門,艾德推著布魯克通過門口凸起的路障。

「我們進來了,」我說,「成功了。」

「眞難以相信,但我眞的回來了,」布魯克帶著神經質的微笑說道。

「記住我說過的話,小布親親,只要安然渡過這天就好了,」艾德說道,「你們兩個都一樣,只要安然渡過這一天就好了。不論發生什麼事,我都爲你們深感驕傲。」

艾德親吻布魯克的額頭和我的臉頰,然後在我耳邊細語:「我愛你們,教訓教訓他們,讓他們知道厲害!」

每當他希望我們堅強一點的時候總會這麼說。他對我眨眨眼，我則回他一笑，然後轉身和布魯克一起踏上長廊。旅程的下一階段才剛展開，它究竟會帶領我們走向何處，我們心中毫無概念。

布魯克

媽媽和我跟凱瑞格列絲小姐的會面，與校董的「迎接」可說是天壤之別；凱瑞格列絲老師是我的特殊教育協調人。她一見到我們就從走廊上跑過來打招呼，內心的興奮和喜悅溢於言表。她是個一頭金髮的高個兒，年約二十來歲，精力充沛。她對我們未來的活動抱著許多計劃與構想，所以當她說話時，嘴巴的速度似乎趕不上腦中的想法。

「哈囉布魯克，哈囉艾利森太太，眞高興見到你們，」她連珠砲地說道，「我聽了好多關於你們的事。這會很棒的，眞的都會很棒的，我等不及要開始了。你將會有很棒的課程，很棒的老師，他們也都急著想見見你呢。噢，不過你已經認識他們其中一些人了，不是嗎？負責教授地球科學的老師是布洛克斯博士，拉丁文老師是格拉威諾先生，社會學老師則是貝闕爾先生。你在暑假期間已經認識這幾位老師了，不是嗎？你的英文老師將是里昂斯先生，數學老師則是唐頓女士，你也會喜歡他們的。噢，老天啊，我在這裡說個不停，都忘了向你介紹你的輔導老師。」

兩位大約和媽媽同年紀的女士耐心地站在凱瑞格列絲老師的身後，她們受命在我上課期間爲我抄寫筆記。

「這兩位是席勒茲女士和葛拉翰女士，」凱瑞格列絲老師爲了自己沒有即時引薦她們而語帶赧然地說道。留著金色短髮、個子較小的席勒茲女士負責早上的課程，而個子高高、一頭棕色長髮的葛拉翰女士則負責下午的課程。

「席勒茲太太和我仔細看過你的課程資料了，」葛拉翰女士說道，「你的課程相當困難，眞高興我們只需要負責抄筆記就好了，你可得向我們解說筆記的內容。」

「我眞高興要考試的人是她，」媽媽說道，「我已經超過二十五年沒接觸初中的課程了。」

看來席勒茲太太、葛拉翰太太和媽媽一拍即合，相處得非常融洽。她們兩位的家中都有正在就學的孩子，因此可以瞭解媽媽和我所面對的尷尬處境。我很高興在這個充斥著十三、四歲青少年的環境中，媽媽可以遇到和她產生共鳴的人。

「嘿，布魯克，」一個聲音從席勒茲太太和葛拉翰太太的身後傳來。

「你認識這個小夥子嗎，布魯克？」凱瑞格列絲老師問道，「他一整個早上都在等你呢！」

我坐在輪椅上頭時，只能直視正前方的事物。我無法向兩旁轉頭，所以我對週遭的視野相當有限。

「是誰？」我問。

「是我啊，你以爲是誰？難不成『街頭頑童合唱團』（New Kids on the Block）的成員之一？」

那是我的朋友麥可。我們在從復健中心回家的第一天相識，救護車抵達時，他就站在籃框底下的人群之中。他住在尼可路的另一面，我們在兩個不同的小學就讀。我以前並不認識他，不過事情變化得很快。他在暑假期間固定前來拜訪，我們會鬼混、閒聊，無所事事。他是少數幾位固定拜訪的常客之一。我在意外發生之前的一些朋友一開始也會前來探視，但維持不了多久。我想，對他們而言一定也非常難受。他們認識我原先的模樣，也和我同樣盼望回到舊日美好時光，然而事與願違，這一定令他們難以接受。麥可沒看過我其他的模樣，他接受我如今的狀況，我爲此而喜愛著他。

「嗨，麥可，你現在不是應該待在教室裡嗎？」我問道。

「是啊，別擔心，我打過照面了。你難道以爲我不打算在你上課的頭一天迎接你嗎？」

我知道他並未打過照面，他翹課了。我不希望他惹上麻煩，但我眞高興見到他。他拾起我的書包和藍色的醫療行李包，把它們拋到雙肩後頭，一個肩膀掛一個包包。

「我幫您拿，艾利森太太，我們何不送你們進教室呢？」他說。

「什麼？只准你翹課嗎？」我笑著說。

他光微笑，什麼也沒說，自顧自地護送著我們一行人在走廊上前進。

麥可幫助我克服心裡對第一天的恐懼，他站在我的身旁，確保沒有人會欺負我。他是我的朋友，一位眞正的朋友。他是我生命中的另一位麥可。

初中的課桌椅是根據青少年的身材所設計的，而我的身軀早已脫離青春期的稚氣。擠進這些桌椅，就彷彿試著將軟木塞再塞回已開啓的酒瓶那樣困難；我就像個誤闖男更衣室的女人一樣突兀。不過，我得想辦法保持低調，不爲了我自己，而是爲了布魯克。她每節課都得坐在輪椅上更換教室，身旁圍繞著幫她拿書本、推送醫療器材的隨行人員，這對她而言已經相當不容易了，我不希望我的存在使事情更加複雜。我們要求學區提供護理協助的法律案件，如今正在紐約州上訴法庭審理當中。我不知道情況將會持續多久，但在此期間，我必須劃下微妙的平衡點；當布魯克需要我的時候陪伴在她的身旁，其餘時間則盡量維持低調。在十三歲的狂風巨浪中駕馭四十歲的老帆船，實在是一大挑戰。

莫菲初中的老師、行政人員和孩子們都很了不起，儘管偶有尷尬的局面，我還是樂於置身於此。我雖然沒有出任老師，但仍然熱愛學校的氛圍。我經常幻想自己站在講台上，若見到需要加以扭轉的現狀，也會感到相當洩氣。在希望慷慨陳詞的時候保持沉默，有時是非常困難的事。我不想讓布魯克受窘，我得記住自己是護士，而不是老師。在課堂中，除非布魯克需要我，否則我並不存在。

並非每一位老師都能心無芥蒂地接受布魯克。遺憾的是，我們並非活在一個完美的世界中，不是每一個人都能從不犯錯。這是布魯克很早就得面臨的一項課題，也是她必須用心學習的課題。英文課是一天之中最後一節的課程，這是布魯克最喜愛的學科。儘管必須有人爲她翻頁，她仍然熱愛閱讀；儘管主要得透過口述發表意見，她仍然熱愛寫作。閱讀是布魯克發現世界的窗口之一，而寫作則是她抒發胸懷的一個管道。

我試著在課堂上遁形，很不幸的，我的努力可能也害布魯克跟著隱身於不被注意的角落。在英文老師的眼中，布魯克似乎並不存在。布魯克總是坐在門邊，以便發生緊急狀況時能迅速離開。老師會站在教室的另一頭，幾乎從未與布魯克產生視線交流。原先，我們以爲她只是一開始不知如何是好，然而隨著時間的流逝，老師對於接受布魯克在她班上的事實顯然有些困難。

「那就像我根本不在教室裡一樣，媽，」一天下午放學後布魯克對我說道，「我喜歡閱讀和寫作，但我不想再回到那個班上了。我知道我看起來不太一樣，但在班上的時候，她眞的讓我覺得我和別人不同。」

「你知道嗎，布魯克，你在復健中心裡待了八個月，周圍盡是一些和你擁有類似問題的孩子，大人們已習慣面對他們了。等到回家之後，我們還沒買麵包車，所以哪裡也去不了，你只能見到願意前來探視你的人們。回到學校是你繼發生車禍之後首次面對眞實世界的經驗，你會遇到各式各樣的人，並非每個人都知道該如何面對你。」

「爲什麼有些大人比年輕人更難接受我的狀況？我原本只擔心朋友們的反應，完全沒想到與老師之間會出現任何問題。她不喜歡我，而她甚至不認識我。」

「我不敢斷言她是否不喜歡你，」我說，「我認爲問題還要更複雜。如果你問她，我敢打賭她甚至不知道自己對你做了些什麼，即使她知道，也無法向你解釋原因。這是你得面對的經驗，」我說，「至於怎麼處理，就全看你自己了。」

「你認爲是怎麼一回事？」布魯克問道。

「恐懼，」我說。

「她怕我？」

「是的，就某方面而言，」我說，「這種狀況已經持續千百年了。人們往往害怕看起來不一樣的事物，許多方式都可證明這種恐懼的存在。有時候很微妙，有時候則顯而易見。」

「我該怎麼做？」

「你已經付出你的貢獻了，你走進人群，讓人們看得到你。就像傷風感冒，假使你從未接觸病毒，就不可能染上感冒；這就是你回到班上學習是如此重要的原因。我希望你把自己視爲老師而非學生。她可以從你身上學習的，就和你能向她學習的一樣豐富。」

布魯克回到班上上課，看來，老師可能偶爾打打噴嚏，但她是否曾染上感冒就不得而知了。另一方面，布魯克閱讀了許多精采的狄更斯著作和莎士比亞劇本，但她所學到的生命課題，卻比書本上的知識更珍貴許多。

布魯克

「我來了，有人在家嗎？」

我聽見有人打開側門，走廊上傳來一陣熟悉的腳步聲。那是丹寧，我的職能治療師。媽媽和我才剛放學回家，我正在書齋裡讀書。我的書以樂譜架支撐著，矗立在輪椅前方，和往常一樣，書的高度剛好與視線水平。

「你來得正好，丹寧，可以請你替我翻頁嗎？」我說。

「沒問題，你高興的話，我可以一次幫你翻十頁，娃娃，」她說。

「一頁就好了，不過，我當然也希望可以一次讀十頁啊！」我說。

「你可千萬不要停止讀書，你的眼珠會啪的一聲從腦袋瓜裡彈出來，」她說。

對丹寧和其他訪客而言，我看起來一定無時無刻不在唸書，我想，我確實如此。早晨上學之前，我利用媽媽為我穿衣服的時候躺在床上看書，放學後到晚飯之前，以及晚飯後到睡覺前的時間，我也是不斷地唸書，我會躺在床上用功，直到眼睛都睜不開了為止；等到隔天一起床，一切又重頭開始。問題是，我得比其他人耗費更多的時間完成回家作業。寫論文或報告時，我得向另一個人口述；遇到數學問題時，我得先在腦海中解題，然後告訴別人寫些什麼。我無法來來回回地翻閱書本，所以必須全神貫注於每一頁。我得善加利用所有可得的時間，否則什麼事也無法完成，這差不多就耗盡了我的一切閒暇時間。

「我很抱歉，丹寧，如果我繼續唸書的話，希望你不要覺得我很沒禮貌，」我說。

「噢，不會的，你唸你的。我會按摩你的脖子，同時幫你翻書。我們打算爲你架設一台聲控電腦，現在的科技比以前進步多了，我想那會有很大的幫助的。」

從我升上初二，丹寧就開始擔任我的職能治療師。她二十多歲，已婚，不過還沒有小孩。她對生命充滿活力與熱情，在她身旁總覺得非常快活。我很享受她爲我進行的治療，她已成了家中的一份子。

「嘿，丹寧，」媽媽從洗衣間喊著，她在那裡摺衣服。

「嘿，媽媽，看來布魯克愈來愈厲害了，我眞見鬼的跟不上她正在讀的科目，」丹寧大聲喊著。

「我也跟不上，我還每天跟她一起上學呢！我甚至沒有辦法叫她休息一下，」媽媽從洗衣間走來親吻丹寧。

「眞不敢相信她就要初中畢業升上高中了，」丹寧說，「時間都跑哪兒去了？」

「不知道耶，」媽媽說，「我要是眨兩次眼，她就進大學了。」

我也不知道時間究竟跑哪兒去了。日子從一天變成一週，又從一週又變成好幾個月，於是造就了目前的我。爸爸經常表示生活就像一場馬拉松賽跑，抵達終點線的唯一之道，就是邁開步伐，一步接著一步地走下去。我不確定終點線在什麼地方，不過我確知自己才剛離開起跑線而已。

「你想念麥可嗎?」丹寧問道。

「嗯,非常想念。少了他,初三生活再也不同於以往了,」我說。

麥可的父母在我們升上初三的時候,讓他轉出公立學校,進入本地的私立學校就讀。我們見面的次數無法像往常一樣頻繁,我爲此感到悵然若失。

「你最近有沒有和任何人鬼混?你跟我提過的那個大衛怎樣?」

「我說不上來,我們今年有許多相同的課程,進高中之後也會經常見面,可是……我就是說不上來。」

我似乎擁有許多男性朋友——不是男朋友,只是男性的朋友。爲了某些原因,男孩子在我身旁,似乎比女孩子更覺得自在,這是很有趣的事情。男孩子們可以天馬行空地對我暢所欲言,而女孩子們似乎無法突破表面上的:「嗨,你好嗎,我得走了。」眞是諷刺,男孩子們如今對我說話的方式,就像女孩子們從前和我相處的模式一樣;而女孩子們如今對我的態度,反而像男孩子們從前的模樣;我眞是無法理解。我樂於擁有男性朋友,但我希望自己有時在他們的眼中,不只是一個中性朋友而已。

初中即將畢業,我的學科成績比任何人的預期都來得優異。但我仍然沒有從初中獲得我眞正想要的收穫——一個男朋友。

我們控告校董會的法律案件敗訴了，也耗盡了所有上訴機會。我已經接受這項事實：我將無法恢復教學，必須時時刻刻守護著布魯克，直到她高中畢業。艾德仍努力工作設法維持家用，同時和政府醫療保險或我們的醫療保險公司進行一場又一場的戰爭。他將大部分的時間，用來針對拒絕提供服務、儀器與醫療用品等拒絕信函提出上訴。我們知道面對布魯克的生理狀況將是我們最艱辛的挑戰，卻不知法律戰爭和行政爭議的處理也同樣令人心力交瘁。

理德和凱絲頓盡力使自己適應新的家庭動態，我對他們的表現實在不能要求更多。凱絲頓的處境仍舊比理德更爲艱難，她一直無法重新加入舞蹈班上課。不過，她和理德確實都重拾了空手道課程，兩人離領取黑帶資格的日子愈來愈近了。凱絲頓仍然爲布魯克的狀況而深感困擾，她得花更長的時間才能接受現實。她一直無法順利地面對變化，總希望恢復昔日的生活。布魯克和我即將進入高中的事實可能對她有所幫助，因爲我們見面的時間將大幅提高。布魯克將升上高二，凱絲頓也進入高中的最後一年。我們甚至想辦法安排上同一門課，三人將同堂學習法文。

布魯克發生意外之後，她和理德的關係出現了微妙的轉變。他們倆在成長過程中一直十分親密，布魯克總會照料著他，她是理德的保護者，是他的小媽媽。然而打從布魯克出院返家的頭一天，兩人的角色就互相對調了。他們倆都在家的時候，理德會坐在布魯克身旁爲她翻書頁、謄寫功課，或者只是坐著聊天，玩玩遊戲。他會餵她吃飯、幫她抓癢，確定她舒舒服服的。理德是布魯克新生活中的一大部分，也是協助布魯克適應新生活的一大功臣。他們倆往往形影不離，只不過如今，理德已轉變成布魯克的保護者。

進入高中不會是一次容易的轉變，我們將置身於一間更大型的學校，面對許多不認識我們的新朋友，而功課上的要求也將吃力許多。布魯克在初中的表現比她父親所囑咐的：「只要安然渡過一天」還好一點，她的畢業成績是全校之冠。這樣的表現讓她有機會繼續進入資優生課程，以及加入被稱爲「衛斯特預科」（West Prep）的科學研究班級。這項延續三年的課程將進行各種科學研究專案，並在最後一年向著名的「西屋科學獎」投件參賽。這是一項高度競爭而緊湊的課程，但布魯克卻爲了能加入其內而雀躍萬分。

初三結束之前，布魯克和我曾前往高中進行探勘；我們需要瞭解學校的平面配置狀況。學校以紅磚搭配白色的圓柱，外觀上可說是初中的翻版，但規模卻是初中的三倍以上。我們得看看是否有任何問題需要在九月開學以前提出來討論、解決。布魯克的新輔導員，邁蓋利先生，帶領我們參觀校園。邁蓋利先生是個英俊的年輕人，年約三十出頭，頗有預科生的氣質——平底帆船鞋、斜紋棉褲、保守的淺藍色棉質襯衫搭配紫紅色的領帶，外表體面光潔，擁有迷人的微笑。他和布魯克一見如故，眞高興布魯克在高中接觸的第一人，能帶給她正面的印象。布魯克原本心存憂慮，而他得以讓她放鬆心情，不再緊張。我們也見到了學校裡的兩位護士，芭芭拉・沃克與蘇・拉維羅。保健室將是我們在高中的根據地，保健室的後頭有一個小房間，我和布魯克白天可以到此休息，並且處理布魯克的生理需求。看著芭芭拉和蘇，就好像觀賞亞伯特（Abottt）與柯斯迪洛（Costello）經常上演的劇目一般（譯註：亞伯特與柯斯迪洛是兩位著名的美國喜劇演員，兩人以「雞同鴨講」的對話形式著稱）。芭芭拉不停地嘲弄看起來不苟言笑的蘇，不過她們倆其實都很有趣，我們在保健室裡笑聲不斷。我知道她們之前從未對付過布魯克這類的狀況，但她們毫無保留地接納了我們。我知道我將會和她們處得很好。

除了兩個較窄的出入口，以及布魯克所有課程都必須安排在一樓教室以防火災的事實之外，一切情況看來都相當不錯。

「我們去看看衛斯特預科的教室吧！」布魯克在我們準備離開前說道，「我或許有機會見見克拉格老師。」

克拉格女士是這項專案的主任，透過學生在西屋競賽中的優越成績，她已奠定了非常卓越的名聲。衛斯特預科教室離保健室不遠，所以我們決定走過去瞧一瞧。我們一踏入教室，就明白這將是一個與眾不同的課程。屋裡沒有書桌，看起來和一般的教室大不相同。教室中央有一張桌子，桌子周圍擱了幾張椅子，角落裡有一張大沙發，幾位學生正躺在那兒聆聽音樂。各式各樣的小器具散落在地板上，教室後方放著一些電腦零件，最奇怪的是，牆邊居然站著一台飲料與糖果販賣機。

克拉格老師從教室後方走出，遲疑了一會兒，終於向布魯克走過來。

「你一定是布魯克，」她邊說話邊上上下下地點頭，彷彿在評估情勢。

「是的，那麼您一定是克拉格老師，」布魯克說。

她的個頭嬌小，灰白相間的頭髮剪得短短的，不過，她的外表決無法反映出她的性格。克拉格老師的個性強勢，立刻就爲布魯克立下衛斯特預科課程的規條。

「我不接受遲交的報告，也決不給予任何形式的延期，」她嚴厲地說道，「就像我對每一位學生所說的，我不在乎你是不是住院了，或是就要死了，截止期限就是截止期限。你所受到的待遇將和其他人相同，不會有任何特殊待遇。坦白說，布魯克，我眞的不確定你能否處理這門課，我們會有許多需要親手實驗的功課，你可能無法做到。這門課可能不適合你，如果你眞的希望的話，我們可以試試看，但就算不成功，我也不會感到意外。」

她轉身輔導其他學生，布魯克和我則離開教室步入走廊。布魯克從不曾遲交作業，也從未要求老師予以延期，這是她覺得自己必須證明的項目之一。她痛恨差別待遇，也從未要求別人加以寬待。我不了解這究竟是怎麼一回事。我看看布魯克，發現她的臉色蒼白。

「媽，我不知道自己是否有能力上這門課，」布魯克說道，「或許克拉格老師是對的，我不知道事情會不會成功。或許我應該在涉入太深之前放棄衛斯特預科課程。」

「絕不可以，」我說，「你以前也曾經歷類似的狀況。你沒有什麼好證明的，不過，人們總會抱著先入爲主的觀念，除非他們親眼見到和成見不同的結果，否則不會改變心意。這只是另一個你必須身兼學生與老師角色的課程。」

「我不知道耶，媽。」

「我知道，布魯克，一切都會沒事的。記得每次遇到這種事，爸爸總會對你這麼說：『歷經了這麼多之後，這只是小事一樁』。」

我們沿著走廊走出學校大樓，我不確定布魯克心中有什麼打算。我知道她爲此而悶悶不樂，但我希望她能以從前的多次經驗看待這次事件，將它視爲一個動力，只是另一次需要克服的障礙。她需要這麼做，不僅爲了自己，也爲了日後任何可能遭遇類似經驗的人們而做。

布魯克

「喂，媽，今天晚餐吃什麼？」我聽見凱絲頓壓低了嗓子，隔著走道向媽媽說著悄悄話，我們當時正在上法文課。

媽媽可能沒有聽到她的問題，或者不想打擾其他同學上課，總之並沒有回答。

「媽，」凱絲頓再次輕聲呼喚，只不過這一次全班都可以聽見。

「凱絲頓小姐，你有什麼問題願意和全班分享？」法文老師問著我的姊姊。

由於我們三個人同在這個班上上課，所以他必須直呼我們的名字；這是唯一能讓我們得知他在叫誰的方法。

「沒有，」凱絲頓略顯尷尬地說著，「我只是想知道今天晚餐吃些什麼。」

「那麼，琴恩女士，今天晚餐吃些什麼呢？」他說。

「今晚輪我先生煮飯，所以如果我是你的話，我會以身家財產打賭晚餐吃披薩，」媽媽答道。

「你先生會做披薩？」法文老師問。

「不，不過他買披薩的功夫可不輸任何人，」她說。

和媽媽一起上高中的情況發展得相當順利。同學們已習於她的存在，而她也很快地融入環境中。除了和兩位校護成爲好朋友以外，她還和幾位老師來往密切，並且跟協助我上課的女士們愈來愈親近。莫琳・佛林、瑪莎・哥爾史丹和南茜・萊恩各自幫忙處理我的部分特教需求，哥爾史丹太太和萊恩太太接管初中時期席勒茲女士和葛拉翰女士的責任，每天陪著媽媽和我上課，爲我抄寫筆記。她們倆在個性上的差異，就如同席勒茲女士和葛拉翰女士在外表上的不同。哥爾史丹太太個性直率、自信，萊恩太太則文靜而被動。佛林老師承襲凱瑞格列絲老師的任務，看來，無法管束的亢奮情緒八成是這個職位的先決條件，她的精力和凱瑞格列絲老師一樣充沛，若不當老師，她很可能是一位單口表演的喜劇演員。她們幾位合作無間，媽媽和我都深自慶幸她們進入了我們的生命。

媽媽一發現自己將長期處於目前的狀況不得脫身，便著手爲自己開創一份小小的事業。她定期在保健室裡舉辦小型聚會，這一個星期可能是「自製聖代」派對，下一個星期說不定是「百樂餐會」。她和護士們聯手策劃假期活動，當然囉，爲萬聖節盛裝打扮更是不可避免的。聚會規模一次比一次龐大，最後，我們不僅吸引了學生和老師，連副校長和校長都加入了我們的行列。校護最終封媽媽爲「社交主任」，甚至做了一個招牌，掛在我們小房間的門上。媽媽有能力適應各種不同的角色，從母親到護士、從老師到學生，這一路上幾乎從未見她步履蹣跚。

我們倆的社交生活交織在一起，但我的社交生活基本上隨著她的打轉。我們總是如影隨形，我也開始和她的朋友產生聯繫，然而我個人的社交生活則沒有太大突破，大致維持現狀。更換教室時，我會在走廊上遇見一些老朋友，他們會停下來打聲招呼，但這些接觸總停留在相當表面的程度。儘管我如此顯眼，某些人似乎仍把我當成了隱形人。這讓我黯然神傷，我希望找出人們——尤其是老朋友們——在我面前如此侷促不安的原因。我試著設身處地的想，以求體悟出其中的道理。我想，我的輪椅或多或少令每個人望而生畏吧！媽媽總是在我身邊不知道是否也是原因之一，可是如果我希望和朋友談天、相處，媽媽總是給我足夠的空間啊！顯然的，其中具有什麼更深層的因素。我覺得我令某些人感到害怕，我總令他們想起生命是多麼脆弱。記得媽媽曾經說過，人們往往害怕和他們迥然不同的人。我在邁克奧利菲先生教授的資優英文課中，寫下了這篇散文：

有誰眞的認得我嗎？噢，我曉得人們知道我是誰，但有沒有人眞的認得我？我們的角色，往往被我們最不希望爲人所知的特色所界定。我們在自己眼中和在他人眼中竟是如此不同，實在是令人匪夷所思的一點。奠定人們身份的基礎，可能是我們的長相、我們的信念，或者是我們維持生計的辦法。然而，這些事物都不可能透露出一個人的眞實自我。對我們而言，藉著這些簡單的條件來看待彼此，的確是要容易多了。眞正了解一個人需要費一點功夫，可惜有些時候，我們甚至不肯花些時間深入了解自己。

我是誰？我是一個仰賴人工呼吸器和輪椅維生的女孩。但那是眞正的我嗎？或者只是你們眼中的我？我仍是原來的那個女孩，抱著和昔日相同的希望、渴望與夢想。我是名舞者，噢，我多麼熱愛舞蹈。我是個大提琴手，我愛好各種美麗的事物：大自然、藝術、友誼、一句窩心的話。我熱愛音樂，各式各樣的音樂：搖滾、古典、嘻哈（hip hop）、饒舌，任何可以挑動靈魂的音樂。我熱愛撫摸、被撫摸、擁抱、被擁抱，也熱愛握手的感覺。我喜歡聽好笑的笑話，就算是黃色笑話也沒關係，只要別取笑別人就好；我喜歡看精采的電影，可以令我笑或令我哭的電影，只要別讓我見到任何人受傷就好。

我們都過於複雜難懂，無法以一個字爲彼此貼上標籤。多麼不公平！我們需要多花點時間，需要在驟下定論之前投入足夠的關切。飛機並不會隨著向地平線飛去而逐漸變小，我的輪椅也不能定義我的性格。見到我時，請看穿這些金屬與儀器而向我打聲招呼。我希望認識你，也希望你能認識眞正的我。

邁克奧利菲老師決定在校刊上登載這篇文章，此外，這篇文章也得到一份地方性報紙的青睞。有趣的是，人們開始停下來和我交談，我不認爲這是純然的巧合。我希望自己打破了

隔閡、拉進人們彼此之間的距離，不僅讓人們看到我，也看到他們認爲「不同」的每一個人。

琴恩

布魯克似乎抱著強烈的驅策力量，要她放慢速度，就像叫一輛正往終點線衝刺的賽車緊急煞車一樣困難。我坐在她的後座，拼了命地緊緊抓住不放。布魯克升上高中最後一年，我想，我隱約可以看見遠方揮舞著的格子旗了。她選修了所有資優課程以及高階的大學入學學科，維持著A＋的平均成績，學力測驗的成果也非常優異。她的所有朋友都開始談論著上大學的事宜，這種現象逐漸對她造成困擾，因爲她在這類話題當中實在插不上嘴。

從初二那年復學的第一天開始，艾德和我就覺得假使布魯克能夠順順利利地讀完高中，最後很可能進入紐約州立大學石溪分校就讀。這是一所出色的學校，差不多就座落在我們家的後院。凱絲頓即將在那兒升上大二，布魯克暑假期間進行的西屋科學研究計劃也是在那裡完成的。她很熟悉校園的佈局，對我們而言也很方便。高中三年裡，艾德跟我經常和布魯克討論進入石溪大學就讀的事情，但我從不覺得那是她夢想中的學校。

「如果我說我想赴外地唸書，你會有怎樣的想法？」布魯克問我。

「我們怎麼辦得到呢，甜心？」我說，「看看光唸完高中有多麼困難就好了。」

「我們做得還不錯啊，不是嗎？」她說，「我的表現相當優異。」

「在家鄉都找不到看護協助了，你如果出遠門的話，我們該怎麼做才好？這眞是個叫人毛骨悚然的想法，布魯克。」

「這不是不可能的，沒有什麼是絕對不可能的，」她說。

「你想去哪裡呢？」我問她。

「或許康乃爾吧，卡爾．沙根（Carl Sagan；譯註：美國著名天文物理學家）在那裡任教，我好崇拜卡爾．沙根。再不然，或許試試另一間長春藤聯盟的學校。」

「長春藤學校！」我不可置信地說道，「你知道爸爸和我負擔不起的。」

「我們不能就試一試，看看會出現什麼結果嗎？」她說。

「再說吧，」我說，「我去看看郵差來過了沒有，」我試著轉移話題。

「再說吧！」是我和艾德慣用的敷衍之辭，用來結束我們勢必得對孩子們說不的談話。我們認爲這是比較溫和的拒絕方法，但我想他們一定很討厭聽到這句話，因爲他們覺得這只是我們用來拖延必然結果的一個老套。我知道她希望聽到直截了當的答覆，但我實在沒有條件回答她的問題。

「信來了，布魯克，有一封哈佛大學寄給你的大信封。這次對話是你安排好的計謀嗎？」我問她，「你是不是透過網際網路寄出了什麼信？」布魯克得到一份電腦聲控軟體，這對她的寫作裨益良多，但她花了很多時間上網查看大學網站。

「沒有，」她說，「我看看是什麼東西。」

我們打開信封，發現一份入學申請書。顯然的，許多大學根據學力測驗成績，向前景看好的學生寄發入學申請書。布魯克的成績突出，哈佛大學於是寄了份申請書給她。

「這一定是個徵兆，」她說。

「什麼意思？」

「我們才在談論這個話題呢！你不認爲這是告訴我應該申請哈佛的徵兆嗎？」

「我不知道，我倒是看到一個叫你不用申請了的價格徵兆。」

「拜託，我是認眞的。光是申請有什麼害處呢？我又不一定會錄取。」

「就是你可能被錄取的事實讓我感到害怕，」我說。

「如果我錄取了，我就把入學許可通知書裱起來掛在牆上，」她說，「這會讓我們多個話題。」

「好吧，」我說，「我會和你爸爸談談的，應該不會有什麼問題。」

「眞不敢相信，」布魯克說道。

「只不過是申請書而已，甜心，別太興奮了。」

「不是這樣的，我不敢相信的是你說了『再說吧』之後，結果竟然不是個『不』字。等著看理德聽到這項消息的反應吧！」

艾德和我就此交換意見，我們都覺得光是申請應該不會造成什麼傷害。布魯克和我將申請文件準備妥當，送交邁蓋利先生，再由他附上布魯克的成績單和推薦函。她決定只申請兩所學校：她將申請哈佛的推薦甄試（early admission），同年稍後再申請進入石溪州立大學。

「你認爲我有機會嗎，邁蓋利先生？」布魯克問著。

「和其他人的機會一樣高，」他實事求是地說道。

「你眞的這麼想嗎？」我問他。他和布魯克互相欣賞，所以我不知道是否該將他的話當眞。

「噢，是啊，她的條件非常好，」他很有把握的重複說道。

那時，我並不知道該怎麼想。我要她明白進入哈佛的機會實在微乎其微，不應該寄望太高。「驚喜總比失望來得好，」我對她這麼說。她表示自己並不期望能通過審核，但如果眞的錄取了，我難道不會深感驕傲嗎？

這就是問題所在。如果她錄取了怎麼辦？我們該如何處理？我們能叫她申請，卻在錄取之後要她放棄嗎？

我曾在布魯克發生意外之後許下承諾，如果我無法改變她的生理狀況，就會盡一切力量改善她的生活品質，不論得付出什麼代價。她離家求學的可能性似乎不高，但我懷疑自己原先以爲看到了的格子旗，究竟象徵著比賽的終了，還是只是另一場賽程即將展開的訊號？

布魯克

我和大衛相識於初二那年的地球科學班上，布洛克斯博士要我們爲了即將展開的岩石實驗課程各自尋找一位搭檔。這種情況總令我手足無措，看看我的樣子，我很擔心沒有人願意和我一同做實驗。一個黑頭髮、戴著眼鏡、看起來呆頭呆腦的男孩從教室的另一頭向我走來，全身上下唯一比他那大剌剌的笑容還要誇張的，就是他的雙腳了。那雙腳的成長速度，顯然比身上其他部位來得快速許多。大衛走路的時候，雙腳就在地上拖泥帶水地趿著。他穿著球鞋和運動衫，胸口上印著一行字：世上差勁的拼字手解脫了。

「嗨，布魯克，我是大衛。你願意和我一組嗎？」他說，「我對石頭懂得不多，但我們或許可以一起學到些什麼。」

「我也是一竅不通，」我說，「但我願意試試看。」

我不確定我們兩人要如何合作，但對於結識新的朋友，我當然是毫不猶豫的。我請他當天下午到家裡來，以便開始進行實驗。大衛來訪時，一開始顯得有點兒心虛，還常常自貶自嘲。他自承書呆子，我不知道這是出於勇氣，還是只是單純的愚蠢。在學校裡，人們經常找這類同學的麻煩，我不明白他爲什麼要爲任何人提供任何新的笑柄。我知道一個人若認同別人用來打擊他的稱號，就消弭了這項攻擊的威力。但就大衛的案例而言，我覺得這個標籤令他洋洋自得。我們攜手進行實驗，我發現他不僅聰明，還擁有一副機敏聰慧的幽默感。他讓我開懷大笑，我喜歡這樣。我們立刻打成一片。

那天下午開始，我和大衛的友誼日益茁壯。我們有許多共同課程，經常在學校裡泡在一塊兒。他會來家裡玩，我們也會打電話聊天。我們經常一起做分組作業、聊聊我們對棒球與政治的共同興趣，還會一起玩遊戲、看電影。這份友誼在高中階段愈來愈濃烈，我們眞心喜愛彼此的陪伴。他會坐在我的身旁、玩弄我的髮絲，然後握住我的雙手。他和我成了最親密的朋友。

剛升上高中最後一年的時候，我們都申請了哈佛的推薦甄試，大衛也邀請我一同參加畢業舞會。他希望儘早邀請我，因爲我們是那麼親密的朋友，他無法想像我成爲別人的舞伴。他覺得我們一定會玩得很愉快。這份邀請讓我深感榮幸，但我一時不知道要如何處理。我面對著錯綜複雜的情緒；我希望參加舞會，但不知道無法在舞會中跳舞，會讓我產生多大的痛苦。對於這麼早就接受大衛的提議，我也感到相當躊躇，若是舞會之前出現了什麼改變，我不希望他覺得自己對我具有某種義務。我告訴他在決定之前，我們應該再等一會兒。

時間漸漸過去了，大衛每個星期都會反覆詢問我的決定。我會重申我的考量，他則予以駁斥，要我不必擔心。「我們會玩得很開心的，」他總是這麼說。十二月初，就在推薦甄試的成果揭曉之前不久，大衛再度邀請我，我終於答應了。我告訴他我會成爲他的舞伴，我們倆都很興奮。我滿心期待著制定各項計劃和挑選禮服。

許多朋友在申請大學的過程中承受著極度的壓力，整個神經繃得緊緊的。好幾個星期裡，大學入學和西屋競賽是所有人唯一的話題。特別是大衛，他似乎非常焦慮，整天圍繞著這兩個話題打轉。那是一段很刺激的時光，但我無法理解這麼多的壓力究竟從何而來？是來自父母親嗎？或者純粹基於人們的好勝心？我身處於學術競爭非常激烈的課程中，大學許可通知在許多同班同學眼裡，就如同在冠軍賽中達陣或投籃得分對一位優秀運動員的意義一樣深重。那是一種勝利，不僅是自己的一次得勝，有時也象徵著自己強過其他未獲錄取的人。在我看來，這實在沒什麼道理。或許是因爲我在車禍之後歷經的一切，或者是因爲我每天都得面對的挑戰，進入大學對我而言，並沒有其他人所感受到的急迫性。我享受著這份刺激，卻痛恨焦慮的感覺。

十二月十五日是哈佛決定推薦甄試錄取名單的日子，若想得知結果，可以有兩種選擇：你可以等候通知信件的送達，或者致電位於劍橋的入學許可辦公室。我打算等待信件通知。

「你打電話給哈佛了嗎，布魯克？」克拉格老師在走廊上遇到我的時候問道，她熟知整個程序和決策揭曉的日子。

「沒有，我想我會等候信件通知，」我說。

「好吧，」她幾乎是語帶失望的說道。

我開始感受到每個人所談論的焦慮感。知道我申請哈佛的朋友和老師，甚至連校長邁肯先生，都急著問我聽到消息了沒有。我等不下去了，於是告訴媽媽和克拉格老師，我決定打電話詢問結果。

媽媽在保健室裡撥了哈佛入學許可辦公室的電話，然後將話筒放在我的耳邊。我眞不敢相信當時的感受。在我的腦中，我是平靜的，認爲自己以正確的觀點看待整個情勢，然而在我的心裡，我簡直怕得半死。

「哈佛入學許可辦公室，」我聽到電話那頭傳來的聲音。我很費力的嚥了嚥口水，試著開口說話，結果一個聲音也發不出來。

「哈佛入學許可辦公室，」對方再次開口。

「噢，是的，我很抱歉。我的名字是布魯克·艾利森，我想要查詢我的申請結果，」我說。

「哈囉，布魯克，我們得先驗明身分。請告訴我你的社會安全號碼、學力測驗成績，以及最近一次的學科成就測驗成績。」入學許可職員問道。

幾乎是出於下意識的，我急忙背出一連串數字，然後在她回覆之前緊咬著自己的下唇。談話暫停了幾秒鐘左右，但感覺彷彿聖經中的時代一樣，一秒即是一百年。

「歡迎加入哈佛兩千年班，布魯克，恭喜你了，」她說。

「我的天啊，多謝你了！」我的臉頰泛出紅通通的顏色，眼淚不由自主地掉了下來。「我錄取了！我錄取了！」我幾乎是半信半疑地對媽媽說道。

媽媽掛上電話，也跟著開始哭泣起來。我不能相信剛剛發生的事，也不能相信自己的感覺。我在此之前一直試著輕描淡寫的，竟成了生命中最興奮的一刻。我滿心歡喜。哈佛的錄取是對媽媽和我這六年來的辛勤工作的認可和報償。哈佛接受了我，我覺得自己得證明些什麼，不僅爲了自己，也爲了證明給那些認爲我無法、也不應該加入哈佛的人們看。我等不及告訴爸爸，也等不及告訴大衛。

琴恩

布魯克一告訴我這個消息，就立刻打電話到她父親工作的地方，她希望他是第一個得知這件事情的人。她報告完好消息之後，我和艾德在電話裡聊了幾句。

「你覺得怎樣？」我對他說道，心中仍震驚不已。

「等我回過神來再告訴你，」他說。

「眞是太好了，不是嗎？」我說，「她大吃了一驚，可是她是那麼快樂。」

「的確叫人大吃一驚，」他說，「不過，我們現在該怎麼辦？要如何處理這件事呢？」上課鈴聲響了，我們得趕往衛斯特預科教室。

「我們得走了，」我說，「等你回家之後，我們得好好談談。」

「我知道，我們稍後再談。替我親布魯克一下，也給你自己親一下，我愛你們，」他說，「做得好！」

布魯克和我一踏進衛斯特預科教室，就聽到克拉格老師從教室的另一邊扯開喉嚨喊道：「怎麼樣，你打電話了沒有？聽到消息了嗎？」

布魯克的雙頰仍然泛著喜孜孜的玫瑰色，臉上裂開一朵燦爛的微笑，一句話也不用多說。克拉格老師急忙從教室另一端跑過來，在布魯克的額頭上重重的一吻。

「恭喜你了，準哈佛人！」她毫不猶豫地說道。

她說話的態度，彷彿這是一件必然發生的事，不必說也該知道。

「我還不知道我們打算怎麼做，」我試著透露出我們尚未決定是否眞的前往哈佛就學的訊息。

「什麼也難不倒她，」克拉格老師說道，語氣中沒有一絲絲的躊躇。

我還記得布魯克初三那年和她頭一次見面的情形，如今，一切都大爲改觀。克拉格老師爲布魯克撰寫推薦函，幫助她申請哈佛；她已成了布魯克最熱情的推崇者之一。布魯克已完成她的西屋專案，並且已遞交參賽了。這幾年在克拉格老師的班上，她完成了許多件不同的研究專案，從來沒有出現遲交的狀況。克拉格老師鼓勵布魯克加入學術競賽小組，與其他學校的學生較勁。那就像電視上的益智節目，參賽者若知道答案便立即按鈴搶答，首先按鈴的學生將得到答題的機會。由於布魯克無法運用她的雙手，所以他們設計了一種由下巴控制的開關，布魯克可藉由這個開關啓動鈴聲。這項設計使得布魯克得以參加競賽。布魯克從克拉格老師身上學到許多知識，我想，克拉格老師也從布魯克身上得到一些體悟。他們倆教學相長，發展出一份以相互尊重與欽佩爲基礎的美好情誼。

衛斯特預科班上的學生圍繞著布魯克向她道賀，她的好朋友塞斯很替她高興，在黑板上寫下這幾個大字：「布魯克獲准進入哈佛大學！」

布魯克抬頭尋找大衛，看見他斜斜的倚在教室後面的牆上。他們的眼光相遇之後，大衛垂頭喪氣地踱步過來，輕聲道了句：「恭喜你了，」然後不發一語地走出教室。從此之後，他再也沒有打電話給她，或者和她在學校裡說話；他會在走廊上避開她，同時再也不到我們家裡來拜訪了。布魯克感到傷心、困惑、失望。舞會的約定取消了，一段友誼就隨著一份大學入學許可而就此風流雲散。

布魯克

媽媽和我五年前離開復健中心回到家的時候，我們全家就發誓再也不分離。分隔兩地的生活是十分艱辛的，光想到骨肉再度離散的可能性，就使人愀然心痛。前往哈佛就學的憧憬的確令人興奮，但是實際動身的念頭卻讓我害怕。這不是我可以做主的決定，因爲這不僅是我一個人的事，也會影響家中的每一份子。申請哈佛時，我實在不抱著眞正前往入學的念頭，我眞的以爲假使我那原已不尋常而複雜的生活出現了什麼奇特的轉折，讓我確實獲得許可的話，我會將許可通知書裱起來、掛在牆上，然後在注視著它的時候幻想自己置身於哈佛的情景。我知道爸媽的生活擔子有多重，也知道他們已費盡心思設法改善我的生活。我知道這不是另一次可以用「再說吧」打發了的問題，假使他們認爲前往哈佛能夠改善我的生活，將會不計一切代價讓我成行。我覺得愧疚，爲了一開始申請這所學校而愧疚，爲了陷他們於如此的困境而愧疚。我向理德詢問他心中的想法。

「你必須去，布魯克，」他堅定的說，「這種機會不會常常出現。」

「假使媽媽跟我一塊兒去呢？」我試著立即著眼於心中最大的考量，「你就要升上高二了，你有你的西屋計劃要做，還有你的音樂，我們會錯過每一場音樂會的。」

「我的確會很想念你們，可是你仍得前往哈佛，只除了一件事……老爸會負責煮飯吧？那或許超過我所能忍受的範圍，」他說。

理德和我相顧大笑，我知道他是眞心希望我進入哈佛的。然而，我也明白這將是一件多麼困難的事，會對每一個人造成多大的麻煩。顯然的，爸爸一個人的薪水無法供我進哈佛，但是撇開財務問題不談，還有許多尙待解決的議題。

最首要的問題，就是我將需要某個人全天候地協助我在劍橋的生活。在家的時候，黛比一星期只來幾天，另一名護士蜜雪兒則在平日的傍晚前來，僅此而已。找到足夠的看護一週七天、一天二十四小時地照顧我，實在機會渺茫。唯一可以仰賴的人，就是我的母親了。她可能陪著我出外上大學嗎？這將意味著再次拆散一家人。她自己在我這個年紀的時候，都不曾離鄉背井地出外唸書了，爸爸只離開一年就轉回家鄉的學校就讀，只因爲不想和媽媽分離。我不知道自己是否能要求媽媽或家中任何一個人，爲我做出這樣大的犧牲。

還有好多其他議題需要考慮。就算媽媽陪著我出外就學，然而缺乏家中的支援系統，她有辦法獨力照顧我嗎？她和爸爸總是合力完成每一件事情，爸爸是媽媽的支柱。這不僅是我能否適應出外生活的問題，還得考慮媽媽是否能面對離開家庭的生活。我甚至不知道哈佛是否會同意我帶著另一個人一起入學，更別提讓媽媽陪著了！他們如何提供足以容納兩個人的生活空間？

此外，還有許多後勤問題得面對。我們得設法在哈佛複製家中的系統，我會需要一台人工呼吸器、一張病床、一架幫助我上下床的升降機，也得固定獲得醫療補給品；我們手上隨時得握有至少一個月用量的補給品。我必須在劍橋找一位醫生，也得有一輛特殊的運輸工具接送我前往必須去的地方。我們如何做到這一切？有那麼多事情要考慮，我愈想愈覺得進哈佛唸書的可能性似乎不高。

經過漫長的家庭會議，我們決定至少先看看這些問題是否可能獲得解決。我們決意以看待申請入學一事的態度來處理這件事情。就像我們覺得申請哈佛不會造成任何傷害，研究我能否入學的可能性，應該也不會造成任何傷害。爸爸致電哈佛入學許可辦公室，詢問他們是否全盤了解我所面對的問題。他告訴他們我的生理狀況，著實以爲這通電話會讓我們的研究工作就此打住。我們都認爲我最終會在這一年秋天進入石溪大學。不過，入學許可辦公室向他保證，他們對我的狀況瞭若指掌，也爲了我即將成爲哈佛學生的前景而感到振奮。就算如此，我仍然不認爲爸爸相信他們的話。

我們安排了一趟前往劍橋的旅程，準備看看校園、會見行政人員、提出我們的考量，然後搞清楚我是否眞的可能成爲哈佛學生。我不確定大夥兒對此事的感受如何。理德表示我應該前往就讀，爸媽也付出了他們最大的努力，但我不知道是否每一個人都眞心地期待此事成眞。凱絲頓的態度最不熱中，或許也是最坦承的。她才剛習慣我們家中的生活，想到得重新適應新的狀況，就讓她心煩意亂。她是個樂於待在家裡的人，不喜歡改變，實在無法理解我爲什麼會想要離開家鄉，尤其還有媽媽和我的狀況要考慮。我猜她認爲我有一點點瘋了，而我不禁想著，她或許是對的。

琴恩

二月下旬，艾德、理德、黛比和我花了五個半小時的車程，陪著布魯克北上劍橋。我們投宿於查爾斯河畔的一間旅社。這是布魯克自五年前出院以來，頭一次離開家裡在外地過夜。我們於星期二晚上抵達旅館，預定隔天與大一教務長伊莉莎白・納森、殘障辦公室的路薏絲・羅素以及醫療服務中心的代表會面。我們抵達的那天傍晚，太陽還沒下山，我和黛比從旅館的窗戶遠眺風景。查爾斯河上結凍的冰層尚未完全融化，夕陽餘暉在冰面上發出粼粼的光芒。我可以看見河岸對面的哈佛校園。幾位學生在河堤上慢跑著，我也可以看見船務人員存放船隻的哈佛船庫。

「一定得讓布魯克來這裡唸書，」我對黛比說道，「你瞧，」我指著河對岸的校園說道，「這兒眞美。」

「我知道，可是我們還沒聽到校方的說法呢，」她說，「不過，的確會很不錯。」

黛比加入我們的這五年當中，我和她已形成姊妹般的感情。她分享我們家的每一份喜悅和每一份哀傷，我們也同樣分享著她的喜怒哀樂。她和先生約翰一直無法順利受孕，因此兩年前決定進行人工受精。整個過程中，我在必要時刻爲她進行適當的注射。她成功生下一名男孩，取名爲柴克力，並要求布魯克擔任他的教母。這也是黛比頭一次離開小柴在外地過夜的經驗。

當天晚上，大夥兒都不太能夠入睡。我們總擔心布魯克的儀器出狀況，身處於陌生環境更加深這份煩惱，同時，我們也爲了明天的會面而輾轉難眠，當然，還有置身於哈佛的興奮感。哈佛是我們只聽說過、或在電影中看過的地方，它帶著一股令人雀躍的神秘感。我們以爲，假使這趟旅程一無所獲，起碼這也是個難得的機會讓我們可以看看這個地方。

我們的會議排定在上午十點鐘舉行，校方安排校車在九點半前來接運我們。我們走下旅館大廳時，一輛繪有深紅色條紋和哈佛校徽的米黃色麵包車已經在門外等著。一位穿著卡其褲、流蘇平底鞋，以及深藍色運動夾克的男人，在麵包車和旅館門口之間踱步著。我想他是幾位教務長之一。我們走出門外，他向大夥兒自我介紹：

「我是你們的司機，」他說。他看著布魯克說道，「我是『卡厄』，是『哈福』校車服務的負責人，今天在此擔任你的護衛。」

「很高興認識你，我是布魯克，」她說，「我終於到這裡來了，今天有點緊張。」

理德看著我，然後在我耳邊悄悄說道，「媽，你聽得懂他說的話嗎？」

卡爾大約三十多歲，深色頭髮，戴眼鏡，個性迷人，我們都很喜歡他。毫無疑問的，他必定是波士頓的當地人。

艾德顯然也聽不懂他的口音，他一直以「卡阿」相稱，並未察覺人家的名字其實是卡爾，直到我事後糾正他爲止，不過已爲時太晚了。

哈佛校車有一個升降裝置，與我們家的車子類似，不過當我們試著幫助布魯克上車時，卻發現她的輪椅沒辦法塞進去，一張椅子擋住了路。

「如果布魯克來這裡唸書的話，我們得將校車上的椅子拆掉，」他帶著波士頓人的迷人風範說道。「這輛車不行的，」他說。艾德和我對看了一眼，我心中想著：「還沒踏進校門呢，就已經遇到問題了。」我們最後動用自家的麵包車，由卡爾擔任司機。艾德坐在前座，我和黛比、理德則在後座陪伴布魯克。

我們沿著哈佛街行駛，卡爾像個稱職的導遊。

「在左手邊，你們會看到用來舉辦足球賽的競技場，大家或許都猜得出它的名稱典故，因爲它的外觀看起來就像羅馬競技場，」他說，「你喜歡足球嗎，布魯克？」

「當然喜歡囉，」她說，「可是我不會踢足球。」

「我們現在上了哈佛街橋，底下就是查爾斯河，」他說。

從近處看，查爾斯河是我們唯一不覺得陌生的景觀。

「我們一直從旅館欣賞著查爾斯河的風景，」艾德說道。「事實上，我們現在已經跟它很熟了，熟到可以叫它小查了。」

我們下了橋，穿過紀念大道，順著甘迺迪街進入哈佛廣場。布魯克的興奮之情溢於言表。

我們轉進麻州大道，然後左轉進入普列斯科特街，最後在一幢新英格蘭式的黃色屋子前停下來。那是大一教務長的辦公室，任職於殘障辦公室的路薏絲在門口迎接我們。路薏絲的態度和藹，我在前來哈佛之前就曾和她談過幾次，她帶給我們很大的幫助與支持。路薏絲本人也有生理上的障礙，必須仰賴枴杖行走。我們很高興地發現屋前有一道斜坡可通往門口，寬度足以容納布魯克的輪椅。路薏絲帶領我們走進會議室，我們將在那兒會見其他人。那是一間巨大的辦公室，屋內有壁爐、大型的深色木頭桌子，以及圍繞在桌子四周的皮椅，看起來就像我想像中哈佛教務長應有的辦公室。路薏絲向我們引薦大一教務長伊莉莎白・納森，並告訴我們每個人都稱呼她「莉比」。教務長是位年紀稍長的女士，看起來十分親切，一點兒都不令人感到畏懼。她的聲音輕柔、和緩，洋溢著濃厚的母性本能。她向我們介紹來自醫療服務部門的一位女士以及兩位副教務長，大夥兒隨後圍繞著會議桌旁坐了下來。

我們匯集了一長串問題與考量，打算在會議中討論。艾德從公事包中拿出這張清單，從頭開始發問。我們談到一些必要的特許權與安排，表示布魯克將需要一間容易進出的浴室，而浴室必須與足夠寬敞、可讓布魯克行動自如的房間連在一起。我們逐一討論單子上的問題與考量，令我們訝異的是，這些議題似乎沒有造成校方的任何困擾。「容易進出的浴室，我們可以做到；超大型房間，我們應該也可以做得到。」

接著我們談到最重大的議題：我或許必須和布魯克一同住在校園裡，陪著她進出每一堂課；校方人士甚至沒有露出一絲退縮的神情。

「媽媽需要陪著？只要你不越俎代庖、干預布魯克的學業，我們也可以進行安排，」他們這麼說。

我們都不敢相信耳中聽到的話，哈佛從不給艾德和我一個脫身的機會，我們毫無理由向布魯克說不。他們唯一能想到的問題，是一項不在他們掌控範圍之內的狀況。「這裡的冬天很冷，」他們說，「鵝卵石人行道的路面在冬天很滑，其他時候則顛簸難行，布魯克在人行道上行動可能備感不便。」想想布魯克出外就學所需面對的一切困難，我認爲這一點小問題，絕對是我們可以輕易克服的。

布魯克

父親在我們的哈佛之行中，順道拜訪了助學貸款辦公室。一直到了三月，我們才聽到校方的回覆，在此之前，我們並不知道是否有辦法解決經濟上的問題。哈佛的慷慨再度令我難以下定決策。學校敞開了大門，但是前往就學對我以及對家人的沉重負擔，仍然縈繞著我的心頭。我陷入了困境。我非常渴望前往，卻不願意拆散我的家庭。我是不是太過自私了，還是只是依照爸媽對我的耳提面命，試著施展我的最大潛力？

此時，家人告訴我這是我自己的決定。媽媽明知道這對她而言會有多麼困難，卻仍然願意陪我前往哈佛試試看。爸爸說他也沒有什麼問題，但我知道他會多麼擔心我們、多麼思念媽媽。理德仍然認爲我應該前往，就連凱絲頓也說如果我眞心想進入哈佛，就應該順從自己的心意。我仍然遲疑不決，我還有一些時間，只要在五月之前決定就行了。

日子很快過去了，親朋好友們都帶給我很大的鼓勵。「試試看嘛，儘管只是一年。如果過不下去，你還是可以回來啊，」他們說。

諷刺的是，眞正讓我下定決心的，反而是那些持負面態度的人。不論一個人擁有怎樣的成就，似乎總有一些人試圖加以貶抑。我不知道這是什麼樣的心態，但是這種事情在我的身上發生，早已行之有年了。儘管我的平均成績維持在A＋、學力測驗得到一五一〇的高分，並且榮獲全國性報紙《今日美國》（*USA Today*）遴選爲全國成績最優異的前二十名學生之一，仍然有人無法接受我得到哈佛許可的事實。有些人表示我之所以獲得入學許可，只是因爲我坐在輪椅上，他們認爲我只是哈佛用來塡補殘障保障名額的人選。其他人認爲我不應該獲得許可，因爲我將佔用一名四肢健全的學生的名額。對他們而言，我前往哈佛唸書不僅浪費時間，還浪費金錢，畢竟，哈佛學位對我而言又有什麼用處呢？

不過，刺激我最深的，倒不是那些認爲我不應該進入哈佛的人，而是那些認爲我即使進入哈佛也不會成功的人。有些人表示基於我的生理障礙，我大概無法順利完成學業。其他人則認爲我絕對沒辦法跟上哈佛的學術程度。這讓我傷心更甚於憤怒，我懷疑這些人是否眞的認識我，還是只是抱著一種先入爲主的觀念。我覺得他們或許需要接受教育，而這讓我回想起多年前試圖復學的經驗。

我的好友羅絲太太來家裡拜訪。羅絲太太是高中的特殊教育輔導員之一，總在其他排定的輔導員無法出席時前來替補。她經常在閒暇時間到家裡來看我，和我一起研讀聖經，並且總不忘帶著些好吃的點心。她是我所見過最富有愛心的人，我熱愛和她相處的時光。這次拜訪結束之前，她告訴我校董會打算刪減學校的特殊教育服務經費，她很可能失去她的工作。我表示我知道這項問題，特殊教育委員會的董事邀請我在校董會的下一個議期進行演講，聲援可能遭到裁撤的服務項目與員工。我告訴羅絲太太，基於我們家過去與校董會的衝突，我一開始並不確定是否該在校董會中發言，不過，我終究答應前往演說，並且會盡一切力量協助改善情況。

校董會議的出席狀況比平常更爲踴躍。由於可能遭到刪減的活動項目範圍廣泛，許多家長、老師和行政人員都出席了這場會議。刪減行動的影響範圍不只是特殊教育，還包括了攸關一大部分學生的其他活動與服務。此次會議假借初中的學生餐廳舉行，與會的人潮甚至湧到了走廊上。由於人潮眾多，我找了個前面的位子坐著，我不想在輪我發言的時候引起騷動。我就坐在校董會成員的正對面，心中異常緊張，我明白父親五年前對校董會發言的時候，一定也有類似的感受。不過，我知道這是我義不容辭的責任。會議進行了二十分鐘左右，我受到召喚上台發言：

五年以前，我的父親在校董會面前發言，試著爭取必要的服務，讓我在意外之後重返正規的教育環境。如今五年後，輪到我站在諸位面前。我的目的更廣泛也更嚴肅，因爲我不僅爲我自己發言，也代表著未來具有特殊教育需求的全體學生發言。他們爲什麼需要前來這裡，爲爭取他們應得的高品質正規教育而抗爭呢？校方不應基於他們的個別狀況、更不應基於校董會的設計而剝奪他們的受教權利。

我認爲校董會需要仔細思索你們的優先順序，以及你們對整個社區的責任，而所謂社區即包含了具有特殊需求的學生。的確，我們需要負起財務上的責任，但請別試著犧牲這些學生來平衡預算。他們也是國家未來的一部份。在我發生意外以及繼之而來的生理殘障之後，許多人認爲我不應重返正規教育環境。有些人認爲我應該在家學習，另一些人則認爲我應該進入一所特殊學校，加入其他同樣面對生理障礙的學生之列。儘管反對觀點重重，我仍然重返主流教育，獲得培育能力的機會。如今，我很高興地宣佈，我將在今年完成高中學業，而我在今年秋天即將加入的特殊學校，將是哈佛大學。

我很幸運能與此地的專案、教師與輔導員一同努力，想到未來具有特殊需求的孩子很可能得不到和我相同的機會，就令我感到十分悲傷。這裡的專案、教師與輔導員是最優秀的，也應該繼續維持最優秀的品質。

希望今晚，我能協助說服明智的校董會保留此學區裡的特殊教育專案，特別是和學生們密切合作的教師與協助人員。沒有他們就沒有特殊教育。他們幫助我們實現夢想。

最後，我希望要求全體校董會成員捫心自問：假使校董會認定具有特殊需求的學童們不值得投資，那麼這些孩子的家長們要如何鼓勵他們追求抱負、實現夢想？

請想一想這一點，謝謝你們。

演說結束之後的幾秒鐘內，現場鴉雀無聲。接著，一些校董會成員起身鼓掌。其中許多董事，正是五年前拒絕父親的請求、不願意幫助我重返學校的人。我實在不明白，爲什麼我所質疑的人，竟爲我起身鼓掌？人群中其他人也站著加入校董會的掌聲。

或許，每個人在那天晚上都學到了些什麼。我對他們的看法業已改觀，我可以看出他們只是一群試著盡力做好自身工作的人。我希望他們對我的觀感也有所改變。我希望我改變了一個想法或一份態度，讓後繼之人能更輕易的獲得應有的受教權。我也希望自己擁有足夠勇氣持續向前，因爲，我在那個晚上下定了決心，我將加入哈佛學習，而且誰知道呢，或許在那裡教導別人。

第三部

安逸與平靜無法造就品格。唯有經歷磨難，
才能強化靈魂、激起雄心，進而獲致成功。
——海倫•凱勒

琴恩

「確定眞要這麼做嗎？」我在「需要帶到哈佛的物品」清單上添加另一個項目時，對布魯克這麼說道；隨著出發日期迅速迫近，這張清單的長度正以指數方式急速成長著。它開始可以媲美死海古卷（Dead Sea Scrolls），我們需要把清單分割成許多份小清單，其中包括「醫療補給品清單」、「儀器清單」、「服裝清單」以及「學校用品清單」，還有一份「需要接洽的哈佛人士」清單，此外，我們也爲「抵達之後待辦事項」製作了一份清單。我甚至需要一張單子來記錄所有清單。我習於一套思維方式，相信「未列於清單上的事項就不存在」，而且「如果尚未刪掉，就表示還沒有完成」。這套想法來自我早年的信念，相信人們對自己的生活確實能有某種程度的掌握。儘管經驗告訴我這只是一種幻想，我仍然偶爾遷就於自己的習慣。

布魯克高中畢業後的整個暑假期間，都用來爲赴外地就學做準備。如此忙碌是一種幸福，因爲這讓我沒有時間思索生活將產生多麼重大的轉變。我也無法呆坐著琢磨每一個「如果……不知會如何呢」的恐怖問題。我持續在單子上添補新的項目，刪除業已完成的事項。車庫裡堆滿了醫療儀器、一箱箱的醫療補給品和私人物品，我們看起來若非準備成立醫院，就是剛剛掠奪了一家。

布魯克預定北上參加大一迎新會的幾天之前，艾德租了一輛卡車，先行將所有物品運往波士頓，以便在我們抵達之前準備就緒。

「我希望你爸爸租的卡車容量夠大，也順便聘請兩位搬家工人，幫他把這一大堆東西搬運到波士頓，」我對布魯克說道。

「他不需要別人幫忙，」布魯克說，「他有邁特就夠了。」

邁特是丹寧的先生，透過丹寧，他也成爲我們家的密友之一。他自願提供援手，陪著艾德一起北上哈佛。邁特是個大塊頭，從前踢過足球，胸懷就像他的二頭肌一樣寬大。

布魯克的朋友麥可協同雙親——厄尼與黛柏，前來協助艾德與邁特將布魯克的行李裝備搬上卡車。他們形成一個類似傳水救火長龍的系統，接力將一個個貼著標籤的箱子從車庫搬到斜坡，再搬到卡車上。

「這個箱子貼著『布魯克的鞋』，」麥可將箱子傳給艾德的時候說道。

「這裡是另一箱，」厄尼傳給麥可的時候這麼說著。

「還有另一箱！」邁特傳給厄尼時，難以置信地說道。「你怎麼會有那麼多雙鞋子，布魯克？你可以和伊美黛·馬可仕一較高下了。」

「我只是不把鞋子穿破罷了，邁特，」布魯克說道，「不過，如果你嫉妒的話，我可以借你幾雙。看到喜歡的告訴我一聲就行了。」

每個人都試著保持輕鬆，我們說說笑話、大聲歡笑，不過，搬上卡車的每一箱物品或每一件儀器，都提醒著我們分離的日子即將來臨。暑假裡，我一直將這件事情藏在腦海深處，可是如今，它直楞楞的面對著我，讓我無從迴避。我知道就在兩天之後，我必須向理德和凱絲頓說再見。道別並不在我的淸單上。或許我以爲假使沒有記下這件事，它就永遠不會發生，而我也永遠不需要將它刪掉。

布魯克

我睜開雙眼，端量在床邊壁架上排排坐著的天使塑像。我蒐集各式各樣的天使，有些是陶瓷製成的，有些則是布做的。它們端坐在我房間的門柱上、懸掛在天花板上、藏匿於音樂盒中，並且繡在我的枕頭套上。它們慰藉著我、關照著我。

時間還早，理德依照慣例，在上學之前走進我的房間和我道別。不過這一次，我知道等他放學之後，我就見不到他了。這一天終於到了，我們即將出發，而我必須說再見了。

「早安，小布，」理德輕聲說道，不確定我是否已經醒了。

「早安，理德，」我試探地說，心中實在不知道要如何處理接下來的對話。

「你還好嗎？」他問。

「還好，可是我不想說再見。」

「那就別說，」他表示，「你不必說再見，讓我們以平常心看待這一天。今晚睡覺以前，我們可以通電話聊一聊。」

理德抓了張椅子坐在我的床畔，就像我們每晚聊天時的方式一樣。我剛出院回家的時候，他會站在我的床邊談天，我們的視線還能平行地交流。如今他長得很高了，我若躺在床上，他就必須坐下來，這樣才能讓我看到他。他有六呎三吋高，已經渡過了每一段笨拙而尷尬的青春期。一如往常，他的微笑總令我開懷，他的笑聲依舊具有感染力。我仔仔細細地看著他，為我腦中的剪貼簿製作另一張圖像。他中分的棕色長髮，是唯一能讓人想起他兒時模樣的地方。他相貌英俊，已經長成了一個男人，再也不是那個可愛的小男孩了。

我為他深感驕傲——他以成熟的態度面對這場意外、接受家人重視我而忽略了他的事實；未讓爸媽在原有的麻煩之外增添更多煩惱；克服了放棄的念頭重新學習空手道，取得了黑帶；在我需要他的時候扛起責任，上帝知道，這樣的狀況是多麼頻繁啊！他每天毫不猶豫地為我做了許多小事，還有許多比較重大的事情，我知道他是發自內心而做的。

畢業舞會來臨之前，我並不打算參加。許多人沒有舞伴陪同而隻身前往，但我發誓要待在家裡。對此，理德似乎比我還要沮喪。

「布魯克，你願意跟我一起參加舞會嗎？」他問道，「我知道我是你的弟弟，對你而言意義大不相同，但是如果你願意讓我陪你的話，我很樂意帶你參加舞會。」

一開始，我不知道該說些什麼。人們就是不會帶著自己的弟弟參加舞會，不過話說回來，讓媽媽陪著上學也不是什麼時興的事。我們總是與眾不同，再說，這又有什麼關係？我找不出我更愛的人，也找不到還有誰我會指望當我舞伴的。

「你的陪同將是我的榮幸，」我對他說。

我們參加了舞會，我真高興我們決定這麼做。這是我永遠無法忘懷的回憶，而我得以和生命中最重要的男人之一分享這份記憶。

理德起身，告訴我他得走了。

「好吧，我們不說再見，但是我會好想好想你的，理德，」我打破了不流眼淚的自我承諾。

「答應我你會很小心，也會用功唸書。或許兩年後你會進入哈佛，加入我們的行列，」我說。

理德抓了張面紙，輕輕擦拭我的眼角和臉頰。「我也會想念你的，小布，」他說。

「我答應你，」他說。他傾身親吻我的額頭，然後走出房間。

我不曉得何時才能再見到他，但我知道他會一直陪伴著我。他不只是我的弟弟，他是我的天使。

琴恩

大專院校多半在八月的最後一個星期或九月的第一個星期開學，哈佛則一直到九月的第三個星期才開始上課。艾德和邁特在九月三號驅車北上，爲了避開車潮，他們在清晨四點出發，一路直上劍橋。抵達的時候，他們發現房間仍在改裝當中，地板上鋪滿了防水布，鋸木架就安置在房間的正中央，敲擊榔頭的聲音砰砰作響，而兩呎厚四呎寬的木條則在電鋸的嘈切聲中化爲塊段掉落地面。

「我太太和女兒再過兩天就要來了，」艾德在電動工具的喧鬧聲中大聲喊著。

「別擔心，在那之前就會完工的，」一位工人很有把握地大聲回應。

根據艾德的經驗，任何興建工程——不論處於哪個階段——完工時間永遠起碼在兩個星期以後。

「好吧，」艾德將信將疑地說道，「我兄弟和我打算搬一些箱子和儀器進來，我們會盡量試著不妨礙你們的工作，」他再度叫喊著。

他們卸下卡車上的所有物品，但是由於整修工程尚未完工，他們無法將儀器組裝起來。艾德和邁特在同一天開車回家。

「你認爲那個地方怎樣？」艾德在回家途中詢問邁特。

「光到過那裡就覺得自己更聰明了，」邁特說，「你不會碰巧有一本探討線性代數理論和多變數微積分的書可以借我唸吧！」他狡黠地說道。

「沒有，不過我剛讀完一本探討部分微分與積分方程式的好書，我知道你一定會喜歡的，」艾德說道。

邁特看過布魯克在暑假期間收到的課程目錄，經常拿它開玩笑，艾德只是試著配合他而已。

「說眞的，邁特，」艾德說，「你認爲房間會在我們下次抵達前完工嗎？」

「不可能的，」邁特毫不遲疑地回答，想都不用想。

在建築業界工作過幾年的邁特，證實了艾德原先的想法。

大一新生訓練週從九月七號開始，我們在六號出發。儘管之前已經運了一卡車的物品，到了最後關頭仍有許多東西需要打包，塞進我們的麵包車裡。黛比自願陪我們北上，協助我們整理房間。

我照例向凱絲頓和理德道別，而這和我所預料的一樣困難。我告訴他們我每天都會和他們聊聊，如果有需要，他們隨時都可以打電話給我。艾德的父母也前來道別，他們已搬到我們附近居住。布魯克發生意外之後，他們幫了我們很大的忙，艾德的母親在我們住院期間協助照料凱絲頓和理德，如今，則全心全意地照顧著她的丈夫。艾德的父親罹患了老年癡呆症，病情急速惡化中。很遺憾的，他無法理解我們打算前往什麼地方，或正在做什麼事。他從來不明白布魯克達成了怎樣的成就。

從石溪到東岬（Orient Point）渡口的車程大約需要一小時十五分鐘。東岬是長島北海岸的極東點，再往前行駛，就會掉進大西洋裡。渡輪幾乎每小時就有一班，整點時刻開船，越過長島海灣北上康乃迪克州的新倫敦市。這樣的路徑不會節省多少時間，但是可以避免驅車穿越紐約市區，因此讓人覺得愉快多了。我們沿著二十五號公路東行，經過往年每逢十月採南瓜的農場。由於今年的產季較早，「自行採果」的招牌已經高高掛起。艾德忍不住詢問布魯克，這塊招牌是否只是農人的一個詭計，用來羞辱所有開車經過的人們。布魯克一如往常地翻了翻白眼，每當她認爲艾德說了什麼特別傻氣的話，總是拒絕回答。

我們經過了苗圃和馬鈴薯農場，穿越了更東邊的葡萄園。

「你可以在這裡盡情伸展視野，」我在車子沿著海岸線前往東岬時這麼說道，「看看這兒有多美——藍天、綠野、海洋、三者的融合，不禁讓人覺得活著真好。」

「這兒是眞正的長島，」艾德表示，「長島並非你在報上讀到的消息，而是土壤與海水、農人和漁夫，他們構成了這片大地的心靈與精神。不相信這一點的人，只要開車到這裡看看就知道了。」

美麗的景色以及我們對這趟旅程與目的地的想法，使得這一小時十五分鐘很快地過去了。我們停靠在碼頭邊，把麵包車運上渡輪，展開旅程的第二階段。布魯克無法進入客艙，所以我們都逗留在停放汽車的甲板上。那是個璀璨的晴天，天氣還很溫暖，所以我們對此機會都深感雀躍。我們以前經常搭乘艾德的姊姊瑪格麗特和她先生李的帆船，不過自從布魯克發生意外之後，這還是我們第一次乘船的經驗。照映在海水上的燦爛陽光、拂過臉龐的清涼海風，以及空氣中的鹹味，在在帶給我們一股愉悅的自由感。

「讓它吹，媽，」布魯克在我打算將她的頭髮綁成馬尾巴時說道，「髮絲的移動，讓我覺得自己彷彿也跟著移動，」她說，「那份感覺眞好、眞快樂。」

我順著她的心意，前去坐在艾德和黛比身旁。

「她還好嗎？」艾德問道。

「看看她臉上的笑容，」我說，然後解開我的頭髮，讓髮絲在風中自由地飛揚。

布魯克

當我們轉進哈佛街，感覺就彷彿有人從身後突然嚇我一跳一樣，我的心臟砰砰地狂跳，胃部翻騰不已，腎上腺素則四處流竄。我可以看見左邊的競技場和右邊的操場，由於二月的旅程，這些事物已開始讓我感到熟悉。不過，此刻眼前一片翠綠，氣候溫煦。我們越過不再結冰的查爾斯河，經過高年級生居住的河畔宿舍，沿著道路駛進哈佛廣場。我只在二月時拜訪過哈佛廣場一次，但是這回即使遮住雙眼，我都能正確說出我們的所在地。廣場上的活力與幹勁是觸摸得到的，這裡並非一座大城市，卻人聲鼎沸。人們沿著人行道從容漫步，瀏覽櫥窗裡的商品，其他人則坐在露天咖啡座上談天說地。我試著想像他們的對話；他們談論的可是托爾斯泰，還是政治或棒球？希望這三者都有可能。這裡的人潮眾多，各式各樣的人們都有。有人在溜冰，有人在慢跑；有帶著公事包的成人，也有背著背包的小孩。我們在二月看到的大衣、毛線帽和靴子，已被短褲、圓領衫和涼鞋所取代。開車經過的時候，我試著盡可能地吸收眼前景象。我們停在哈佛校園的大門——強斯頓門前，排在一長排等著進門的車子後頭。

「我們到了，小布親親，」爸爸說，「你覺得怎樣？」

「很興奮，又有一點點害怕，」我說。

「你呢，親愛的？」他對媽媽說道。

「我也一樣，」她回答。

「布魯克・艾利森，要前往柴爾宿舍，」爸爸對指揮車行方向的守衛說道。

「右轉，然後順著路走到校園底，那是左邊最後一棟建築，就在教堂對面，」他說。

我們行經哈佛會堂，越過威德納圖書館，再經過甘迺迪渡過大一歲月的衛爾德宿舍，緩慢地往教堂前進。紀念教堂坐落在哈佛老校園的正中央，爲了紀念一次世界大戰的陣亡將士而設立的。它的尖塔漆成艷麗的藍色，高聳入雲，彷彿與午後的天空融爲一體。塔尖有一尊金色的天使塑像，彷彿俯瞰著底下的眾生。柴爾宿舍的無障礙斜坡正對著教堂前的階梯。我們停了下來，將車子停妥。

「我剛剛在哈佛校園停放我的車子，」爸爸裝出濃厚的波士頓口音說道，他同時打開麵包車車門、展開升降梯好讓我下車，「我一直想學他們這麼說，」他說。

儘管毫無心思嘻笑，我仍然笑了。我想，這應該是緊張的笑聲吧。不過，爸爸很高興看到我的笑容，因爲他知道我心中害怕極了。

柴爾宿舍是一棟老舊的五層樓紅磚建築，設有一間地下室，四面各有一扇巨大的綠色木門。這是詩人康明斯（E.E. Cummings）大一時期的家，這個想法讓我在沿著斜坡前進、穿越地面突起的路障走進大門時，心中突然湧上一股興奮感。重返初中的頭一天，我也產生了一模一樣的感覺，不過，這次的感受強烈許多。

我佇足半晌，讓我的感官仔細體驗這個新的環境。走廊上的牆壁是以綠色木條裝飾的米白色石灰牆，一根根木條從半個牆壁高的地方延伸至天花板。屋內瀰漫著新油漆的味道，那是種乾淨的面貌和乾淨的氣味。我可以感受到這棟建築的歷史，深知自己多麼幸運能成為其中的一份子。我們的房間位於二樓，搭乘電梯上樓之後，就立刻面對新家的深紅色大門：柴爾宿舍二一二房；門上的名牌寫著：布魯克與琴恩・艾利森。

「等等，」爸爸在我們進門之前說道，「我沒告訴你們，上次邁特和我來這兒的時候……算了算了，進去再說。」

「什麼啦？」我問。

「沒什麼，」爸爸回答，「進去之後再告訴你們。」

媽媽轉動鑰匙，打開了門。我不敢相信眼前的景象，房間就跟我想像的一模一樣。

我們走進一間挑高的客廳，地面是硬木地板。正對著門口的一面牆有兩扇可以眺望哈佛校園的落地窗。綠色的裝飾木條襯托著象牙色的牆壁，兩者都是剛剛粉刷過的。左邊角落接近落地窗的地方，是一扇通往殘障浴室的門。這間浴室一直都在那兒，只不過以前必須由走廊上的門進出。右邊牆壁差不多正中央的地方，是我的臥房房門。那是個小房間，窗戶底下放著一張調節床，和我在家裡使用的那張床很類似。衣櫥位在正對著床的那面牆，厚重的橡木五斗櫃則置於門邊。房門的正對面是媽媽的臥房，那間房間還要更小。窗戶底下擺了一張書桌，五斗櫃放在對著窗戶的牆邊，衣櫥和一張睡床則沿著房門的那一面牆擺設。爸爸和邁特搬運過來的箱子和儀器，大部分堆放在這兩間臥室裡。

我讓我的輪椅靠近落地窗邊，遠眺哈佛校園。我想到曾經透過這扇窗戶眺望風景的人們，希望我不至於辜負了他們。我可以看見其他新鮮人正從車上卸下行李，不知道他們是否和我一樣緊張？有些顯然稍早就安頓好的人，已經在校園裡擲飛盤、丟橄欖球，不知道其中是否有任何人將成爲我的朋友？校園中有幾條交錯的小徑，可以通往接近哈佛廣場的出入口。我可以從房間看到強斯頓門，以及在門前大排長龍的車隊。宏偉的橡樹和楓樹沿著小徑佇立著，一株美麗的楓樹在我窗前一覽無遺。

「謝謝你，」我對這棵提供人們綠蔭的樹木說道，「我知道，你是我已經擁有的一位朋友。」

爸爸走到我的身旁，我問他進門之前想告訴我們什麼。

「噢，我不知道，」他撫摸著窗台上的木板飾條檢驗工程品質。「我猜，我只是想說你們兩個讓我多麼驕傲。你知道你即將在這裡完成史無前例的成就，」爸爸說，「這所知名學府四百多年來的歷史中，從來沒有人完成你們兩個即將展開的工作。不論今後會發生什麼事，我要你們知道我有多麼驕傲。」

他又開始淚眼模糊了，每當他說這些話的時候，總會這樣。

「我愛你們，」他說。

「我也愛你，爸爸。不會有事的，」我對他說，「不會有事的。」

琴恩

接下來一整天，黛比和我忙著拆箱、整理臥房和浴室。艾德陪著布魯克，在客廳將儀器拆封並組裝家具。

「沙發要擺在哪裡？」他乒乒砰砰地將日式木頭長椅拼裝好之後問道。

「窗台邊，右邊一點，靠著牆，」我從布魯克的房間嚷著。

艾德看看布魯克尋求她的許可，然後將沙發推到我指定的位置。

「現在來弄這個，」他將電腦桌的組裝操作指南放在布魯克面前的樂譜架上。

每當遇到需要遵照操作指南的工作時，艾德都會要求布魯克發號施令，並且說明需要完成哪些步驟。這讓她能參與其中，貢獻一份力量。他知道她需要融入我們的活動，並且保持忙碌。艾德打開操作指南第一頁，要求布魯克開始工作。

「Una el estante figo al cosado derecho，」布魯克滿嘴西班牙話。

「你說什麼，小布親親？」艾德說。

「噢，抱歉。Attacher les tablettes fixes au panneau lateral droit，」她聽起來頗有萊絲莉・卡農（Leslie Caron；譯註：法國女星）的味道。

「什麼？」他又問道。

「Das feste Regal an der rechten Seitenwand befestigen，」她像個德國軍官似的厲聲發出

指令。

「你究竟在說些什麼玩意兒？」他說。

「我們在哈佛耶，老爸，」她說，「我認爲用三種不同語言說出指令才能符合這裡的水準。」

「你什麼時候學會這三種語言的？」他露出驚詫的表情。

「現在，」她笑著答道，「這張桌子是打哪兒來的啊？操作指南有各種語言的版本，就是沒有英文。別擔心，我有辦法搞懂的，」她自鳴得意地說道，「用螺釘與螺帽『將架子固定在右邊嵌板上』，」她說。

他們拼好桌子，就將布魯克的電腦架設起來，緊靠在浴室門邊的牆壁。他們在大門右邊的櫥櫃裡塞滿罐頭食品和早餐穀片，也將咖啡機和烤麵包機放在櫥櫃裡面。我看書的椅子擺在對牆的右邊，緊鄰著放置外套的櫥櫃。黛比和我整理好臥房之後，艾德便在布魯克的床邊架設她的人工呼吸器以及其他醫療儀器。艾德檢查了電池備用系統，確定每一顆電池都還能使用。由於大夥兒群策群力，我們得以在一天之內完成大部分工作。我們停下活動，享受一份應得的休息。

艾德和我坐在沙發上，黛比則在看書的椅子上休息。布魯克坐在房間的另一面，眺望著窗外的校園。她的臉上出現一股渴望的表情，那是我已見過上千遍的表情。我知道她在想什麼：她想要走出那張輪椅，但又無能爲力。艾德和我交換一個眼神，我搖搖頭、輕聲嘆氣。我們都無力改變事實。

「你能相信這些愚蠢的電腦桌拼裝指南嗎？」艾德從地板上拾起一本小冊子，翻開書頁，打破了屋內的沉默。

「你瞧，什麼語言都有，獨缺英文，」他將操作指南甩到桌上。

「準備鍵盤架…」我讀著第一行的黑體字，那是用英文寫成的。

「什麼？」艾德盯著布魯克瞧，這才明白自己被她耍了。

「這樣比較好玩，不是嗎，老爸？」她囁嚅道，不過，她很高興自己開了爸爸一個玩笑。

我們縱聲大笑，而這似乎就是我們的生活模式。我可能隨時都要哭了，卻發現自己高聲笑著。不論生活中遭遇什麼事情，不論我們做些什麼或想些什麼，我們總能找到歡笑的理由。不過，我知道艾德明天一早就要離開，所有的責任將落在我一個人身上。我懷疑自己是否有能力扛起我的責任，而布魯克是否有勇氣扛起她的。希望日後不論面臨什麼難題，我們倆都能找到歡笑的理由。

布魯克

那是一個陰霾的星期天早晨，爸爸和黛比準備返回紐約。他們訂了下午兩點從新倫敦開船的渡輪船票。從哈佛到渡口的車程大約兩個鐘頭，所以他們在十一點半出發，以確保擁有足夠時間登船。

「需要我的時候說一聲就好，我會立刻趕來的，」爸爸擁著媽媽吻別時說道。他抓起我的手臂圈在他的脖子上。我一直是他最喜愛的擁抱對象，我好希望自己還有能力給一次他最喜歡的擁抱。他將臉頰貼在我的臉上，在我耳邊說道，「如果你不快樂，想要回家來，只要打個電話給我，我會立刻來接你的，」他說。

我知道這不會發生，但還是無聲的點點頭。他踏進麵包車，出發離去。媽媽和我佇足凝望，直到麵包車完全離開我們的視線範圍。我們倆都無法停止哭泣，媽媽擦擦我的眼睛，然後又擤擤自己的鼻涕。

「你可別忘了哪張面紙是你的，哪張是我的，」我說，「這就是我現在所需要的。」媽媽忍俊不住，我也跟著笑了出來。笑的感覺眞好，看到她的笑容也令人感到快慰。

「我想前往紀念教堂，參加爲大一新生舉辦的特殊禮拜，」我說，「我想那會讓我們倆覺得好多了。」

「我也是這麼想，」媽媽回答，「可是有那麼多階梯，而他們的電梯連芭比娃娃也擠不進去。不過我也不想回到空蕩蕩的房間，讓我們想些別的事來做吧。」

太陽開始露出雲端，我們決定在校園裡逛逛。我們像兩個第一次參觀博物館的小學生，睜大的雙眼裡滿是驚奇，哈佛的歷史與雄偉令我們敬畏不已。

我們沿著在建築物之間迂迴穿梭的小徑跨越校園。校園中有一塊巨大的四方形草坪，被稱做三百年紀念劇場（Tercentenary Theater），這是哈佛園的心臟地區，許多難忘的演說和一年一度的畢業典禮都在此地舉行。一排排古老的橡樹爲它提供遮蔽，劇場周圍還環繞著各種形狀、規模與色彩的美麗建築。不過，大部分還是像英國式莊園那樣厚重的紅磚建築。這塊地區區隔著紀念教堂和威德納圖書館。威德納圖書館是一棟巨大的建築物，門前一整排階梯似乎永無盡頭；這些階梯通向環繞著大圓柱的入口，看起來就像是天堂的大門。我聽說如果將哈佛的藏書在校園裡排成一排，可以延伸五萬英哩長。從威德納圖書館的規模來看，這麼多書大可以全都貯藏在這裡面。我聽說圖書館是由威德納夫人的捐款所蓋成的，她的兩個年輕兒子都隨著鐵達尼號葬身大海。圖書館的興建有兩項附帶條款，首先，每一位哈佛學生都必須學習游泳，其次，每一餐飯都得供應冰淇淋。我對第二項條款毫無異議，不過，我樂於見到哈佛克服教導我游泳的挑戰。

我們四處漫步，見到了一些課堂建築：西佛大樓、愛默生紀念館和羅賓森大樓。我看看媽媽，她的心思似乎飄到了另一個世界。

「媽，這裡的歷史好豐富啊，可以追溯到六〇年代呢，」我設法吸引她的注意，「你知道西佛大樓的名稱，是在紐約大都會隊於一九六九年世界棒球大賽中奪冠之後，根據投手湯姆・西佛（Tom Seaver）的名字命名的嗎？羅賓森大樓則是根據布洛克斯・羅賓森（Brooks Robinson；譯註：曾任巴爾的摩金鶯隊三壘手）命名的，因爲校方爲那年輸給了大都會隊的巴爾的摩隊感到可惜；愛默生紀念館的名稱則是爲了紀念六〇年代的搖滾樂團。我想，校園裡的什麼地方，一定也有雷克紀念館和帕默紀念館的。」

「眞的嗎？」媽媽說道，顯然沒有聽進我剛剛所說的任何一句話。

「我想我們得吃點東西了，媽，」我知道食物是憂鬱的最佳良藥了，「我們去安娜貝格，看看菜單上有什麼好吃的。」

安娜貝格館是大一學生的餐廳，但它的外觀與我見過的其他餐廳大相逕庭；在那兒用餐幾乎褻瀆了它的美。從外表看來，安娜貝格館像一座哥德式的大教堂，正面的窗戶鑲著一片繪有玫瑰的巨型彩繪玻璃，畫工與氣勢都不輸給歐洲最精緻的教堂。館內的氣氛還要更莊嚴雄偉，厚實的深色木板從半牆高的地方高聳至屋頂，沿著用餐區域的四周，在離地面伸長手臂的高度釘了一圈架子，架子上每隔三呎的距離，就放著一尊曾就讀哈佛的歷史人物半身像，其中包括威廉・法蘭西斯・巴列特（William Francis Bartlett）、杜柏依斯（W.E.B. DuBois）、羅勃・高德・蕭（Robert Gould Shaw），知名人物不勝枚舉。這些人足以讓剛入學的新生自慚形穢，懷疑自己取得入學許可的原因究竟何在。

紀念館位在用餐地區的後方，用來紀念於南北戰爭中陣亡的哈佛學生。牆上的匾額列著每一位陣亡士兵的名字、畢業年份，以及死亡日期：一八六〇年班艾格・馬歇爾・鈕康，一八六二年十二月二十日陣亡於斐特烈堡；一八六一年班達頓・歐米，一八六二年八月三十日陣亡於牛奔鎮。房間裡的魂魄讓我與那個年代產生聯繫，彷彿我曾在那裡、認識這些人，爲了他們的消逝而感到哀傷。

儘管一頓美食能夠療傷解痛，我們還是沒法兒塞進太多食物。我們各吃了一塊貝果，我也學到了在哈佛的第一課。波士頓的貝果並非眞的貝果，它們只是外皮鬆軟、中間挖一個洞的圓麵包。不知道少了紐約式的貝果，我們究竟能存活多久？

離開安娜貝格館，穿越通往柴爾宿舍的柵門，我們看見紀念教堂所舉辦的新鮮人週日禮拜才剛剛散會，一群人站在教堂外享用茶點飲料，牧師則在廣場外招呼每一位新鮮人。我決定前去自我介紹，並向牧師提出教堂難以進出的問題。

「早安，牧師，我的名字是布魯克・艾利森，我是大一新生，這位是我的母親琴恩。」

「眞高興認識你，布魯克，我是高美斯牧師，」他的語氣彷彿仍站在講台上佈道，「還有媽媽，我也非常高興認識你。」

高美斯牧師是一位短小精壯的黑人，談吐舉止都令人著迷。他聽起來彷彿帶有英國腔，但我知道他不是英國人，只是他的口才和說話的態度，讓你覺得一切似乎都是良善美好的，沒有人需要擔心世間的任何事情。我覺得跟他談話很輕鬆自在。

「我不想在頭一天就開始惹麻煩，可是……」我接著解釋我試著進入教堂時所遭遇的問題，因而必須錯過專爲新鮮人舉辦的禮拜儀式。

「這眞糟糕，」我的宿舍離教堂只有二十呎遠，卻無法進入教堂，他立刻看出其中的荒謬。「我們得瞧瞧有什麼辦法修正這個狀況，」他聽起來彷彿已經解決了問題一樣。

「我希望你會留下來，在草坪上聆聽魯登斯坦校長的講話。他的演講再幾分鐘就開始了，而我知道哈佛園是很容易進出的，」他微笑說道。

看來，大多數的大一學生已經集合過了，前去認識其中一些同學，應該是個不錯的主意。

我和媽媽往人群靠近的路上，我覺得每一雙眼睛都在盯著我們瞧。我坐在輪椅上已有六年的時間了，很習慣人們的目光。我明白人們的好奇心，許多時候，他們甚至對自己的行爲渾然不覺。不知基於什麼原因，這次的感覺不同。我覺得渾身不自在，就好像在眾目睽睽之下只穿著內衣褲一樣。我好想放聲大叫：「我在十一歲的時候被車撞了，我得仰賴呼吸器維生，而且是的，這位是我的母親。我沒有病，不會傳染！」和媽媽走到人群邊緣時，我覺得自己漲紅了臉，人們仍然盯著我不放，媽媽用她的手背拍拍我的臉頰。

一個女孩穿出人群向我走來，「我想你會用得上這個的。」她將一朵玫瑰放在我的腿上，這花顯然是別人送給她的。她摸摸我的手微微一笑，然後轉身走開。我看看玫瑰又看看媽媽，當我的視線再回到人群中，我發現他們全都已經轉過身去，開始緊盯著魯登斯坦校長瞧。

琴恩

我們出來好長一段時間了，布魯克開始覺得不太舒服。我們需要回到房間，解決她的一些生理需求。她一整天都在喝水，需要進行導尿，她也覺得呼吸不太順暢，因此也需要爲她抽痰。這是我們倆都已習慣了的例行公事，就像每個人都得上廁所或清清喉嚨一樣，只不過布魯克所需要的時間更長，也比較費工夫。我坐在沙發上休息，布魯克則望著窗外哈佛園中的人們。我聽到樓梯間的腳步聲，有個人正吹著口哨。

「聽起來好像是爸爸，」我對布魯克說道，她推著輪椅到門邊諦耳傾聽。

「眞的耶，媽，你想……？」

腳步聲和口哨聲愈來愈清晰，繼之而來的是門上傳來的敲門聲。

「眞的是爸爸！」我歡呼著跳起來開門。

「嗨，又是我，我只是想看看你們倆是不是一切都好。」

那是諾亞，布魯克的大一學監，我們剛抵達時曾和他短暫會晤。他兩年前自文學院畢業，決定留在哈佛照料大一新生。他申請了法律研究所，可是還沒聽到任何消息。諾亞是個非常有教養的年輕人，話雖不多卻很自信。他大約五呎十吋高，棕色短髮的長度剛好可以往下梳理，就像披頭四在六○年代初期的髮型一樣，只不過短了一點。他的山羊鬍子和娃娃臉，其實並不怎麼相稱。

「我只想讓你們知道，學監會議將在今晚十點舉行，地點是隔壁康納迪大樓的一間會議室。」

康納迪大樓是新生宿舍中最新穎的一棟，建於一九七一年，建築風格和哈佛園中的其他建築顯得格格不入。分配住進這間宿舍的學生們，都管它叫「實驗專案」。布魯克表示她覺得很難過，因爲她十分明白無法融入群體中的滋味。

「晚上十點？」我有點驚訝地向諾亞說道。

「艾利森太太，你覺得這個時間太晚了嗎？」他聽起來有一點點擔心。

布魯克瞪我一眼，眼中的訊息任誰都看得出來。

麼說道。

「噢，不會，」我說，「布魯克和我十點才開始熱身呢，還有，請叫我琴恩，」我對他這

事實上，那個時間我們通常已經上床了。布魯克和我起得很早，因爲我們都花好多功夫才能準備就緒。況且，就算她希望晚一點睡覺也無法做到，因爲這得冒著皮膚長瘡的風險。

「那就好，」諾亞說，「這裡的活動很少在十點以前展開，你們沒問題的。」

傍晚稍早，艾德打電話來報告平安抵家的消息，我們也跟凱斯頓和理德講了幾句話。

「家裡少了你們兩個感覺很怪，」艾德說，「我不知道自己能不能習慣。」

「我也是，」我說，「我好幾次以爲你還在身旁，想回頭問你一些問題，才發現你已經不在身邊了。我好想你，親愛的。」

「我也想你，」他說。

掛了電話，我捱著一分一秒等候十點鐘的到來，眼皮幾乎快睜不開了。「現在差不多該鑽進被窩了，」我心中想著，卻反而跟布魯克走到康納迪大樓參加學監會議。我們是最先到場的人，我看得出布魯克很緊張。

「你還好嗎？」我問她，「你以前見過幾百次類似的狀況，應該已經習慣這種場面了。」

「是啊，我曉得，但是以前每一個人都認識我，或至少知道我的狀況。如今，沒有人聽說過我的任何事情，」她說，「不知道他們會怎麼想。」

「他們或許會對我的出現感到納悶，甚至不會注意到你，」話一出口我就明白，承認這

項事實或許只會讓問題更形複雜。

「我知道，」布魯克說道，「我也擔心這一點。」

諾亞帶著幾包洋芋片和餅乾走了進來，看到熟悉臉孔的感覺眞好。他首先向我們問好，然後表示這次會議的目的在於「認識彼此」，會議一開頭將稍加說明學校的規則、法規與期望。一些學生開始三三兩兩地走進來，等到諾亞準備開始時，會議室裡大約坐著二十多位學生。在開場白之後，諾亞要求學生們輪番介紹自己的名字、家鄉以及選擇進入哈佛就學的原因。輪到布魯克說話的時候，諾亞問我是否願意先介紹自己。我陪著布魯克上學已有五年的時間了，這是我第一次被視爲此類會議中的一份子。我略感意外。

「大家好，我的名字是琴恩，我是布魯克的母親兼室友。」

孩子們臉上的表情十分有意思，每個人都露出好奇的神色，一位同學爲了看清楚我們，甚至把眼鏡推到自己的鼻尖，其他人則只是歪著腦袋，看起來似乎有點困惑。他們過了一會兒才回過神來，不過終究是適應了我們的情況。好奇的眼神轉變爲理解似地點點頭，最後露出歡迎的微笑。我幫布魯克邁出了第一步，她似乎輕鬆多了。

我們遇見來自全美以及世界各地的孩子。眞是有趣的經驗，每個人都如此與眾不同，有著獨特的故事可以分享。布魯克跟提姆和喬西成了朋友，他們倆同住一間寢室，進入哈佛之前，都曾花一年時間四處旅行；他們住在柴爾宿舍一樓，房間就在大樓門口旁。她和凱瑞也相談甚歡，這個來自中西部的男孩，感染了很嚴重的思鄉病。我想，他需要接近任何具有家庭色彩的事物，因爲他是那麼想念家人和家鄉遼闊的空間。

這是一個美好的夜晚，也是布魯克第一次認識任何人的機會。她很快樂。回房時，時間老早就過了深夜了，這是我第一次獨力幫助布魯克上床。我在家就曾練習過幾次，昨晚艾德和黛比還在的時候也讓我獨力進行，不過，這一次我將完完全全地獨自一人。這眞令人害怕，不過我終究完成了，等到一切就緒、我準備上床時，時間已經過了半夜兩點了。

「呼吸器的警報功能開著的嗎？」布魯克在我上床之後問道。

「是開著的，布魯克。」

「對講機就放在你的床邊嗎？」她說。

「是的。」

「你覺得怎樣？」她問我。

「不知道是因爲會議中喝了咖啡還是什麼原因，我現在清醒得很，」我說。

「你就是一個派對動物，如此而已，媽，」她譏諷道。

「或許我會習慣這一類深夜活動的，」我一邊說著，一邊把棉被拉到下巴。我躺在那兒，瞪著天花板，傾聽著布魯克人工呼吸器的運作聲音，直到入睡。

布魯克

「你看看，這個星期可以參加這麼多活動，」媽媽讀了門口籃子裡的通知之後說道。

「有聯誼舞會、冰淇淋大會、烤肉大會，甚至還會放映電影《愛的故事》(*Love Story*)。單子上說這是哈佛的傳統，學校會放這部電影給大一新鮮人和大四畢業生看。我想，觀眾對這部影片的投入，大概就像他們融入電影《洛基恐怖秀》(*Rocky Horror Picture Show*)的情節一樣。」

諾亞將迎新週的特別活動表，分發給他所照顧的每一位學生。我根本不可能全程參與每一項活動。

「你今天想做些什麼，布魯克？」媽媽將我的頭髮往後梳成一條馬尾，然後用髮圈綁起來。

「我無法決定耶，有那麼多活動可以選擇，」我說，「我們把單子帶去餐廳，邊吃飯邊做打算。」

穿過通往科學中心和安娜貝格館的柵門之後，我發覺自己無法止住輪椅或操控輪椅的行進方向。

「你要去哪裡，布魯克！」媽媽發現我朝著左邊的科學大樓前進，而沒有右轉進入安娜貝格館的時候急忙喊著。

我控制輪椅的方法，是以舌頭操縱裝設於上顎的一種類似齒列矯正器的鍵盤裝置。我慌慌張張地撥弄著按鍵，試著讓輪椅停下來或改變方向，所以無法分神回答她的問題。我筆直地朝著科學中心外的石雕噴泉行駛，一籌莫展。等到媽媽發現我遇到困難，已經太遲了。我迎頭撞上噴泉旁的一塊岩石，輪椅這才靜止下來，一動也不動。要是沒繫上安全帶，我肯定會飛進噴泉裡。

「你還好嗎，布魯克？」媽媽大聲喊著，急急忙忙地跑過來。

我說不出話來，我沒有受傷，只是覺得好糗。這是一個非常繁忙的十字路口，銜接通往餐廳、科學中心和哈佛園的幾條人行道。四周有好多學生，有些人正在行走，有些人只是在噴泉畔休息。幾個人跑過來看看我有沒有怎樣，不過，這是那種令人尷尬的場面之一，人們發現你並無大礙，只是不想引發更多的注意。他們什麼也沒做，光只是看看接下來會發生什麼事情。

我可以打開輪椅的電源開關，卻無法使它移動。這是一張新的輪椅，頭一次出狀況。我在五月份高中畢業以前才剛得到它。我知道我們此刻面臨重大問題，因爲這張椅子連同電池、人工呼吸器和我，重量高達五百磅以上。

「我無法移動輪椅，媽，它就是不能動彈，」我說。

「那我就推你，」她說。

媽媽使盡力氣擺脫障礙，設法將輪椅調頭。一位年輕人走過來，自願提供幫助。

「嗨，我是喬，我來幫你，」他說。

「太謝謝你了，」媽媽說道，「我們要去柴爾大樓，但我一個人大概推不動，尤其還要爬上斜坡、推進大門。這是我的女兒布魯克，她是大一新生，我是她的母親琴恩。我們來自長島。」

「很高興認識你們，我也是大一新生，我住在麻斯大樓，魯登斯坦校長的辦公室就在這棟大樓的一樓。我對這點沒什麼意見，不過同大樓的許多傢伙都認爲這會對他們的風格產生一些限制，」他說，「我也是來自一座小島，鹿島，位於緬因州的海岸。」

我只有在喬一開始朝我們走過來的時候匆匆瞥了他一眼，之後，他便一直走在我的後面，陪媽媽推著輪椅。就我對他的第一印象，我認爲推我的輪椅會讓他受傷的，足球隊的前鋒可能都沒辦法完成這項艱鉅任務。我看見的是一位矮小、纖細、黑頭髮的年輕人，不過，我對他的印象並非來自他的外表，而是他那輕柔的聲音、從容的態度以及眞誠的關懷。人們面對此類狀況的一些作爲，有時候只是想逞英雄。喬沒有讓我產生這樣的感覺，他只是想提供援手。

媽媽和喬推著我爬上斜坡、穿過大門、進入電梯。

「眞是太感謝了，喬，」我說，「沒有你的幫忙我們一定做不到的。」

我對他所做的一切道謝反而讓他承受不起，他先是愣了一下，接著說：

「你們還需要我幫忙推到你們的房間嗎？」

「喔，謝謝，不用了，你已經幫我們夠多的了！」我說，其實對這整個情境感到些許難爲情「我希望下次可以在更好的狀況下與你在校園裡碰面。」

「我也這麼希望，布魯克，祝你好運。」他說，電梯門在我們身後關上。

我們回到房間，媽媽將我推到客廳的正中央。

「喬眞是幫了我們一個大忙呢！」媽媽說道。

「自從意外發生後，我們不只一次碰上這種事，不是嗎？每當我們碰到麻煩，總會有人及時出現伸出援手，」我說「這絕非偶然！」

「那現在我們要做些什麼？」媽媽問我。

「我看我在這裡當個盆栽也不錯！」我試著用一種有趣的說法，但其實我心裡七上八下的。

媽媽哈哈大笑，但我可以從她臉上看得出一絲擔憂。

我們被困住了，哪兒也不能去。這週是迎新週，有好多事情可以做，不過看來我什麼也不能做。

琴恩

電話鈴聲在上午十點半左右響起。

「嗨，媽，你們都好嗎？」

那是凱絲頓打來的，自從我們抵達哈佛之後，這還是她第一次打電話過來。我和她通過幾次電話，不過都是和艾德聊完之後順便和她談談的，她從未主動給我們打電話。

「嗨，甜心，你好嗎？」這麼早的時間接到她的電話，讓我略感詫異。

「我還好，不過爸爸告訴我你們在那兒遇到的一切麻煩，我很後悔從來沒打電話給你們，一切都還好嗎？」

迎新週結束了，我們從頭到尾都關在房裡。經過一星期的電話往返和四處奔波，艾德終於在大一教務長辦公室的協助之下，找到一家公司前來校園修理輪椅。如今它能運作了，雖然沒辦法發揮百分之百的功能，不過總算能運作了。

「爸爸說你們陷在房間裡，那麼你們都吃些什麼？」

「幸好還有蜜雪兒，」我說，「她爲我們帶吃的東西進來，因爲安娜貝格館不能外帶，所以我們一直只能吃著湯和早餐穀片。」

蜜雪兒是我們在紐約的時候，除了黛比之外的唯一一位護士。剛好碰到她希望在生命中做些改變，所以當我們北上哈佛時，她也決定遷居波士頓。她會前來宿舍協助我們，直到在其他地方找到固定工作爲止。

「你們一定快悶壞了，這一個星期都做些什麼消遣啊？」

「我們能做的事情不多，我們會聊聊天、看看書、聽聽音樂，不過以聊天居多，」我說。

「你不是帶了一架小電視？你們不能看電視嗎？」

「沒什麼節目可以看，房間裡收不到幾家電視台的訊號，收看得到的節目，大多充斥著暴力和心理不正常的人，」我說，「我們會看一點新聞，不過都是波士頓地方新聞，我實在不知道紐約發生了什麼事。」

「你也沒漏掉什麼，」凱絲頓說道，「一切都是老樣子，可是媽……」她欲言又止。

「什麼事，甜心？」我說。

「你想……我是不是心理不正常啊？」

「怎麼會，你爲什麼這麼說？」這問題使我頗感意外。

「你知道的，就是布魯克發生意外之後的情況。你知道我有多沮喪，我不能吃，不想繼續學習舞蹈，甚至無法到復健中心探望她。六年了，這件意外仍然讓我感到哀傷。」

「我們都受到很大的打擊，甜心，你和爸爸當時就在意外現場，看到妹妹躺在馬路上的模樣，我感謝上帝讓我免去這種衝擊。如果我親眼見到你所看到的情景，天知道我會變成怎樣的情況。布魯克的意外影響了家裡的每一個人，我指的是每一個人，包括爺爺奶奶，姑姑和叔叔，甚至你的表兄弟姊妹，它改變了每一個人的生活。我和爸爸至今仍然沒有一天不掉淚的，不過，我們也沒有一天不試著歡笑。這就是我們所需要的：將心思集中在美好的事物上。」

「我一直沒有提供太大的協助，甚至還在你們北上哈佛的時候給你找麻煩，我很後悔。」

「不要這樣，」我說，「我一直沒辦法給你或弟弟足夠的關注，我總爲此感到難過。這並不代表我對你們的愛曾有稍減，是局勢、很糟糕的局勢所造成的，我試著盡可能地面面俱到。我知道你爲了我再度離家而心煩意亂，我也一樣，但是假使我認爲你無法處理的話，我就不會離開。我以前眞的很擔心你，但是瞧瞧你，你已經和過去大不相同。你就要升上大三了，擁有兩份工作，堅強而健康，井井有條地掌握著自己的世界。我只希望你能以比較輕鬆的態度看待生命、享受生活。你讓我感到好驕傲。」

「即使我沒有進入長春藤大學嗎？」她問道。

「那和生命中任何實在的事物又有什麼關係？」我說，「就大格局而言，那是毫無意義的。進入哈佛符合布魯克的生命計劃，失去肢體的運用能力之後，她必須發展自己的心智能力，也需要我能為她提供的生理協助。出外就學並不適合你，而你也擁有如此多樣化的興趣。你贏得了空手道黑帶的資格，熱中於鍛鍊體能，對身體健康和整體醫學都深感興趣。每個人都是獨特的，而我感謝上帝讓你能做那麼多的事情。什麼時候開始，進入長春藤學校能夠決定一個人的價值呢？眞是無稽之談。」

「你眞的那麼想嗎，媽？」

「你知道我的確是這麼想的。我非常愛你，就愛你原本的模樣。」

「謝謝你，媽，希望如此，我也愛你。」

凱絲頓和我掛了電話，儘管我們曾交談過無數次，我覺得這次是與眾不同的。我得知她的感受，我想她明白我試著告訴她的訊息。眞是諷刺，我和凱絲頓的空間距離更遠，卻覺得彼此更貼近了。人們是怎麼說的？離別和距離更增濃情？有時候站得更遠反而比近距離看得更淸。自此以後，凱絲頓每天早晨打電話報到，帶給我們紐約的訊息，同時向我們傳達她的愛。

布魯克

本週是「試用週」。這是哈佛特有的傳統，在每學期正式開始上課之前的一個星期舉行。學生們可以在選課之前，利用這段期間試聽每一堂課，甚至是那些似乎最索然無味的課程。他們可以隨心所欲地「試用」任何一堂課，有時甚至每十分鐘就從一間教室轉到另一間教室旁聽。學生們根據他們對教授和課程內容的觀感，以及他們認爲可以從課堂中學習的心得，在這段期間內正式決定他們的選修課程。教授們對於這套作風以及學生們在講課過程中進出教室的事實，大都已經習以爲常了。

暑假期間，學生殘障辦公室要求我設法從課程目錄中，挑選出我所打算進修的課程。他們希望我及早決定，以便將這些課程排定在容易進出的地點。他們願意爲我做這樣的調整，令我感到印象深刻又有點兒不好意思，不過另一方面，我也覺得他們光治標而不治本。

「爲什麼不讓所有大樓都成爲無障礙建築，這樣他們就不必煞費苦心了，」我思忖著。

我確實提早選定了所有課程，所以對我而言，試用週其實是正式上課的第一週。我決定選修以下課程：初級義大利文，說明文寫作，必修的大一寫作課程，由世界知名的諾貝爾獎得主、進化生物學家威爾森教授所傳授的進化生物學，以及分析希臘神話英雄的文學課程。

早晨當媽媽幫我打點一切準備面對新的一天時，是我們兩人相互交流的主要時光。我們計劃需要進行的工作、討論一天的行程，還有自從我們抵達哈佛就不可避免的例行公事：從餐廳的每日菜單上選擇今天打算享用的美食。這是我們在復健中心就建立的習慣，不過住在那裡的時候，情況顯然極爲不同，而我也只有十二歲而已。當時的對話以母親對女兒的談話居多；她說，我聽。當然囉，她總會傾聽我的想法，但我知道如果必須制定任何決策，她將會爲我們倆做決定。過去幾年以來，尤其在高中畢業之前，我開始察覺母女關係之間的變化。她開始退居幕後，讓我有機會獲得成長。我知道不論做任何事，我都少不了她，但在許多決策過程中，她讓我擁有高度的自主權。

抵達哈佛之後，特別是隱居宿舍的一個星期期間，我們眞正得到一個交談的機會。我們無所不談，但是氣氛和我以前所感受的截然不同。我們像朋友般地交談，我們是室友，談論著身處於哈佛的感受。我們交換心得，談談讓我們興奮或害怕的事物。我們開誠佈公，彼此都知道我們現在同處於一條船上。

「你是大腦，我是身軀，」媽媽對我說道，「同心協力就能克服一切。」

我明白我們已成爲兩個平等的個體，只要合而爲一，力量將會更形強大。

第一天上課的早晨，我們的對話內容主要在於課程可能出現的情況。我們倆都沒有半點概念，而當面對難以預料的情況時，一個人的想像力往往會對他的心靈造成極大的戕害。電影業對哈佛、哈佛學生以及教授的典型描述，從來不怎麼討人喜歡。哈佛學生的形象，經常是趾高氣揚、神氣活現的權貴子弟，而教授們總是被描述成傲慢、妄自尊大的暴君，只知道以恫嚇來鞭策學生。電影《力爭上游》（*The Paper Chase*）中的約翰·豪斯曼（John Housman）

以及《乞丐博士》（*With Honors*）中的高爾・維德（Gore Vidal），不斷在我們的腦海中閃過。我想，比起我將在哈佛遇到的同學，高中同學們的競爭天性只不過是小巫見大巫罷了。儘管我的輪椅故障以前，我所遇到的一些人都極好相處，但我知道在我確實進入課堂之前，我將無法瞭解哈佛的眞實面貌。

我很害怕，信心缺缺。或許，我是有一點失之不公了。儘管電影中的虛構情節讓我信以爲眞，然而或許我對哈佛先入爲主的觀點，就像許多人對我產生的成見一樣，都犯下了相同的毛病。

琴恩

第一個星期裡，布魯克結識新朋友的機會十分有限，然而課程開始之後，情況便迥然改觀。布魯克的第一堂課是初級義大利文，這門課排定在週一至週五每天的早上九點鐘開始。我們必須在清晨五點起床，好讓我擁有足夠時間幫助布魯克準備就緒、準時上課。

布魯克和我抵達教室時，室內的課桌椅呈半圓形排列，學生們魚貫而入，迅速地塡滿了空位。等到九點七分開始上課時——哈佛課程大多是在整點過七分開始進行的——教室裡大約坐了二十名學生。學生來自各個年齡層，從新鮮人到高年級生都有，並且顯然具有非常多元化的背景。講師的名字是麥克・海曼，他的外表比名字還缺乏義大利味，不過，他似乎來自一個非常傳統的義大利家庭，他的母親在義大利出生成長。他一走進教室就在黑板上寫著：

「義大利文一—A」，然後說道，「這是我最後一次用英文說話。」布魯克確信自己犯了錯誤、選錯了課。

「這門課照理應該是『初級』義大利文，」她對我耳語道。我聳聳肩膀，不知道該說些什麼。結果證實這正是初級課程，布魯克臉上的神情告訴我她嚇壞了。

「Ciao, come va?（哈囉，你們好嗎？）」這是那天講師所說的話裡頭，布魯克和我聽懂的第一句話，也是最後一句。他繼續以流利的義大利文講述冗長的句子，他究竟在說些什麼，我們倆一點頭緒也沒有。布魯克認爲她永遠不可能通過這門課。

下課之後，一些年輕人走過來打招呼。大部分學生都將他們的名字翻譯成義大利文，不過「布魯克」這個名字沒有相對應的義大利名。她必須使用原來的名字，可是她認爲這個名字的義大利文發音聽起來相當愚蠢。

「嗨，布魯克，我是薇薇安娜。」

「我是派翠西亞。」

「我叫朱瑟培。」

薇薇安娜是波多黎各人，派翠西亞的家庭來自古巴，出生於紐澤西州的喬則是哈佛冰上曲棍球隊的先發守門員。

另一位年輕人走過來自我介紹，「早安哪，布魯克，我是奧斯汀，」他模仿法國腔調說道；

奧斯汀是一位身材頎長的非洲裔美國人。

「布魯克，你和我是唯一沒有義大利名字的學生，那不是很有趣嗎？我的家庭還流著義大利血液呢！」

奧斯汀的詼諧性格，會爲人們帶來歡笑，讓週遭的每一個人感到自在。

「你們有誰聽得懂那傢伙說的任何一句話？」奧斯汀詢問在場的每個人。

「我聽不懂，」薇薇安回答。

「我也聽不懂，」派翠西亞也跟著答道。

「我眞見鬼的當然聽不懂，」喬說道，「我還以爲我是課堂上唯一搞不清楚狀況的人呢！」

他們都笑了出來，大夥兒都感到安心了。得知自己並不孤單、每一個人的感受都大同小異之後，布魯克覺得好多了。布魯克在這門課認識的每一個年輕人都很好相處、個性務實，而且不會裝腔作勢。一等到布魯克弄清楚老師在說些什麼之後，甚至連講師麥克都成了極容易親近的人。

布魯克

自從發生意外之後，最容易和我成爲莫逆之交的，都是些男孩子們。大一一開始，我就遇見一些可以成爲終身好友的傢伙。哈佛校刊《深紅報》（*The Crimson*）刊登關於媽媽和我的文章之後不久，我就在安娜貝格遇見了強，媽媽和我當時正在吃晚餐。

「布魯克，我的名字是強。我今晚可以加入你和你母親的行列共進晚餐嗎？」他這麼問我。

強的父親是中國人，母親則是白種人。他的身高略矮於一般人，黑色頭髮，笑容迷人，身材顯然鍛鍊得穠纖合度。然而，令我印象深刻的並非他的外表特徵，而是他顯而易見的和善、有禮和親切。強是純潔高尙的，我立刻愛上了他的性靈。

「快請坐下，」我說，「我母親和我樂於接受你的陪伴。」媽媽點頭贊同，我們讓出一部份位置好讓強坐下來。

「我在《深紅報》讀到關於你的文章，希望能更深入瞭解你，」強說道，「當我看到你坐在餐桌旁時，我心裡想著這是認識你的大好機會。」

「眞高興你這麼做了。你是打哪兒來的？」我希望知道更多關於他的訊息，就像他對我的認識一樣。

「我從柴爾大樓過來的，事實上，讀了報上的文章之後，我才知道自己就住在你的樓上。」

「眞好，不過，我的意思是你從什麼地方來到哈佛的。」

他表示自己來自夏威夷，而當他描述家鄉的時候，油然生出一股敬畏之情。他以濃厚的愛慕與感情訴說著自己的家鄉，語氣令我爲之著迷。他陳述著生命中的重要事情，包括他的家人、他的朋友和他的信仰。他向我們描述他的雙親、他的兄弟、他的女友吉兒，以及爲他椎心思念的小妹蓋被的情景。他想念他的家鄉和親人，我無法想像與心中所熱愛的地方相隔如此遙遠的距離，究竟是怎樣的感覺。

強希望瞭解媽媽和我的一切，對於媽媽陪著我負笈他鄉求學，他感到非常驚訝。我們還討論了家庭的力量，這是非常有趣的對話。強告訴我，由於層出不窮的潛水意外，夏威夷經常可以見到四肢癱瘓的人。和強說話的感覺，彷彿和認識了一輩子的人談天一樣。他似乎不僅能領會我的感受，還能瞭解我的整個家庭，以及我們歷經的一切。我知道我們可以成爲好朋友。

我決定在大一上學期選取必修的說明文寫作課程，這個學科具有好幾種不同的課程內容，我選擇了「文學與自我」。這門課吸引我的原因，在於文學即是關於理解個人的本質，而上課的時間也剛好符合課程表的安排。

當時我並不知道，許多新鮮人將說明文寫作課視爲畏途，但是對我而言，寫作與文學已經成爲生命中很重要的層面，我對這門課充滿了期待。這是一個以研討會形式舉行的小班級課程，上課地點在紀念館的地下室。我們進行的第一項活動，就是輪番自我介紹，每一個人必須複述前一個人說的所有內容，以確保我們眞正認識彼此。我是最後一個發言的人，所以必須記住每一位同學的名字與資訊。我和布倫特就是那時候認識的。

布倫特坐在對面的位子上，在我重述他的資訊時，不斷對著我微笑。我有一點點尷尬，因爲我不知道他只是在表示和善，還是我把他的資訊和其他人的搞混了。他金髮藍眼，相貌英俊，看起來很乾淨。他穿著保守的棉布襯衫、卡其褲和鹿皮軟鞋，看起來就像從比恩（L.L.

Bean）郵購目錄走出來的人物一般。

下課之後，我們找到機會閒聊，我立刻察覺他不是東岸人。他的聲音裡帶著一股鼻音，顯然是中西部的腔調。他劈頭就聊起即將展開的一九九六年總統大選，人們常說政治和宗教是最容易引發爭議的話題，在布倫特和我之間的確如此。儘管雙方都熱中於談論政治，但我們很快就發現彼此恰巧站在政治光譜的兩個極端。我們針對彼此對立的觀點脣槍舌劍，不過，最終還是以沒有共識的共識爲結論。布倫特和我經常聚在一起聊天，討論雙方都覺得重要的議題，即便立場相反也不例外。我們在每一項話題上，似乎都持著相反的意見。我們談論著音樂與體育，電影與宗教。這些對話有時令人泄氣，但大多時候都能振奮人心，不過無論如何，我們的對話總是熱烈而活潑的。我無法改變他的想法，他也無法影響我，但我們都下定決心繼續嘗試下去。布倫特的個性和我有如雲泥之別，可是就是這份差異性吸引我們在一起。他和我成了好朋友。

當在校園中穿梭，我總會偶遇許多獨特的人物，我知道他們都有屬於自己的故事，而我渴望挖掘他們每一個人的歷史。尼爾和我曾有數面之緣，當在校園中擦身而過，我們總會對彼此含笑致意。終於和他正式認識，是當我從柴爾大樓前往西佛樓上義大利文的時候，當時，他從斯托頓大一宿舍出發，正準備前往教室學習俄羅斯文。那天早晨他趕上媽媽和我，自然而然地開始交談。

尼爾是個非常陽剛的傢伙，超過六呎高的身材，留著一頭棕色的短髮，臉上經常合不攏嘴地掛著燦爛笑容。他是重量拳擊隊的隊員，而拳擊和生命中的許多其他事物一樣，都是他最熱中的活動。不論談論拳擊隊或任何其他話題，尼爾的語氣都充滿活力與熱情。只要聽他說話，你就會察覺他的聰明，不過是帶著一點兒傻氣的聰明。他非常樂觀而愉快，你很難專注於他所談論的內容，因爲他說話的姿態與口吻是那麼令人著迷。

他成長於新罕布夏州的一間農莊，家中還有姊姊和幾個弟弟，顯而易見的，他的家庭是他生命中的樂趣泉源之一。進入哈佛之前，他曾就讀於新罕布夏州著名的私立學校——愛塞特學院，不過，他不具有一絲狂妄自大的驕氣，不像你認爲此類學校出身的傢伙應有的模樣。在尼爾眼中，萬事萬物都是美麗良善的，他熱愛人們，熱愛上帝，也熱愛生命。和強、布倫特一樣，尼爾也成了我的好友。他們截然不同，卻都成了我的朋友，我之所以明白哈佛正是我的最佳選擇，這就是最大的原因。

琴恩

開學到感恩節這段期間，對布魯克和其他新鮮人而言，是一段漫長而不得喘息的時光，對我而言，則像一輩子那麼長。不過，腦中的內建防衛機制發揮了功能，制止我清清楚楚地記住有限的生命。日子慢吞吞地過去了，但是當我回頭追憶，每一週的流逝似乎又迅速無比。艾德踏平了石溪到劍橋之間的道路，他只要抓到時間，就會前來探視我們。每逢週末，他總會帶著笑容爲我們補充生活必需品，從不拿任何問題煩擾我們。理德會盡可能地陪著艾德一起北上，不過今年是理德高中生活中最重要的一年，經常無法抽空離開。既要上學又要工作的凱絲頓，總是無暇前來，儘管我每天早晨都會和她通電話暢談，但是我眞希望能見到她。我想念她，想念理德，也想念艾德。我懷念住在自己家裡、見見老朋友，以及當艾德或黛比爲我分憂解勞時，好不容易得到的獨處時間。

布魯克和我時時刻刻都綁在一起，寸步不離。即使處於不同的房間，我也一定得聽得到她的聲音。我出門散步、上街購物，或甚至在宿舍走廊上逛逛從沒有不擔心自己一不小心就會被鎖在門外。我洗澡時敞開浴室的大門，睡覺時則將監聽器放在耳邊。這是一週七天、一天二十四小時的責任。這就是我的日常生活，我從未把它視爲一份「工作」；沒有人會接受這樣的工作的。愛的付出沒有工作說明書、沒有契約，也沒有談判協議書。那是發自內心、不求回報的作爲。儘管其中充滿艱辛、令我筋疲力竭，但我的作爲爲我的生命帶來喜悅。我不認爲這是一項犧牲，也不會把自己想像成長期受苦的烈士。假使抱著這樣的想法，我一定會充滿怨懟，而這種態度必定會招致不幸。

布魯克結識了許多朋友，大多數是男孩子們，他們經常前來串串門子，或只是無所事事地一起消磨時間。和朋友們相處，是她最快樂的時候了。在家鄉的時候，我的朋友都成了布魯克的朋友，情況到了哈佛恰好相反，她的朋友反而成了我的朋友。大一宿舍裡的生活，讓我沒有太多機會建立成人的友誼。這是由十七、八歲的年輕人所盤據的五層樓宿舍，其中許多人都初嚐自由的滋味。音樂聲轟天震地，孩子們也亂哄哄地鬧翻天。他們讓我感到疲倦，也讓我保持年輕。布魯克若聽到其他房間傳來的音樂聲，往往會拿曲名、樂團團名和曲風型態考考我。一開始，我的成績糟得可憐，不過隨著時間的進展，我已經愈來愈有心得。通常在第一次或第二次回答的時候，我就能說出正確答案。

宿舍生活並未爲我帶來任何社交問題，但是我想，它爲布魯克造成了一些困擾。儘管她結識了一些好朋友，但是彼此的關係僅止於友誼，這讓她感受莫大的挫折。我們的房門正對著電梯口，這個地點很自然地成了年輕人聚集的地方。參加深夜派對是布魯克無法做到的事，孩子們整夜來來去去的聲音，不斷地提醒她這項事實。校園中隨處可見如膠似漆的戀人，然而在宿舍裡，浪漫的氣氛就在她的眼前，讓人無法視而不見。

不知基於什麼原因，我和布魯克之間，從未感受一般母女之間的緊張關係。不過，當她感到哀傷，我就覺得十分難以應付。一個星期六晚上，所有人都出門狂歡了，布魯克和我卻留在宿舍裡。她坐在電腦前面輕聲哭泣，我知道自己對此實在無能爲力，事情不在我的掌控範圍之內。我們坐下來長談。

「眞不公平，我和那些男孩子們幾乎無所不談，但是不可能有更大的突破了。我陷在這個處境之中，沒有人可以眞正看穿這個軀殼。」

「那不是眞的，」我說，「你知道在你的生命中，存在著許多愛你的人。」

「我不是這個意思。我的『感情』生活沒有問題，而是……算了，沒有人瞭解的。」

「我瞭解，可是沒有人知道明天會有怎樣的變化，沒有人可以斬釘截鐵地表示，下個星期的生活會跟今天的生活一模一樣。」

「都六年了，媽。」

「你並不孤單，你並非世界上唯一一個面對愛情問題的人。這是無所不在的問題，即使不坐在輪椅上，你還是可能得經歷它。瞧瞧你的四周、讀讀統計數字、隨便翻開任何一份報紙看看個人廣告，並非每一個人都可以輕易地找到伴侶。」

「這算什麼安慰？不過話說回來，你倒說得容易，你找到了爸爸。」

「我們只是好運罷了，甜心，我對此不具任何幻想。假使我沒有從布魯克林搬到長島，或者假使我搬到了另一個城鎮，我也許永遠不會遇到你的父親，誰又知道會出現怎樣的狀況呢？」

「你知道你們是命中注定的一對。」

「這個嘛，如果你相信這種說法，那麼發生在你身上的事情也是命中注定的，你也會找到屬於你的靈魂伴侶。」

「人們是否明白他們有多麼幸運？他們是否眞的珍惜自己所擁有的以及能夠擁有的一切？」

「你呢？」我反問她，「每個人都經歷著各種痛苦，只是形式各有不同。世界上沒有一個人壟斷所有痛苦，重要的是我們面對挫折的方式。如果每個人都呆坐著，在自己所缺乏的事物上鑽牛角尖，那麼所有人的生活都會慘不可言。我無意貶低你所經歷的一切，但是當你開始鑽牛角尖，你就必須跳脫陷阱，轉而思索生命中的美好事物，而你有那麼多快樂的事情可以思索。」

布魯克和我的談話被一陣敲門聲打斷。我趕緊抹乾布魯克的眼睛，梳梳她的頭髮，然後前去應門。來訪的是住在樓上的強。

「布魯克，我今晚沒什麼事情，所以我想，如果你不忙的話，或許會想看看我拍攝的幾張夏威夷的相片。之後，我們或許可以閒聊一下，」他說。

我離開房間時，布魯克對我微微一笑，那是心領神會的笑容。就像生命中的許多次經驗一樣，某個人總會在她最需要的時候前來敲門。這不也發生在每個人的身上嗎？人們經常在最適宜的時刻走進我們的生命，我們只需要在事情發生的一刻認出他們就行了。

布魯克

大一那年，哈佛與耶魯的足球對抗賽正好輪到哈佛主辦。這是每年由兩校輪流主辦的活動，依照慣例在感恩節前的週末舉行。父親和弟弟在大賽之前的星期五抵達，不僅來參與盛會，也爲了帶我和媽媽回家過節。秋季的哈佛—耶魯週末，是哈佛一整年以來最盛大的週末。各個年齡層的校友紛紛返校觀賞充滿競爭性的活動，不僅是足球賽，還包含兩校樂團和戲劇系的較勁。下午觀賞兩支足球隊相互廝殺，傍晚則欣賞哈佛合唱團與耶魯合唱團的美聲比賽，感覺上似乎格格不入，彷彿在重量級拳擊賽中穿插歌劇表演一般。

「每年輪流進行？」我向爸爸描述週末活動時間表時，他這麼問道，「我眞想看看美聲合唱團的團員踢足球，而足球隊員唱歌比賽的情形，一定會很有趣，」他笑著說道，一邊上下挑動他的眉毛，就像他每次想要逗弄我的模樣。

週六下午，我們全都前往體育場觀賞足球大賽，儘管爸爸因爲出賽球員確實是足球隊員而略感失望，但是他和弟弟都玩得很開心。從父親對球賽的反應來看，他已隨著媽媽和我而逐漸融入哈佛生活當中。我想由於媽媽陪著我住在這裡，也由於他的經常造訪，爸爸眞的投入這樣的生活中。他曾參加校園中的音樂會、旁聽教授講課，但我認爲他最享受的，莫過於認識我的朋友。

我們在星期三淸晨離開哈佛，踏上歷時五個半鐘頭的歸程，行程是爸爸照例採用的路線：跨海灣渡輪。海灣上有好幾艘不同的渡輪提供運輸服務，爸爸以自己能記住每一艘渡輪的時刻表而深感自豪。他搭船的次數實在太頻繁了，船上的許多服務人員都和他熟得稱兄道弟。

「我想，我們今天早上可以搭乘漢洛潘角號回家，戴瑞克在那艘船上服務，」爸爸說道。擁有一些我們所不知道的知識，顯然讓他得意洋洋。「回程可以搭乘約翰H號，」他停頓了一下，「那不是很恰當嗎？你們搭著約翰H號回哈佛，」他說，臉上表情彷彿他剛摸索出魔術方塊的奧秘，「懂了嗎？約翰H，約翰·哈佛？」他仍然等著看到我們的表情，漸漸失去耐性了。

「是的，我們都懂了！」我們齊聲說道。爸爸總喜歡疲勞轟炸式地推銷某一個論點，你會覺得自己的頭都快要炸開了。

回到家之後，一開始覺得有些陌生，不過我很快就調適過來。媽媽好高興回到家，她巡視房裡的每個角落，吸收每個房間的味道，似乎打算將它們儲存在記憶裡，回到哈佛之後再慢慢回味。我們待在家裡的時間不長，不過足以讓我們享受一頓豐盛的美食、與家人重聚，並且獲知爺爺即將不久於人世的消息。

琴恩

艾德的父親在一九九六年的除夕夜溘然長逝。他似乎等著我們回家，以便全家人能在那哀傷的時刻相互扶持。布魯克和我一直很擔心事情在我們抵家之前發生，不過艾德的父親彷佛顧慮著我們的感受。他生前總是以家庭爲重，死時也是一樣。

喪禮之後，布魯克和我返回哈佛準備考試、結束第一個學期。哈佛有一個很惱人的習慣，總是將期末考安排在聖誕假期之後舉行，那相當於在學生們存放禮物的長襪中塞滿煤炭一樣。整個假期期間，布魯克都在唸書。如同高中時期，布魯克必須單獨接受考試。她必須口頭答覆簡短的問題，然後以聲控電腦回答較長的申論題題目。校方安排一位學監監考，她的名字是瓦萊麗。瓦萊麗是個溫柔、和善而富有愛心的女士，她不僅爲布魯克監考，同時也照料著我們。我們成了好朋友。

春季班的名稱似乎不太恰當，因爲它是在嚴寒的隆冬開課的。和秋季相同，這一學期一開始也舉行了「試用週」。到了大一尾聲，全體學生都必須決定自己的專攻方向，也就是哈佛所謂的主修，而傳統上，大一下學期的課程選擇，將可以幫助學生制定決策。布魯克尚未確定自己的主修，但是傾向於心理學與生物學。她還選修了歌劇賞析、一門哲學課程、第二學期的義大利文以及天體物理學。夠瞧的吧！

哲學從來不合我的脾胃，我總覺得哲學家只是試圖以沒有人可以理解的方式，不嫌麻煩地解釋一些非常普遍的常識。而儘管天體物理學的教授十分有趣，我想，我甚至無法說明這門課的內容。由於一整年下來，陪著布魯克一週上五堂義大利文，甚至連我對這個語言都能朗朗上口了呢。我覺得義大利文課很有趣，而歌劇賞析……噢，眞是一大享受。布魯克試圖分析詠嘆調之際，我聆聽而沉醉於美妙的音樂之中，我可以每一週每一天都加入這堂課旁聽，絕不會厭倦。

除了選擇專攻方向之外，大一下學期的學生也將得知自己在未來三年內，將住在哪一棟高年級生宿舍裡。哈佛有一項相當獨特的宿舍分配制度，新進的大一學生通常被分配住進哈佛園內的宿舍大樓，這是一個比較受保護的環境。大一結束之後，學生們將遷離大一宿舍，搬進十三棟高年級宿舍大樓中的一棟。在稱爲「隨機分配」的制度之下，大一學生無法自行選擇未來的宿舍，但可以加入最高達十六人的「封鎖」團體，團體中的每一個人將被分配到同一棟宿舍大樓。宿舍分配是校園中的大事，依照慣例，總是在春假之前的最後一天公佈。

高年級宿舍大樓可分爲兩種類型：河畔宿舍與方院宿舍。河畔宿舍顧名思義，坐落在查爾斯河畔，年代相當古老，大多建於二十世紀初期。河畔宿舍的外觀是整個哈佛的縮影，以紅磚砌成的殖民風格大樓內部，涵蓋著附帶壁爐的宿舍房間，以及氣氛莊嚴恍若圖書館的用餐大廳。基於這些原因，以及河畔宿舍距離教室所在的哈佛園較近的事實，這幾棟大樓通常是最搶手的宿舍。

另一方面，方院宿舍的風格與設計則較爲新穎，多半建於二十世紀中葉與末葉，和校園的距離較遠，坐落於哈佛園以北一英哩左右的地方。哈佛共有三棟方院宿舍以及十棟河畔宿舍。

春季班的課程一步上軌道之後，諾亞、布魯克的大一輔導長洛蘭・史迪瑞，以及哈佛的殘障辦公室，都希望盡快替她安排未來的宿舍。儘管哈佛已大幅整修了大一宿舍，他們仍希望布魯克隨著同年級生一起遷居，並且決定在另一棟宿舍重新進行整修。不過，找到合適的宿舍，將是一項浩大工程。河畔宿舍的年代久遠，大樓內沒有電梯，室內的空間也很狹窄。有鑑於此，幾乎每棟河畔宿舍都從她的選取名單中刪除了。就任一方面而言，布魯克都將被分配到三棟方院宿舍之一。

方院宿舍的名稱由來，是因爲這三棟大樓——普佛茲莫、卡博、柯瑞——連同席勒斯圖書館的排列方式正好形成一個四邊形，四棟建築的中央是一片巨大的草坪。比起我們原先居住的大樓，這裡是比較靜謐、祥和的地方。哈佛校園大體被繁忙的劍橋市區街道所包圍，而方院宿舍則安適地坐落於廣場北邊接近住宅區的地帶。

我們首先查看普佛茲莫宿舍和卡博宿舍。諾亞大學時期就住在普佛茲莫宿舍，所以希望我們住進這裡，可是事與願違，普佛茲莫和卡博宿舍裡的電梯都太狹窄了。如此一來，僅剩下柯瑞宿舍可供選擇。我看得出來布魯克愈來愈緊張，擔心自己可能沒有適合的地方居住。

柯瑞宿舍位於花園街，這條街道介於林奈街與薛帕街之間，是和麻州大道平行的一條主要幹道。這是三棟方院宿舍中最現代化的一棟，看起來酷似哈佛園內的康納迪「實驗專案」。它不具備傳統的哈佛面貌，卻是看來唯一可行的宿舍。我們檢查了一些房間，雖然每間都需要進行大幅整修，但我們起碼找到了可能行得通的地方。

由於布魯克已經事先知道自己未來的宿舍地點，因此無法加入朋友們的封鎖團體。若是這麼做的話，就等於替她的朋友們決定了宿舍，而分配決策就不會是「隨機」的了。這使她不安，因爲她不希望和朋友們離得太遠。她實在無計可施，柯瑞宿舍是唯一符合需求的大樓。

布魯克

抵達柯瑞宿舍展開大二生涯的第一天，我們——應該說我的父母親——遇見了卡拉。那時，我還坐在麵包車裡，爸媽正在卸下把我團團圍住的箱子。卡拉走過來提供協助。

「嗨，我能幫什麼忙嗎？」她正準備進入宿舍大樓時問道。

「不用了，我想我們忙得過來，」父親答道，「眞謝謝你了。我是艾德，這是我太太琴恩，我的女兒布魯克正要升上大二，她現在還在車子裡。事實上，琴恩也會陪著布魯克住在這裡。」

「我是卡拉，很高興認識你，」她說，「我是大四學生，住在柯瑞宿舍裡。」

卡拉是位身材高䠷的黑人女性，具有運動家般的體格。她擁有絲綢般的肌膚，以及溫暖而迷人的笑容。卡拉帶有一股高雅的氣質，渾身上下流露著自信，讓人一眼而知她對自我以及未來都有很大的把握。她顯然見到我坐在輪椅上，因此向父親詢問我的遭遇。爸爸解釋了狀況，告訴她我的脊椎神經曾受到傷害。卡拉接著表示她曾休學一年，並且在暑假期間投入神經再生的研究。她說她對脊椎神經的研究興趣濃厚，希望在我安頓之後和我長談。

我們的車子停在柯瑞宿舍靠近花園街的這一面。宿舍正門位在林奈街上，不過柯瑞宿舍的舍監曼尼表示，他們為我們安排了花園街這一面的停車位置。

我們在暑假期間收到整修藍圖的副本，並參與一部份的規劃，不過正如羅柏・伯恩斯（Robert Burns；譯註：蘇格蘭詩人）所說的：「最佳計劃……」我們實在無法確定整修的最後成果將是如何。

校方決定不僅整修房間內部，顯然也在宿舍外頭下了功夫。他們建造了一個帶有金屬護欄的木頭斜坡，通往一扇可以遙控開關的宿舍大門。曼尼和助理舍監派翠西亞在門口迎接我們。曼尼是西班牙人，黝黑的相貌和山羊鬍子反映出他的血統。他有一股幾近於童稚般的溫柔，說話的腔調不太能令人聯想起他的背景。他是媽媽和我見過最討人喜歡的人之一，而他隨和的脾氣僅遜於他的效率。我們若向曼尼提出建議，他一定立刻做到。

派翠西亞是一個矮小而熱情的女人，捲捲的短髮反映出她的性格。她比媽媽年輕一些，不過年紀足以和媽媽打成一片。她也來自紐約，這是她們倆的另一個共同點。派翠西亞在門口迎接我們，看看我們是否需要任何幫助。她親切地招呼我們，讓我們倆都覺得受到歡迎，她和媽媽成了好朋友。

曼尼給媽媽一個可以開啓宿舍大門和房間門的遙控器。我們所使用的宿舍出入口，原先僅供緊急出口使用，無法由外頭開啓。它仍舊擔任宿舍的緊急出口，不過如今，也成爲媽媽和我的入口。校方不希望其他人由此門進出，因爲這會產生一些保安上的問題。哈佛校車將在花園街的斜坡尾端接送我上下學。

儘管我們在大一那年曾參觀過柯瑞宿舍的內部，但是當時並沒有仔細打量。第一天抵達時，宿舍的寬敞舒適令我們大吃一驚。我們專屬出入口的對面是兩扇通往露臺區的門，有幾間行政辦公室便位於露臺區。室內的露臺形成一個巨大的四邊形，可以俯瞰被人們稱爲「魚缸」的舞池和大廳，這個名稱的由來，正因爲人們可以從上方露臺一覽魚缸內的活動。一進入大門之後，這將是你首先見到的地方。

右轉之後，我們順著走廊走到吉博塔，柯瑞宿舍由四座塔樓構成，每一座塔樓都根據雷克里夫學院的傑出校友命名；吉博塔便是這四座塔樓之一。柯瑞宿舍於一九七〇年九月正式落成，爲了紀念一九五六年畢業的奧黛莉・布魯斯・柯瑞而命名，這位校友和她的先生在一九六七年的一場飛機失事中辭世。我們的房間——或許應該說未來三年內的家——是吉博塔一〇一號房。和住在柴爾宿舍時相同，我們的房間也在電梯口旁。這樣的位置的確很方便，但我們已明白住在電梯附近的困擾。

媽媽按下曼尼給她的遙控器按鈕，超大型的房門向兩旁敞開，發出嘈雜的噪音。一進門是一間臥房，這將是我的房間。它比柴爾宿舍的臥房寬敞許多，殘障浴室在臥房的右邊。左邊可通往媽媽的臥房，這個房間比我的臥房小一點，不過有一間獨立的浴室。兩個房間都有可以眺望花園街的窗戶，我們可以聽到、看到街上的交通和過往行人。窗景帶給我們的慰藉，遠超過噪音可能帶來的煩惱。媽媽臥室的隔壁，是我們的廚房兼飯廳，廚房裡冰箱、烤箱、爐灶、洗碗槽和櫥櫃一應俱全。廚房右邊尾端銜接一條通往客廳的甬道，甬道右邊有一扇窗戶，左邊則是另一個洗手間。客廳的窗戶也可以看見花園街上的景物。這間套房遠超過我們的期望。

「我好喜歡這裡，」我對媽媽說道，「你覺得呢？」

「我光清理這些浴室就得花上一整天的功夫了，」她說。她看看四周，顯然因爲房間的寬敞而略感不安。

琴恩

我經常聽到這種說法：「過程本身就是回報。」就像寧靜祈禱文一樣，我也必須時常以這項訊息提醒自己，不僅爲了幫自己打氣，也爲了鼓勵布魯克勇敢地生活。

一九九七年夏天，介於布魯克大一與大二之間的暑假裡，我突然覺得生命中有一股急迫感。腦中揮不去時間匆匆流逝、每個人都逐漸老去的念頭。凱絲頓即將升上大四，理德也進入高中最後一年，在我心中，艾德和我也迅速地往老年階段邁進。我知道年歲愈長，日子似乎也過得愈來愈快，而我永遠無法挽回流失的歲月。

理德與凱絲頓即將進入重大的一年，兩個人都將結束學業生涯中的一個階段。理德將從高中畢業，開始尋找理想的大學，而凱絲頓則將從大學畢業，開始尋找就業機會。我知道他們將塡寫各式各樣的表格、接受許多面試、計劃畢業舞會。我希望參與每一項活動，多花些時間陪陪他們與艾德，同時能照料布魯克的需求。

在考慮學校名單時，理德決定北上波士頓就學。他說當他前來哈佛探望我們的時候，就深深愛上這裡的環境，而他也希望距離我們近一點，以便時時前來看望我們、陪伴布魯克。他決定申請哈佛、塔夫茲與波士頓大學。我們都知道哈佛將是理德的一大挑戰，他的學力測驗成績優異，但是在學平均成績卻不如布魯克那麼突出。想到他可能北上陪在我們身旁，就令布魯克和我興奮異常。儘管我們都希望他進入哈佛，不過其他兩間學校也都不錯。坐在哈佛園裡扔石頭，很可能丟進那兩間學校的校園裡呢！

凱絲頓希望從事醫療事業，她在學校主修健康教育、心理諮詢與營養學。她的興趣主要在於整體醫學，平時在健康食品店裡打工，不過也曾任職於脊椎治療診所、學校的醫務中心，以及當地的心臟病醫療中心。她打算畢業之後繼續工作，並且尋找中等學校健教老師的職務。

艾德仍然服務於社會福利局，年資如今已超過二十三年了。這是他一踏出校門的第一份工作，原先只是他找到其他工作之前的棲身之所。他在七〇年代取得企管碩士學位，不過他是個道道地地的六〇年代之子，需要從事與社會緊緊相關的工作。他熱愛接觸人群，樂於幫助人們解決困難，只不過在官僚體制內工作令他備受挫折。他經常無法盡他的能力協助人們，這令他十分洩氣。還好，對艾德和我們其他人而言，他的事業並非生命中最重要的層面。

「這只是一個維生之計，不是生活的全部，」當談到他的事業時，他總會這麼說。若是剛認識的人詢問他的工作，他會回答：「我是一個父親、一個丈夫，而我在社會福利局的工作則幫助我善盡這兩項職責。」

學期開始之前的暑假期間，我發覺自己試圖利用待在家裡的時候盡量填補生活。我覺得自己有必要充分運用這段時間，我想要見每一個人、做每一件事，確保家人團聚的每一天都是「高品質」時間。我試著填滿自己，想像自己若在九月離家之前裝滿一整缸的回憶，就可以在離家之後慢慢品嚐，賦予我生活的勇氣。我也覺得就某方面而言，這種做法可以稍微彌補自己沒有待在家裡的愧疚感。不過我錯了，我把自己逼得太緊，我試著做太多事情，最後才明瞭自己只不過在強迫加速日子的進行。我沒有學到我試著教導布魯克的一課：享受每一天每一刻的生活，領悟出快樂只能發自內在。我必須往後退一步、放鬆心情，細細體會當下的每一刻。我們在生命中究竟做了什麼其實無關緊要，過程本身就是最大的回報。

布魯克

儘管安娜貝格館十分雄偉出色，但當天氣惡劣或者媽媽和我其中一人感到不舒服的時候，從宿舍到安娜貝格的路上就會困難重重。進出安娜貝格館的難度，只會進一步削減我的社交能力。幸好高年級生所使用的餐廳，都坐落在各自的宿舍大樓內部。這讓媽媽和我感到輕鬆多了。哈佛聯絡感情的時間和家鄉一樣，都是在用餐之際。這是我們在家中的做法，我想大部分的家庭都是一樣。一餐飯不僅提供養分，也是彼此交換近況、說說笑話，或只是天南地北閒聊的機會。廚房是家中大小事情發生的地點，而我也很快地發現，餐廳是柯瑞宿舍裡的「指揮中心」。

房間安頓好了、爸爸也啓程返回紐約之後，我們便下樓到餐廳熟悉環境。餐廳就在房間的一層樓以下，位於魚缸的正右手邊。安娜貝格的雄偉莊嚴被柯瑞餐廳的溫暖舒適所取代，如果把柯瑞餐廳丟置在安娜貝格的中央，很可能從此消失無蹤。用餐區域的正中央是一座十呎見方的方形花園，花園上方有一個相同尺寸的天窗。木頭桌子以花園爲中心呈輻射狀向外排開，此外，還有幾排桌子沿著餐廳四周排列。這些桌子不只是吃飯的地方，早晨時間，你不難見到人們穿著睡衣、晨褸坐在桌邊，到了晚上，桌旁也不乏挑燈夜讀的人。這裡總有一些學生坐著閒聊、玩玩遊戲或只是休息。

房舍生活最宜人的層面之一，就是除了和其他學生共同生活之外，還可以與小朋友和大人們互動。它就像個大家庭一樣。高年級生活迥異於大一生活，學生們不再受到學監的保護，而是由同住在宿舍裡的輔導員管理，他們並幫助解決學生們的難題。輔導員通常由各個科系的研究生擔任，負責提供建言、協助規劃研讀課程、聆聽並解決學生的疑慮。他們舉辦派對、計劃假期活動，與學生們建立良好的友誼。

輔導員通常受到宿舍資深輔導員的監督。資深輔導員與家人一同住在宿舍裡，而他們的家庭通常包含各個年齡層的孩子。資深輔導員最終受到舍監的監督，舍監多半由教授擔任，通常也和家人一同住在宿舍裡。舍監管理宿舍內的大小事情，必須負起宿舍內部的整體責任。

走進餐廳之後，我們和黛安與韓妮初次會面。黛安當時站在沙拉吧旁，正在檢查蕃茄盤裡是否存放足夠的蕃茄。她大約五十來歲，金髮，戴著眼鏡，身穿哈佛的餐廳員工制服。她一見到媽媽和我走進餐廳，立刻綻放出燦爛的笑容，走過來迎接我們。

「哈囉，」她帶著濃厚的波士頓口音說道，「我是黛安，那是韓妮，」她揮揮手叫她的朋友過來打聲招呼，「我們在這個餐廳工作，相信以後會常常見面的。我猜你們是新來的吧？」

媽媽和我自我介紹，我發覺黛安和媽媽之間幾乎立刻產生了一股凝聚力。她們倆不知道基於什麼原因一見如故，或許是因爲共同的血統，她們都是義大利裔的美國人；或許是因爲共同的經歷，她們倆都得照料一個殘障的孩子；或許只是兩個人都願意敞開心扉，希望成爲對方的朋友。

「有沒有人跟你們講解這裡的規則？」黛安問道。

我們表示只曾很快地逛過一圈，並不清楚所有細節。她接著告訴我們餐廳的運作方式、進入餐廳之後的動作，然後向我們介紹餐廳的其他員工。

「這是克里斯，我們的主廚，」她指著一位身穿白色制服、圍裙及廚師帽、三十歲出頭的男子。

克里斯的健美身材顯而易見，廚師制服實在太小了，無法容納克里斯厚實的體格。他大約五呎十吋高，擁有紅潤的膚色和寬闊的肩膀，即使兩個成人坐在他的肩上，他或許還可以判若無事。

「想吃什麼特別的，只管告訴我，」克里斯對我說道，「你也一樣，艾利森太太。只要說一聲，我會立刻爲你們辦到，」他說。

黛安、韓妮和克里斯的保護心很重，他們呵護著媽媽和我，正如他們照管每一個走進餐廳裡的學生一樣。他們確保每個人都吃得好、吃得心滿意足。

琴恩

布魯克和我決定到哈佛廣場採購書籍，順便到哈佛園逛逛。自從大一結束之後，我們還未曾回到這兩處地方。今年開始，我們的行動將比以往更加困難。柴爾宿舍本身就坐落在哈佛園裡，幾乎光靠步行就可以抵達所有地方。差不多每一棟教室大樓都位在哈佛園裡或附近，而哈佛廣場更是近在強斯頓門之外。

相反的，柯瑞宿舍位在哈佛廣場北邊一英哩處，儘管願意的話，我們仍然可以步行到廣場，但是一路上的街道和人行道並不十分適合輪椅通行。我們必須經常使用哈佛的校車服務，我們得打電話通知他們接送時間、行程目的地以及回程時間。這就像打電話叫計程車，只不過來接我們的不是計程車，而是設有輪椅升降機的麵包車。校方拿掉校車上的座椅，進行了必要的改裝；我們第一次參觀學校時，這些多餘座椅曾造成布魯克上下車的困難。

麵包車在花園街入口處停下，我們順著斜坡走下來時，一位年紀稍長的先生走出車外準備升降機。他的體型瘦小、頭髮灰白，年紀大約六十出頭。他當布魯克的爺爺實在還太年輕，不過他對待布魯克的方式，就彷彿一位慈愛的老祖父。

「你一定是布魯克，眞高興認識你，甜心，」他帶著濃濃的波士頓口音說著，並著手幫助她登上升降機。「我的名字是鮑柏，今天將爲你效勞，」他說話的態度，彷彿自己將載著英國女王踏出白金漢宮進行短程旅遊。

各自自我介紹之後，他就開始和布魯克聊起每一個想像得到的話題。一開始，他們不能免俗地以天氣以及對冬天的預測打開話匣子，不過，接下來的話題便包羅萬象、無所不談。他們討論體育活動，布魯克是大都會隊的球迷，而鮑柏理所當然地心屬波士頓紅襪隊。他們還討論了政治、時事，甚至食物。

「你知道附近什麼地方可以吃到上乘的中國菜嗎？」布魯克問他。

他不僅介紹了中國餐廳，甚至還告訴我們哪裡可以找到差強人意的貝果。他和布魯克立刻就成了好朋友。

鮑柏讓我們在廣場內下車，下車地點就在合作社旁，我們約定好傍晚的回程接送時間。合作社是哈佛書店的簡稱，不過它不只賣書，幾乎任何雜貨都賣一點。由於布魯克和我無法外出購物，對我們而言，這間合作社是去年聖誕節期間的天賜之物，我想，布魯克和我大概包辦了他們的哈佛運動衫存貨。

布魯克這一學期的課程內容一定十分有趣，她終於在上個學年結束之前決定主修認知神經科學。這是一門結合心理學與生物學的學科，正是她所追尋的攻讀方向。這門學科為心理學提供了更多科學觀點，因為它不僅研究行為學，更鑽研神經學——由於布魯克的脊椎神經受到傷害，所以神經學一直是她深感興趣的領域。需要採購書籍的課程，包括了機體與演化生物學、統計學、幼兒發展理論，以及認知神經科學的實習課。光買書的成本就超過美金五百塊大洋，書本數量之多，幾乎讓我無力提到店門之外。

哈佛廣場上有商店、咖啡館和街頭表演者，看起來酷似小型的格林威治村。布魯克和我決定在廣場上逗留一會兒，順便逛逛其他幾間商店。我們顯然將去年的挫敗感忘得一乾二淨；廣場上的商店，幾乎沒有一家可供輪椅進出。布魯克可以勉強踏入少數幾間商店的大門，但是進入店內之後，就完全沒辦法在商品架之間來回。

「他們大可以貼上『輪椅不得進入』或『僅服務四肢健全顧客』的標誌，」我對布魯克說道。每經過一間我們無法進入的商店，我就愈來愈感到火冒三丈。

「冷靜一點，媽，」布魯克發覺我就要失控了。

「我們去哈佛園走走吧！」她說。

我們穿過廣場，我心中的怒火翻騰不已。我們越過強斯頓大門，走進了哈佛園。

「去看看柴爾宿舍，」從布魯克的聲調中聽得出來，她顯然想要試著平息我的怒氣。

「好吧，」我說，不過心中仍然十分氣憤。

我們穿越哈佛園，從約翰．哈佛的雕像旁經過。

「我聽說這其實不是約翰．哈佛，」布魯克說道。

「喔，那麼是誰？」我問她。

「某個叫做耶魯的傢伙，」她試著逗我發笑，拋開心裡耿耿於懷的念頭。

我們越過大禮堂轉角，紀念教堂前一座蜿蜒通往教堂門口、寬敞而美麗的木頭斜坡乍然出現在我們面前。我和布魯克對望一眼，兩人泫然淚下。事情發生的時機、地點都再恰當不過了。當我們沿著斜坡往上行進，我們見到高美斯牧師揮舞著枴杖，從哈佛園裡向我們走來。

「希望星期天能在教堂裡看到你們這兩張美麗的臉龐，」他說，一邊脫下帽子、帶著滿足的笑容從我們身旁走過。

「一定會的，」布魯克說道。我們一步步走上斜坡，進入教堂。坐在教堂內時，我發現我的怒氣已消失無蹤。

「這可不是巧合，布魯克，」我說。

「我知道，媽，這只是生命慣用的方式，」她說，「你現在覺得怎樣？」

「好多了，甜心，好得太多了。」

布魯克

「哈囉，伊美黛，」韓妮在媽媽和我走進餐廳時向我打招呼。自從她得知我有幾雙鞋之後，就開始稱呼我伊美黛。

「我瞧瞧你今天穿哪一雙鞋，」她拉起我的褲管窺探。

「有一天一定要讓你大吃一驚，韓妮，我可能不穿鞋子出門，」我告訴她。

「甜心，如果你這麼做的話，我就說你穿著透明鞋，」她一邊說著，一邊走到媽媽和我常坐的桌旁，清理桌上的鹽罐和胡椒罐。

媽媽走過去和黛安交談，兩人的神情嚴肅。我則前去餐台旁邊看看晚上有什麼好吃的，卡拉和她的室友珍以及好友薔妮夏已經在排隊了。珍和薔妮夏都是大三學生，雖然卡拉已經大四了，可是還是跟珍同寢一室。這一學期裡，卡拉和我逐漸熟稔，由於她幾乎認得宿舍裡的每一個人，所以我得到機會結識許多新的朋友。

媽媽和我通常坐在一進門的左邊第一桌，黛安和韓妮就在旁邊的桌子檢查學生證，此外，這裡也是向每一位前來吃晚餐的人們打招呼的好地點。我移動輪椅走到桌旁，在慣常的位置上安頓下來。媽媽以托盤端著兩份晚餐，一如往常地坐在我的右邊。

「黛安怎麼了？」我說，「一切都還好嗎？」

「我跟她說我們昨天遭遇的事情，她說她兒子也面臨同樣的問題，我們只是在互相安慰而已。」

她取下我口中的輪椅控制器，用紙巾包起來，然後塞在我的肩後。正當她巧妙地安排餐盤位置，以方便兩個人同時進食時，葛拉翰夫婦和他們的兒子包爾走過來打招呼。

「今天的晚餐還不錯吧？」比爾・葛拉翰問道，期望聽到正面的答覆。

「還沒開動呢，」媽媽說，「不過聞起來實在很香。」

芭芭拉和比爾・葛拉翰夫婦是這棟宿舍的聯合舍監，兩人年約三十出頭。他們的兒子包爾，是一個十一歲的小大人。芭芭拉是學校圖書館系統的副主任，比爾則是宗教學與伊斯蘭研究教授。我想他們兩人的學位加起來，大概高過溫度計上的數字。這或許是老掉牙的說法，但至少就他們的狀況而言，我認爲這句話並不誇張。他們兩人都是瘦瘦小小的身材、淺褐色頭髮，最不尋常的是，若非比爾・葛拉翰明顯的南方腔調，人們很可能將他們誤認爲兄妹。他們的措詞、儀表在在透露出學者氣質，不過絲毫不帶驕傲自負或矯飾做作的味道。他們善良、有禮、樂於助人，總是試著讓媽媽和我感到舒適自在。

「好好享用你的晚餐，不好意思耽擱你這麼久，」芭芭拉在媽媽將紙巾塞在我的下巴底下時說道。

卡拉、珍和薔妮夏結束和隊伍中其他朋友的談話，走過來將餐盤放下。珍的個頭不高，頭髮是褐色的，肌膚白皙潔淨。她對自己充滿自信，看起來總像是剛洗過澡一樣。她是女子曲棍球隊的一員，清爽而健康的外表非常醒目。

薔妮夏的母親是猶太人，父親則是黑人，她那烏黑亮麗的波浪長髮底下，藏著奶油般的肌膚，你可以看出她的美是獨樹一幟的。薔妮夏的個性文靜卻不羞怯，說話時總是輕聲細語，彷彿房間裡有其他人正在睡覺。

「你想先吃什麼，布魯克？」媽媽急著在飯菜冷掉之前開動。

「雞肉，」我說，「然後輪著吃盤子裡的每一道菜，所有東西看起來都好好吃喔！」

和往常一樣，餐桌上若只有女孩子的話，話題總是圍繞著男孩子們打轉。我覺得大夥兒可以毫不扭捏地和媽媽分享這個話題，是一件很棒的事。我的朋友已成了她的朋友，而她現在是團體中的一份子了。我們的對話是那種很尋常的玩笑話：大夥兒認爲哪一個人很可愛、哪一個人還沒死會等等一類的話題。之前走過來和我們同桌的大衛是個公開的同性戀者，所以大家都不覺得有必要更換話題。媽媽爲了爸爸的緣故，經常只是被動地參與，有時點點頭表示贊成，有時則做鬼臉或聳聳肩膀，很少在這類話題中高談闊論。不過有些時候，她就是不吐不快。

「嗄，那才眞是個美男子，」媽媽瞄著餐廳入口，語氣熱切而毫不保留。

大夥兒慢慢轉身看看媽媽指的是誰，盡量試著不露痕跡。

「你說的是麥可啊？」卡拉的言下之意，暗示媽媽所說的不過是有目共睹的事實。媽媽點點頭，爲自己脫口而出的評論略感尷尬。

「每個人都認爲他帥極了，」卡拉說道，「不會有人跟你爭論這一點的。」

麥可和亞伯拉罕剛走進餐廳，這兩位大四學生是卡拉的朋友，因此也順理成章地成了我的朋友。

麥可身高六呎六吋，是西洋劍校隊的隊長。他來自斯洛伐克，擁有希臘神祇阿多尼斯般的體格。他輪廓分明的臉龐和湛藍深邃的眼眸，在淺褐色捲髮的襯托之下顯得完美無缺，宿舍裡大部分女孩子都對他心儀不已。不過信不信由你，我覺得他最吸引人的倒不是他的外表，而是他的個性。他關心別人、富有同情心，而且總是彬彬有禮，而這就是我深深喜愛麥可的原因。

麥可和亞伯拉罕是室友，不過卻有著天南地北的差異。亞伯拉罕有點兒矮，擁有黑色頭髮和黝黑的肌膚。他出生於古巴，幼年時期和家人一起移居邁阿密。亞伯拉罕總是拖著腳步、大搖大擺地來回於餐廳和交誼廳之間，他是我所見過最聰明、幽默的人。他有時會到我的房間和我玩拼字遊戲或益智問答，我們有時則看看電影或忘情地閒聊。他還教我下棋，不過我不是他或麥可的對手；他們兩人對弈時，彷彿棋王對棋王一般精采。我熱愛與麥可和亞伯拉罕相處的時間，不論單獨一人或結伴同來，他們都是最完美的伴侶。這兩位各自帶著些微獨特腔調的男孩子，總是找得到方法逗我開心。

「嘿，你們這張餐桌有辦法再擠得下兩個人嗎？」亞伯拉罕不等別人回答就逕自擠了進來。

「沒問題，坐下吧，」卡拉說道。每個人都屏住呼吸，直到麥可決定坐在誰的身邊爲止。

琴恩

布魯克大二下學期的生活，比起上學期改善了不知凡幾。她選修兩門生物學、一門心理學，以及一堂關於達爾文學說的課程。課業仍然繁重，尤其是生物學的實驗課，不過，再怎麼樣也比不過上學期的負荷量，而且到目前爲止，也沒有出現什麼突如其來的問題。

由於課程安排的緣故，上學期的某些日子裡，布魯克必須從早上八點十五分上課到晚上九點鐘。長時間坐在輪椅上頭，可能對她的皮膚健康產生不良影響。她每天都有好幾百頁的課文要唸，每星期都有好幾篇報告要交。她的功課過重、壓力過大，整個人被榨乾了。我愈來愈替她擔心。

「布魯克，你不必逞強，學業如果超過負荷的話，說一聲就好。只要你願意，我們可以休息一陣。」

「我還好，媽，」她告訴我，「我可以辦到的，我知道我可以辦到的。」

除了長時間上課與苦讀的要求之外，布魯克在夜裡呼吸不順的情況，更加深問題的複雜性。一般而言，我夜裡得起身三到四次調整布魯克的睡姿，或照料其他生理上的需求，不過由於她在呼吸上的問題，我光爲了保持呼吸導管的暢通，幾乎已達到徹夜不眠的程度，我們兩人都睡得不多。

在課堂中打瞌睡，對我來說是屢見不鮮的狀況，我已學會隨時隨地抓到機會補充睡眠。

不過隨著學期的進展，我發現布魯克也開始在上課時間打瞌睡了。這是她從來沒有過的現象。我以爲這是上課時間太長以及缺乏睡眠所致，不過仍決定讓她進行身體檢查以防萬一。血液報告的結果顯示，布魯克罹患了相當嚴重的單核白血球增多症（mononucleosis）。

醫生表示她必須獲得充分休息，但我知道這對她而言是多麼困難。哈佛的功課量是十分吃重的，而布魯克總得比別人花更多時間。我不確定她是否應該暫時休學回家，還是該試著留下來調整休息時間。若是離開，我知道她會感到多麼沮喪，但是留下來又似乎是一種不負責任的做法。

「布魯克，你的健康是第一要務，學業總是可以慢慢趕上的。」

「不會有事的，我已經覺得好多了。我會早一點上床，在床上聆聽課文錄音帶，如果有必要的話，我會在週末寫報告。我可以在這裡休息，和在家裡沒什麼兩樣。」

「你在家裡不需要工作，情況和在學校裡不同。」

「那麼我要做些什麼？整天坐在床上看電視？不論你做些什麼，時間流逝的速度都是一樣快的，所以還不如做些有意義的事情。媽，我不知道自己還有多少時間，沒有人知道。我想要留下來，不會有事的。」

我們決定留下來，也安然撐過上學期了。如果重新來過，我會做出同樣的決定嗎？或許吧；布魯克會做出同樣的決定嗎？毫無疑問。此刻，大二下學期已經過了一半，布魯克覺得好極了。她的身體情況良好，在課程中得到極大的趣味，並且享受與朋友們的相處。

布魯克

「布魯克，有人敲門，」媽媽從廚房裡對我大聲喊著，我正坐在電腦前面工作，「你在等誰嗎？」

「就我所知，沒有啊，」我說。

媽媽打開門，卡拉站在門外，神色慌張。她爲了完成論文而承受著相當大的壓力，然而偏偏諸事不順。

「我的電腦神經兮兮的，房間裡又都是螞蟻。」

「螞蟻？」媽媽說道，「我沒看見什麼螞蟻啊。」

「它們從我的窗戶爬進來，只有我的房間鬧螞蟻而已。當然囉，除了我之外沒有人這麼倒楣。我需要離開那個房間，逃到一個神智正常的地方，」她說。

「你說這裡神智正常？」我說，「跟什麼地方比較？瘋人院？」

「不是，是螞蟻窩，」她說。

卡拉逗留了一陣子，直到平靜下來爲止。我們邀請她留下來過夜，以避開房間裡的螞蟻災害。一開始，她爲了不願意打擾我們而略顯躊躇，不過隨後想了一想，還是決定接受我們的邀請。她回到房間拿睡衣和換洗衣物，然後我們圍坐在一起聊了兩個鐘頭。卡拉熱愛擺龍門陣，我則喜歡聽她說話。我在輪椅上已坐了好幾個鐘頭，我若長時間維持同一個坐姿，肌肉有時候會出現痙攣現象。我的雙腿會開始無法控制地抖動，直到我能移動位置，或是有人爲我按摩舒緩肌肉爲止。

「跑，阿甘，快跑！」卡拉看著我的雙腿高聲喊叫，模仿著電影《阿甘正傳》中的那個小女孩。

她以前曾目睹我的痙攣現象，我想，她一直等著適當機會說這一句話。我們都笑了起來，我很高興卡拉可以自自然然地對我說出這樣的話，不必擔心我會心存芥蒂。自從發生意外之後，她是第一個眞正令我感到親近的女孩子。

「你需要扶布魯克上床了嗎？」卡拉察覺我或許累了，因此向媽媽這麼問道。

「事實上，她的確應該就寢了，」媽媽說道。

「需要幫忙嗎，琴恩？」卡拉問。

「誰是金恩？」媽媽說道，試著以她那獨特的傻氣搞笑。

卡拉瞅她一眼，表明她的笑話無疑糟透了。

「很晚了，」我說，「你還能期望聽到什麼好笑的笑話呢？」

媽媽和我料理了幾項個人需求之後，卡拉走進房間幫忙扶我上床。她很好奇媽媽是如何辦到的，也急於提供一臂之力。我安頓好以後，媽媽回到她的房間，卡拉則抓了一張椅子坐在我的床畔，我們又聊了一會兒。

「你曾經和你媽媽吵架嗎？」卡拉問我。

「那得視『吵架』的定義而論，」我說，「我們只是凡人，也承受著和其他人相同的壓力與緊張關係，不過由於我們總是形影不離，情況或許比其他人還要嚴重吧！我的哀傷令她痛苦，而當我知道她想念著爸爸和家人的時候，也會感到很歉疚。不過要說吵架，應該沒有過吧！」

「拜託，我覺得這有一點難以相信。你們兩個一天二十四小時秤不離砣，居然不會吵架？」她說。

「就很多方面而言，媽媽和我的個性迥異，而這些差異很可能導致摩擦。她很熱情，我很冷靜；她喜歡開窗，我則寧可緊閉門窗；她是個早起的鳥兒，我則是個夜貓子；我們都會出現經前症候群，而且在壓力之下，更是無法忍受對方，此外，我們也有許多不同的意見——假使這就是你所謂的『吵架』，」我說。

「你說話的語氣就像個道地的哈佛學生，」卡拉說道，「那只是表示你們也曾吵架的婉轉說法。」

「不，不是這樣的，如果我們經常爭執的話，就無法過現在這樣的生活，其中一人一定老早就打包回家了。卡拉，我對你沒什麼好隱瞞的，你是我的朋友，我會告訴你每一件事情。我們就像尋常的母女，沒什麼特別的……或許只除了一件事。」

「什麼事？」卡拉問道。

「聽起來或許有些瘋狂，不過，我一直存著這個念頭，總覺得自己沒有資格擁有和媽媽大吵一架的奢侈樂趣。」

「的確有點瘋狂，我不懂你的意思，」卡拉說道。

「好吧，讓我這麼解釋：女孩子們大多在什麼時候和他們的媽媽吵架？在他們的成長階段。而他們通常吵些什麼？為了何時可以開始化妝，或著可以化多濃的妝而吵；為了男朋友、約會，以及未在規定時間以前返家而吵；為了他們的第一份工作、駕駛執照以及借車問題而吵；為了爭取我從來無法享受的許可權而吵。大多數女孩子不瞭解這一點，但這些爭執的確是一項奢侈品。」

「就這樣嗎？」卡拉問道。

「不，不只這樣。儘管我樂於擁有享受這種奢侈品的權利，但是有些時候，人們非得遇上媽媽和我所遭遇的處境，才能領悟出這些奢侈品其實多麼瑣碎、多麼沒有意義，根本不值得為此吵吵鬧鬧。意外之後，媽媽和我幾乎失去彼此，我們知道隨時隨地都可能發生任何狀況。她為我的存活而心存感激，我也明白有她在我的生命中是多麼幸運的一件事。我們也可能拌嘴，也可能對彼此失去耐性，甚至為了各式各樣的理由發脾氣，但是我們試著不為無足掛齒的小事浪費時間。遺憾的是，我所發生的事情讓我們看得更清楚，但其實大可不必這樣。我想要說的是，沒有人應該藉由遭遇可怕的意外，而學會什麼是眞正重要的價值。我們全都應該試著從生命中的大小事件悟出一些道理，這就是我認為所有人都需要瞭解的一點。」

「就這樣嗎？」卡拉又問。

「差不多就這樣了，」我說，「只除了我們倆都累得沒力氣吵架的事實之外，誰有那樣的精力？」

「你一定累了，」卡拉說，「我知道我累了，我也需要休息了。孤枕而眠的感覺一定很奇怪。」

「你說什麼？」我期望聽到一些原本一無所悉的八卦消息。

「今晚不必和螞蟻們依偎著睡了，」她說，然後帶著「逮到你了」的笑容走出我的房間。

琴恩

布魯克和我在花園街入口處等待艾德抵達。從新倫敦渡口到哈佛廣場，大約需要兩個鐘頭的車程，我們總是可以根據艾德所搭乘的渡輪班次，推算出他抵達柯瑞宿舍的時間。今天也不例外，艾德幾乎分秒不差地出現在我們眼前。

當我等著艾德出現的時候，總是像個女學生一樣。儘管都四十六歲了，感覺還是像個二八少女。那是我和艾德初識的年紀，難以相信三十年過去了，我仍然懷抱著相同的情懷。或許是因爲我們兩地分離，唯有週末才能見上一面所導致的吧！我只知道當我見到麵包車慢慢停靠下來，我的心會開始砰砰亂跳，手心開始冒出汗珠，然後我會忘情地蹦蹦跳跳。不過，什麼事情都逃不過宿舍女生們的眼睛。

「週末有訪客啊，艾太太？」某個女孩子發現我的髮色比前一天深了一點之後，總會咯咯地笑著問我。

「喬治要來啊？」卡拉注意到我剛擦了指甲油，然後眨著眼睛、噘著嘴巴問道。

卡拉開始稱呼艾德「喬治」，因為校車服務的主管卡爾忘了艾德的名字，錯以喬治稱呼他。卡拉覺得這件事情有趣極了，從那時開始，就決定改叫他喬治。這可能是卡爾在不經意中得到的正義，也可能是為了報復艾德在初見面時把他的名字唸成「卡阿」的小把戲。

甚至連黛安和韓妮都會嘲弄我。

當我穿著洋裝而不是平常的運動服裝走進餐廳時，他們的標準評論包括：「今晚有重要約會啊？」或是「我感覺愛情在空氣中蕩漾」。

儘管女孩子們從嘲弄中得到很大的樂趣，但是他們全都知道分離對艾德和我而言，是多麼艱難的一件事。甚至連廚子克里斯都瞭解我們的處境，因而為艾德和我準備了一頓特別的晚餐。克里斯在妻子與其他女士的協助之下，為我們安排了一次浪漫的雙人大餐。他們在餐廳裡一個幽僻的角落，準備了一張鋪上亞麻桌布、放著鮮花和一瓶酒的餐桌。克里斯精心烹調了我們最喜愛的義大利美食，從開胃菜到麵包到酥皮甜點，每樣菜都可口極了。儘管布魯克就在我們的視線範圍之內，但是艾德和我仍享受了一些寧靜的時刻。我們得到時間握著彼此的手、懷想舊日時光，並且在生命的困境之中，體認出我們的幸運。

布魯克

每年春季，哈佛的每棟宿舍都會自行舉辦正式的春季舞會。這就像高中時期的畢業舞會，只不過宿舍裡的全體學生都能參加，不限於大四畢業生。每個人穿上正式禮服，到波士頓的某家飯店或宴會大廳參加慶典般的喜慶活動。春季舞會是學生們引頸期盼的一項盛事，通常也象徵了一整個學年的結束。大二那年，柯瑞宿舍爲了取得春季舞會的舉辦地點，學期一開始就著手進行籌備工作了。活動最後決定假借海灣塔廳舉行，那是位於普天壽中心頂樓的舞會大廳，就在波士頓的心臟地區。我聽說海灣塔廳類似紐約世貿中心頂樓的「世界之窗」，因爲它四面都是巨大的玻璃窗戶，可以讓你遼望整個波士頓市。

大二那年到了尾聲，我仍舊和強、尼爾以及布倫特走得很近，不過自從住進柯瑞宿舍，我也和亞伯拉罕以及麥可愈來愈親近。我時常見到他們倆；我們經常一塊兒吃飯、看電影、談天說地。雖說我們的關係是柏拉圖式的，卻對我意義重大。

到了四月，每個人都在談論春季舞會、爲它制定各項計劃。卡拉和我也時常在用餐時間討論這項活動，她一直想要知道我是否打算參加。我總告訴她，我大概不會參加。我覺得沒有人會邀請我擔任舞伴，而我實在不願意隻身赴會。儘管我十分嚮往這項活動，也受到其他人的鼓勵，但我仍然認爲自己不會參加舞會。

五月一號是正式上課的最後一天，舞會就在一星期之後。晚上九點鐘左右，布倫特正在我們的宿舍房間裡作客，門上傳來一陣敲門聲。那是麥可，他剛剛打完籃球返回宿舍。當時，布倫特坐在客廳裡，媽媽則在廚房，麥可要求和我私下談話。我們進入我的房間，他坐在我的床上，開始說話。

「那麼，布魯克，你對下星期的舞會有什麼想法？」他這麼問我。

「你是什麼意思？」我不明白他的意圖何在。我從不覺得麥可會對舞會產生興趣，不過他的身邊總有一些女孩子們繞著打轉，我想，他或許逐漸傾向於前往赴會。

「我是說，你要去嗎？」

「不知道耶，應該不會吧，」我說。

「那麼，你陪我一起去、擔任我的舞伴如何？」麥可問道。

我不敢相信耳中所聽到的話，假使他不是我的好朋友，我會認爲這是一個玩笑。

「你是認眞的嗎？」我問，心中有一點點懷疑、一點點尷尬。

「當然是認眞的，你怎麼說？」

一開始，我約略感到慌亂不安，不知道該說些什麼。麥可和我幾乎無所不談，面對他而說不出話來，這還是頭一遭。

「我很感動，麥可，你眞是太好了，可是我不能這麼做，」我說。

「什麼！」麥可似乎略感訝異，「爲什麼？」

「很多原因。你可以挑選任何一個女孩子做你的舞伴，爲什麼要我陪你一起去呢？況且，這將是你最後一次參加春季舞會的機會，你應該和你眞心期望一同赴會的人參加，我認爲和我在一起，你不會玩得盡興的，」我說。

「你胡說些什麼？」麥可說，「如果我不是眞心想要和你一起參加，我就不會邀請你了。事實上，假使你不陪我一起，我就不去了。」

「我不知道，麥可，我……」

「我眞不敢相信！」麥可打斷我的話，「我不接受拒絕，就這麼定了，我們一起參加舞會。你的職責是挑選參加舞會之前的用餐地點，討論結束。」

麥可離開之後，我開始回想剛剛發生的事情。我受邀與我所見過相貌最英俊的男孩子一同參加舞會，但是事情不太對勁；問題不在於他，而出在我的身上。我愈琢磨，愈能理解這件事情的重要性。我對整件事情的重心，放在錯誤的地方了。麥可的長相其實無關緊要，重要的是他的言行舉止，重要的是他基於我的內在而接受了我的事實；這是我自意外發生以來一直希望教導人們的訊息，然而，卻是一位英俊的斯洛伐克劍術家，給我上了我不知道自己需要上的一課。他的的確確是我生命中的另一個麥可。

布倫特走了之後，我打電話向卡拉報告剛剛發生的事情，她興奮得不得了。

「那麼，我可以和你們結伴約會嗎？」她說。

「當然可以，」我說，「可是你都沒告訴我你找到舞伴了，他是誰？」

「你媽，」她說，「我們一定會玩得很開心的，眞等不及逛街買鞋子了，」她笑著說。

琴恩

「理德來了，還帶了兩大袋髒衣服，」我對布魯克喊著，她正坐在電腦桌前撰寫通識一〇五課程的報告。布魯克進入大三生涯，理德則是個羽翼漸豐的大一新鮮人。

「學校課程還好嗎，甜心？」我著手將理德的彩色衣物和白色衣物分門別類。

「還不錯啦，媽，別弄了，我可不是把衣服帶來給你洗的。」

「你知道假使在衣服丟進袋子之前先進行分類，你可以省下許多時間的。」

「誰有時間這麼做啊，媽，沒什麼差別的，我反正全都丟進洗衣機裡一起洗。」

「喔，所以這些四角褲本來就是粉紅色的囉，」我挑出一件看來只會在情人節派上用場的內褲說道。

「這有什麼差別，反正又沒人看得見，」理德說道。

「你知道，這就是一個做媽媽的所需要聽到的話，理德，」聽了他的供詞之後，我稍微鬆了一口氣。

「嘿，理德，還好嗎？」布魯克移動輪椅過來和弟弟打招呼，「我好想你，」她說。

「我上週末才來過的，何況，我幾乎每天晚上都和你通電話，」他一邊說著，一邊彎腰親吻布魯克的臉頰。

「我知道，但這不表示我就不能想你啊，」她嘟著嘴巴說道，表明了這是理德無法阻止的事情。

理德決定前往塔夫茲大學就讀，學校和我們這裡只有五分鐘的距離。他每星期都設法前來探望我們一次，布魯克和我都很高興他住得這麼近，大家可以時常見面。這似乎彌補了一些我原以爲早已流失了的時光。

「理德，我這學期修了一門很棒的課，」布魯克在前往客廳的途中說道，她準備把正在撰寫的報告拿給理德看，「這是郭爾教授開的通識一〇五課程，我好喜歡這位教授。我們還有一位很棒的助教，叫做杜恩，他負責教我們班。我們要閱讀瑞蒙·卡佛（Raymond Carver）、約翰·齊福（John Cheever）和勞夫·艾利森（Ralph Ellison）（譯註：三者皆為美國當代著名作家）的著作，你記得勞夫叔叔吧，」她說，假裝我們眞的具有親戚關係，「還有佛蘭莉·歐康納（Flannery O'Connor）（譯註：亦為美國知名作家）。然後，我們必須寫幾篇報告，反芻文學中的內容，試著套用於我們的個人生活中。我好喜歡這門課喔，它幾乎具有淨化的功能。好笑的是，我原先沒打算修這門課，是強說服我的，你記得我的朋友強吧，他來自夏威夷，我和他、尼爾——你見過那個拳擊手尼爾的——以及另一個叫做克利斯的傢伙上同一班。強在去年介紹我和克利斯認識，我想，你會在今晚的美聲音樂會中遇到克利斯。我們有今晚八點桑德斯劇場的表演門票。」

見到布魯克和弟弟團圓，實在令人感到欣慰。我們很高興理德北上波士頓求學，唯有一個缺憾：艾德仍然留在紐約，我們卻全都聚在這兒。過去兩年相互作伴的日子裡，艾德和理德父子之間產生了很強的凝聚力。他們會一起吃飯，有時候，理德甚至會在艾德回家之前著手準備晚餐——雖然這或許是因爲他對艾德的手藝實在不敢恭維。理德是艾德的良伴，他們彼此扶持、互相打氣。凱絲頓仍然住在家裡，不過她兼任兩份工作，不到深夜不會回家。她也有一個交往對象，大部分時間都和他泡在一起。艾德和我每天晚上通電話，往往聊好幾個鐘頭。他會在週末北上，不過平常的日子裡，他就得獨自一人在家。艾德從不抱怨，但布魯克和我都知道他的寂寞，對此，我們倆都感到非常難過。

「理德！」我朝著客廳大吼，「我知道沒人看得到你穿內衣褲的模樣，但是混在衣服堆裡的這件胸罩是誰的啊？」

「什麼！」理德驚聲叫著，趕緊衝進來看看我所指的是哪件衣服。

「別緊張，我只是開開玩笑而已！」我對著他那驚惶的表情笑著說道。

布魯克

「拜託，該走了吧！」媽媽絮絮叨叨地要理德和我關掉電腦，「巴士已經到了，我們快要錯過開場了。」

我們正準備前往桑德斯劇場聆聽美聲音樂會，喬將負責接送。喬是多位校車司機之一，媽媽和我都愈來愈喜歡他。校車服務的成員包括主管卡爾、祖父般的鮑柏、退休警察凱文——他總是熱心地幫助我們，還有貝伯。貝伯的名字其實是包伯，不過從他的波士頓口音，這個名字聽來就像是貝伯。此外，當然還有喬。喬是葡萄牙人，但是你幾乎看不出來。他的口音裡有一點點葡萄牙語的痕跡，不過生活在波士頓裡，南腔北調的口音早已見怪不怪。他和他那年輕的小家庭就住在附近，我們很喜歡聽他談論家庭生活，他也樂此不疲。喬大約二十來歲，最熱愛的休閒活動就是騎摩托車。他的身材瘦而結實，總喜歡展現他搬運輪椅的臂力。

「對了，我們今晚打算去哪裡，布洛克絲，」他伸伸腿，強調他使盡全力搬運輪椅上升降機的事實。

「桑德斯劇場，我們又要去聽美聲音樂會了。喬，你見過我弟弟理德吧？」我記得他們見過面的，不過還是想確定一下。

「噢，是啊，上禮拜。你好嗎，理德？」他一邊說著，一邊將我的輪椅固定在麵包車的地板上。

喬老是叫我布洛克絲，他一定是打從第一次見面時就搞錯了。媽媽和我一直都沒有察覺這個錯誤，等到終於發現，爲時已經太晚了。我們不想令他受窘或感到抱歉，所以只好任其自然。這件事立刻在朋友之間傳開了，很快的，每個人都開始喊我布洛克絲。

喬依照慣例，讓我們在科學中心和紀念館之間下車。桑德斯劇場附屬於紀念館中，是我在哈佛求學期間最喜愛的地點之一。這座劇場年代久遠、莊嚴美麗，而且擁有豐富的歷史。我們曾在這裡聆聽音樂會、特別來賓的演講，甚至曾在此處修習過幾門課。整座劇場以木材建造，幾乎令人誤以爲到了莎士比亞環球劇場（Globe Theatre），不過，桑德斯劇場的裝飾還要更華麗。二樓包廂的護欄上雕刻著精緻的花紋，除了無所不在的哈佛校徽「VE RI TAS」之外，舞台上還刻著其他的拉丁銘文。兩尊披著羅馬式外袍的英雄雕像，巍巍矗立在舞台兩端。由於理德考慮主修拉丁文和古典文學，我請他爲我們翻譯銘文的意思。

「參加…聚會…自行…攜帶…啤酒，」理德慢吞吞地強調每一個字，彷彿眞的正用心翻譯一樣，我到最後才發現他只是在捉弄我。

我們在舞台右方的入口處附近安頓下來，這裡有足夠空間放置我的輪椅，而我也不會擋住任何人的視線。

「哎喲，艾利森小姐，你好嗎？」我聽見一個南方腔調濃厚的低沉聲音向我走過來。「鐵定是他，」我對理德說道，同時將輪椅轉向入口處。那是我的朋友克利斯和他的室友麥可。克利斯和麥可都低我一屆，我在大二結束之前才認識他們，相識還不到幾個月的時間。不過，他們已經在我心中留下深刻印象。克利斯來自佛羅里達，非常英俊挺拔，淺褐色頭髮的長度足以讓他往後或往兩旁梳理。他那褐色的大眼睛具有迷惑人的魅力，而他的言談可以讓任何話題生動有趣。克利斯和我有許多共同點；我們具有類似的信念，並且在彼此的人生經歷中得到共鳴。他的抱負遠大並且頗具政治企圖心，不過，他的野心總是藏在笑容底下，而他的心也不曾迷失方向。

麥可和我認識，也是透過強的介紹。他比我年長幾個星期，可是比我晚一年入學。麥可來自內布拉斯加州，不過幾乎聽不出什麼中西部腔調。他瘦瘦高高的，是田徑隊裡的跨欄選手。他留著短短的褐色捲髮，個性溫暖而友善。和麥可交談時，我可以知道他正在聆聽，他總是如此專注，和他在一起的時候，我總會覺得全世界只剩下我們兩個人。麥可和我的友誼迅速滋長，我們經常聚在一起促膝談心。

我向他們兩位介紹理德，我實在很高興讓理德結識我的朋友。聊了一會兒之後，克利斯和麥可就走到他們的座位就坐。

「別忘了我們得找機會聊聊，」麥可離開前說道，「我會打電話給你，」他說，「很高興認識你，理德。」

「是啊，理德，我也一樣，很高興認識你。找一天一起去洛克咖啡館喝杯咖啡，」克利斯笑容滿面地說道，同時使勁地握著理德的手臂，最後以一個熱情的握手告別。

「很高興認識你們，」理德回答。克利斯離開之後，理德轉身向我悄悄說道，「他大概是我見過最熱情的傢伙。」

「理德，假使克利斯有朝一日在華府擔任公職，我是絲毫不感到驚訝的。至於麥可，我只能說他已成了我生命中的另一個麥可。」

琴恩

每當人們問起布魯克的哈佛歷程究竟是什麼情況，我會對他們說：試著想像你自己坐在椅子上，雙腳被繩子捆住，雙手則被綁在椅子後頭；然後想像自己依附在一台每分鐘給你十三次呼吸的機器，卻不得在有需要的時候嘆息或進行深呼吸；接著，想像你無法隨心所欲地上洗手間、洗澡、刷牙、進食、搔癢，或在想哭的時候擦擦眼淚；想像你從來無法擁有任何隱私、無法有肢體上的親密動作，或永遠無法眞情流露地擁抱他人；再加上許多呼吸困難的無眠夜晚、隨時威脅著生命的儀器失靈，以及因爲輪椅故障而讓你像是擱淺在床上不得動彈；最後，想像自己置身於全球最嚴苛的學術環境之一，要求自己在無法翻頁的情況下閱讀數千頁課文，在各種惡劣的氣候中上課、參加講習、進行實驗，最後還得做研究、撰寫報告、考試，然後獨力進行原創的研究論文、準時遞交，完成論文的口頭答辯。這就能讓你稍微領會布魯克哈佛歷程的表面狀況。

布魯克希望畢業論文的研究內容，不僅具有個人意義，也能讓其他人從中獲益。大三那年的尾聲，布魯克決定以她的某項個人經驗——一項幫助她從意外中存活的核心概念——作爲論文主題；她決定研究「希望」。她一直深信「希望」幫助她達成目前的成就，若缺乏希望，人們解決問題、克服困難的能力將會大幅削減。她打算研究希望，提出有意義的科學資料，藉以鞏固她所堅信的概念——「希望」能夠強化韌性。她想要瞭解「希望」是否可以傳授與學習，以便幫助面對艱困挑戰的孩子們渡過難關。她在大三結束之前著手進行研究，計劃利用暑假期間蒐集大部分資料。不過，在她動手籌備論文的同時，她的脊柱末梢開始出現一些褥瘡。

你可能對褥瘡所知不多，那是基於壓力導致皮膚組織壞死、產生傷口的地方，主要發生於無法下床的醫院病人，以及無法在輪椅上挪動身體的患者身上。對於坐輪椅的人而言，褥瘡是非常嚴重的問題。由於癱瘓病人往往無法察覺褥瘡的產生，這些潰瘍可能迅速擴張，甚至在一夜之間一發不可收拾。布魯克曾經因為睡姿不當或鞋子太緊而產生皮膚潰瘍，我以往一直有辦法自行治療這些問題，並且通常在一星期以內治癒。然而她在尾椎骨附近產生的褥瘡，卻怎麼也不肯消失。

問題在她大三那年出現，一開始只是一個小傷口，我立即著手治療。不過，褥瘡的位置實在很糟糕，當坐在輪椅上的時候，那正是她承受一切重量的部位。更嚴重的是，她之前瘦了很多，失去一些原本可以提供緩衝的肌肉；尾椎骨直接從內部壓迫皮膚，而她上半身的重量則從外部施加壓力。我持續治療這些褥瘡，一直到大三學年結束，情況似乎不見好轉。

我們在暑假期間返家，布魯克開始籌備論文資料，她研讀所有與希望和韌性有關的研究報告，並且以用來衡量希望、絕望與韌性的問卷，向數百位高中學生進行調查。在她蒐集資料、分析結果之際，我則忙著治療她的褥瘡。我在布魯克早晨起床後和晚上睡覺前和這些褥瘡搏鬥；這是我無法戰勝的鬥爭，於是，我們延請了一些醫生前來診斷，包括一位一般外科醫生、整形外科醫生、骨科醫生，和一位傷口治療專家。他們在預後狀況以及治療方式上，產生了很多歧見，不過，大夥兒一致認為情況比我想像的還要嚴重。褥瘡就像包心菜，表層的情況不見得能反映出裡面的眞實狀況。醫生們徹底挖掉潰瘍組織之後，布魯克的皮膚留下一個與銀元一樣大也幾乎一樣深的開口。

兩位醫生希望盡速開刀治療，他們認爲感染範圍若已深及骨骼，甚至有必要切除部分尾骨。有人建議進行抗生素靜脈注射，其他人則覺得服用高劑量的口服藥劑就足夠了。至於布魯克是否可以返回哈佛完成大四學業，醫生們的意見各異。假使她進行手術，就必須住院診療六個星期，出院之後，她必須至少在床上側臥休息兩個月。布魯克覺得傷心、憤怒、無能爲力。我們知道我們不能枉顧布魯克的健康，但若要她因爲另一項困境而放棄心中渴望的生活，就完全違反了她的個性。

我們決定發展一套作戰計劃，聽取每一個人的意見。布魯克的物理治療師安瑪麗以及職能治療師丹寧都提供很大的協助，陪著我們努力地尋求解答。布魯克接受壓力測試，藉以設計可以舒緩該部位壓力的坐墊系統。安瑪麗和丹寧陪同我們前往醫師診所，協助發展對皮膚組織傷害最低的坐墊原型。包含醫生在內，所有人都明白布魯克一心希望回到學校完成學業。我們選擇一個需要我花費很多心血與毅力的療程，輔以口服抗生素和哈佛校醫的持續治療。她不需要進行手術，而我們也順利地返回學校。

布魯克

每當人們問起媽媽陪著我赴哈佛就學究竟有什麼感覺，我會對他們說：想像自己從事一份一週七天、一天二十四小時、經常不得睡覺休息的工作；然後想像你得照料自己以及別人的一切個人需求——幫忙洗澡、餵食、刷牙、梳頭髮、在他們發癢時幫忙抓癢、在他們需要時幫忙拭淚抹鼻涕;接著想像在你生病、甚至累得無法下床時做這一切工作;想像你從來無法擁有任何隱私、無法在必要的時候休息一下或出門散散步,而且很長一段時間見不到你的家人和你深愛的男人;想像面對自己所愛的人爲了生活的磨難而苦苦掙扎時的心酸;接著想像自己帶著一朵微笑、一個笑聲,以及一份令人爲之動容的無私的愛進行這份工作。這或許能夠讓你稍微領會媽媽陪著我赴哈佛就學的表面狀況。

重返哈佛,我知道大四生活將會充滿艱辛。媽媽很努力地對付著我的褥瘡,日日夜夜奮戰不休。她會爲我包紮、治療、盡可能地確保我不會壓到長瘡的部位。我們初次會見哈佛醫療中心的外科醫生黛娜,是在我們前往她的辦公室檢查傷口情況的時候。她看見我們在行動上的困難,因此提議由她前往我們的住處進行後續治療。每逢週五,她和護士潔美便會前來檢驗母親的治療成效,然後清洗傷口並進行進一步的醫治。黛娜的個性親切、通情達理而富有同情心,爲我們提供了莫大的幫助。

我持續辛勤地撰寫論文,但是必須盡可能地避免坐輪椅。上課、使用電腦之餘,我得盡速回到床上休息。這不僅讓我更難以應付學業,也削弱了我的社交能力。朋友們知道了我的問題,常常前來探望我,坐在我的臥房中聊天、消磨時間。卡拉已經畢業,不過又重返波士頓工作。當她在波士頓北端的麥克義大利糕餅店下了班之後,總會來我這兒拜訪,我們會一同吃飯、閒聊、看看電影。我的朋友們逐漸習慣我在床上接待他們,完全不會爲此而心存芥蒂。他們會理所當然地走進我的房間、拉一張椅子坐下,然後開始訴說他們的一天。

不過有些時候，我的心情仍會蒙上一層陰霾。我的種種壓力、論文、褥瘡，以及因爲褥瘡而必須躺在床上的事實，在情人節前後達到幾乎令人無法忍受的地步。情人節是我希望轉眼即逝的一天。對於戀愛中的情侶，這或許是個很美好的日子，但他們其實也是最不需要情人節的一群人。對於形單影隻的人們而言，這是個煎熬的一天，正因爲它讓人們的孤單無所遁形。

凱絲頓剛和男友分手了，她決定和表姐凱莉一起北上探望我們。凱莉和所有表兄弟姊妹一樣，都和我們非常親近。她們在「文化韻律節」前來，這個週末和五月的「藝術優先節」，同爲下半學年最盛大的兩個節慶。凱絲頓和凱莉驅車北上，途中不可避免地迷了路，最後終於找到我們，和我們一起渡過週末。凱絲頓和我找到機會暢談一番。

「媽說你最近心情不太好，種種事情開始讓你喘不過氣來，」她說。

「和平常沒什麼兩樣啦。」

「和情人節有任何關係嗎？」她問。

「或許吧，我眞恨這個節日，」我說。

「其他兩千萬人也有同感呢，」她說，「凱莉和我一路上聊著這個話題，我們的感覺大致相同。愛情的發生固然很美好，但假使找不到另一半，你又能怎樣？」她無奈地雙手一攤，「我們必須珍惜擁有的一切，對自我感到滿足。這回分手後，我幾乎相信自己永遠不可能找到固定的伴侶。不過你知道嗎？我覺得自己能提出許多貢獻，即使缺乏愛情也沒什麼關係。

生命短促，我們沒有太多時間可以浪費在祈求我們所缺乏的。布魯克，你還知道另一件事嗎？假使我認為自己可以提出許多貢獻，那麼想想我對你有什麼感覺。我知道我很少這麼說，但我真為你感到驕傲。」

我覺得凱絲頓不光是說說而已，這是她發自內心的話。這些話雖然早已耳熟能詳，但是它們通常來自於媽媽或爸爸，而他們兩人似乎從創世紀之初，就擁有一份情深意摯的婚姻關係。不論爸爸或媽媽，都不曾領略凱絲頓和我所嚐過的經歷。

「我對這場意外深感遺憾，」我說，「不僅為了我自己，也為了它對你和其他人所產生的影響。我知道這十年來你的日子有多麼難熬，也知道這場意外對你造成多深的衝擊。我並非事件中唯一的輸家。」

「或許我們最後都是贏家，」她說，「我們倆遇到了許多試鍊，也都一一地克服了。就生命整體而言，沒在情人節裡收到鮮花，似乎是最微不足道的，不是嗎？我們還有彼此，不是嗎？」

「的確，我愛你，」我說。

「我也愛你，」她說。

你若仔細想想，我們全都陷在這一團大型的混局之中，誰也逃脫不掉，不是嗎？我們擁有什麼樣的關係其實無關緊要，重要的是我們深陷於其中的事實。我們可以透過種種方式影響其他人的生活，而這就是我們真正需要記住的。我們需要為彼此活著，盡可能地協助彼此、愛護彼此。這就是真正重要的事情，其他的一切其實都無關緊要。

琴恩

布魯克一直專心致力於撰寫畢業論文，我則奮力不懈地對抗她的褥瘡。她的病況不見惡化，卻也似乎看不到任何好轉；看來，布魯克的論文比她的褥瘡還更有進展。不過，準時繳交論文的急迫性，幾乎讓布魯克到了廢寢忘食的程度。這對她而言是非常吃重的工作，讓我看得心疼不已。三月初，就在布魯克繳交論文的一星期之前，艾德打電話給我們。他表示布魯克的好朋友湯瑪斯在車禍中喪生；湯瑪斯是布魯克兒時暗戀的對象，他們倆一同參加小聯盟球隊，從小學開始就是好朋友。這項消息令我們極爲震驚，我們放下手邊一切工作，盡速返家參加喪禮。

「我的論文似乎不像一星期以前那麼重要了，」布魯克在返回哈佛的途中對我說道。

「面對著生死之際，似乎什麼事情都不重要了，」我說，「這一點你的體會應該最深。」

「媽，我們有時候會忘了一些事情，有時候會被日常瑣事纏身而失去宏觀。我打算把我的論文獻給湯瑪斯，你覺得怎樣？」

「我想他會很高興的，」我說。

回到學校之後，布魯克完成了她的論文，提前兩天向她的指導教授交卷。

「克拉格老師一定會爲我感到驕傲，」她在繳交論文時說道，「我不僅準時交卷，還留下緩衝時間呢！」

從布魯克繳交論文到進行口頭答辯之間，只有兩個星期可供準備。布魯克必須在中午十二點半抵達威廉・詹姆斯大樓，這是哈佛的心理系大樓。她將在十一樓辦公室向三位指導教授進行口頭答辯，他們是萊希曼教授、巴斯特教授和諾姆教授。萊希曼教授是一位發展心理學家，不久前才生下第二個小孩；巴斯特教授是統計學家兼神經學家，專攻學習與記憶的生物學領域；諾姆教授則是幼兒教育與適應力的專家。布魯克撰寫論文期間，曾與三位教授進行密切聯繫，他們都提供了許多協助與支持。不過，布魯克仍然十分緊張，她知道三位教授在各自的領域中，都是學有獨到的專家，因此，她勢必得回答一些非常棘手的問題。

我架設好投影機，將投影片準備妥當，布魯克便開始展開簡報：

「這項研究，旨在調查對成人精神韌性程度影響最深遠的心理結構與社會影響力，特別是……」

「爲了檢測群組之間的平均數差異，我們針對各個樣本之平均值進行t檢定（t-tests）和變異數分析（ANOVAs）。平均而言……」

她滔滔不絕地分析各項圖表和統計測試結果，半個多鐘頭便完成了整個簡報。教授們也花了相同的時間進行質詢。她進行得很順利，我則弄得一團糟。

教授們提出的最後一項問題，是關於她對研究結果之蘊涵的想法。她沉吟了一會兒，然後開始回答：

「這項研究顯示，透過成人與兒童之間的關係——特別是家長與子女之間的關係，『希望』是可以在幼兒時期加以傳授與培育的。由於兒童會從他們生命中最重要的成人身上，學習『希望』與『韌性』的基本要旨，很明顯的，教導、培育和奉獻可以改變兒童未來的生活走向。藉由教導兒童採用涵蓋了『希望』與『韌性』的人生策略，我們可以說，人們能夠向下一代灌輸樂觀的思維模式和堅忍不拔的態度。如此一來，便可以提高這些孩子追求既定目標、克服困難的能力。透過適當的家庭教育與學校教育，樂觀與韌性是可以維持一生的——即使在面對艱難的環境時也不例外。」

布魯克答詢完畢之後，教授要求我們到走廊上等候，他們則利用這段時間協商布魯克的成績。

「你做得很好，布魯克，」我說。

「還不錯啦，」她說，「他們怎麼沒有向你提出任何問題？」她笑著抬頭看我，「你知道嗎，成績其實不重要，事情結束了，而我也做到了，我覺得鬆了一口氣。不過就生命整體而言，這實在微不足道。」

「布魯克，你可以進來了，」萊希曼教授從辦公室探頭說道。

布魯克進入辦公室，我則緊跟在後。

「恭喜你，布魯克，你贏得了最優等成績，這是最高的榮譽。」

我好想握緊拳頭，忘情地蹦蹦跳跳，向全世界高聲呼喊。布魯克非常快樂而感激，一一向指導教授們致謝。

「恭喜你了，甜心，你獲得了最高榮譽！」我在離開辦公室之後說道，「你不興奮嗎？」

「我當然很興奮，」她說，然後沉默了一會兒，心思彷彿飄到另一個地方，「媽，你知道嗎，答辯的時候，湯瑪斯就在我的身旁。」「我們做到了，湯瑪斯，」她說，「我們做到了。」

布魯克

餐廳裡的每張桌子都覆蓋著白色亞麻桌巾，桌上擺著鮮花和燭光。時間是五月初，學期就要結束了；一年的時光來去匆匆，我在哈佛的日子即將劃下句點。這天是柯瑞宿舍畢業生頒獎晚宴舉行的日子，那是特別爲舍監所監管的畢業生們所籌畫的活動。特殊晚宴將在宿舍中舉行，畢業生們得以盛裝打扮，聚在一起共享最後一頓晚餐、向彼此致意。

餐廳員工一如往常，將餐廳妝點得美麗非凡。黛安和韓妮當天晚上值班，另外兩位最得人緣的員工茉琳和她的兒子史提也是一樣。這是那種令人悲喜交集的夜晚，你知道你將盡情歡笑，卻也瞭解淚水將不可避免地奪眶而出。

媽媽和我提早進入餐廳，我想把握最後一晚，細細品嚐柯瑞生活的最後一刻。我們找了張桌子坐下，人們紛紛開始抵達。葛拉翰一家人和高年級助教賽門及其妻子黛安娜一起抵達，賽門是來自英國的天文學家，我非常喜愛聆聽他的演講。我的朋友傑夫、亞當、班和西恩魚貫而入，就像爲賓漢駕車的馬匹一樣，西恩帶頭引領眾人前進，傑夫則在最後頭壓隊。

比起最近這幾個星期，大夥兒似乎放鬆了許多。每個人都已遞交畢業論文並進行口頭答辯，只剩下幾篇報告和期末考需要對付。同學們大體知道自己畢業後的去向，許多人將進入研究所，其中又以法學院和醫學院最熱門。有些人在他們的專攻領域找到工作，其他人則將加入各式各樣的投資公司。經濟正蓬勃發展，各大企業都很積極地在校園裡招募人才。

幾位宿舍輔導員圍坐在一起。曾就讀於麻省理工學院和牛津大學的經濟學家艾琳，和神經生物醫學博士朵妮、剛取得心理學博士學位的珍，以及英國文學博士候選人愛亞娜坐在同一桌。我在柯瑞宿舍生活的這段期間，曾受到她們多方面的照顧。

「哈囉，大家好，我們可以加入你們嗎？」我的朋友艾力克說道，他和雪莉、索娜萊和約翰向我們的餐桌走來；他們都是我的朋友。

我們曾在柯瑞宿舍共享無數次的晚餐，一同分享這最後一晚，似乎是天經地義的事情。艾力克擁有一顆充滿靈性的心，他去年休學一年，前往中美洲進行傳教任務，我們曾在好多個夜裡討論信仰以及信仰對生活的影響。雪莉的雙親來自波多黎各，她是餐桌上的開心果。雪莉生性愉快而熱情，總有辦法逗我開懷大笑。索娜萊是一位年輕而美麗的印度裔女人，她在我撰寫論文期間一直爲我加油打氣，交卷之後，我們還一起舉辦壽司派對大肆慶祝。韓國人約翰的父親是一位牧師，他的個性十分和善、充滿愛心。他對母親和我付出許多關懷，不論何時何地，都願意竭盡所能地協助我們。

我們一邊吃飯一邊閒話家常，細細回想我們在哈佛以及柯瑞宿舍的日子。當我默默爲在場的每一個人頒發我心中獨創的獎章時，葛拉翰夫婦起身展開他們所設計的頒獎典禮。他們首先簡短地介紹每一位受獎人的事蹟以及獲獎理由，然後才公佈得獎人的姓名。我們試著在他們公佈之前猜猜得獎人是誰，大夥兒玩得不亦樂乎；我們幾乎每一次都猜個正著。當天晚上的最後一個獎項，是由芭芭拉・葛拉翰擔任頒獎人。她步上講台，調整麥克風的高度：

「過去四年來，你恪守紀律出席哈佛的課程，以勤勞不懈的態度擁護學習與學術的發展……」

我思忖著，這可以是任何人。

「你殷勤地照顧著哈瑞宿舍與哈佛大學的其他學生，而且……」

同樣的，這也可以是任何人；我對自己說道。

「過去幾年來，你不舍晝夜地奉獻於永不停息的排程、無止盡的考試與實驗、數不清的報告以及一回又一回的流行音樂會……」

當她說到流行音樂會的時候，燈光開始在我們這一桌每一個人的頭上打轉。

「你帶著無限的鼓勵和無私的愛，以如此顯著卻又不引人注意的方式默默付出。」

艾力克向我眨眨眼，雪莉也對我微笑。

「柯瑞宿舍的舍監、資深輔導員以及輔導助理，哈佛大學很榮幸地宣佈……」

她停了一會兒，但是在場的每一個人都已猜出得獎人是誰。

「琴恩・艾利森獲頒虛擬學習的旁聽學士學位。」

媽媽一時不知所措，幾乎無法從椅子上站起來領獎。全體人員都起立歡呼。芭芭拉在中途迎接媽媽並頒發獎盃，她們倆熱淚盈眶地緊緊相擁。我無法起立或鼓掌，但是我那擂鼓般的心跳聲，足以讓每個人知道我心中的感受。媽媽獲得的獎項並非正式學位，它不具備學術上的意義，但那並不重要。它象徵著媽媽的努力、她所付出的愛，以及她所贏得的尊敬。

媽媽總是說她希望教導並影響親生子女之外的孩子。對我和當天晚上在場的每一個人而言，她無疑已做到了這一點。

琴恩

凌晨一點，艾德接到住在曼哈頓的姊姊——艾美的來電。

「我收到了今天清晨的紐約時報，」她說，「布魯克和琴恩上了頭版。」

我們知道紐約時報即將發表一篇關於我們的文章，只是不知道文章會刊載在報紙的哪一個版面。

兩個星期前，布魯克接到哈佛殘障辦公室的電話，他們表示一名紐約時報記者和校方聯絡，希望採訪一位情況獨特的畢業生，作爲他報導的內容。殘障辦公室將布魯克的名字給了這位記者，請他自行與布魯克聯繫。果然不出所料，隔天下課回到宿舍之後，我們就接到了他的電話。他和布魯克交談了接近兩個鐘頭，希望盡可能地瞭解布魯克的一切：她的歷史、她在長島的成長歷程、她選擇哈佛的原因，以及她在這裡的經驗。當她表示我陪著她一起進入哈佛，而她也獲選爲畢業慶祝日的致詞代表之一時，記者先生的興趣突然變得非常濃厚。原本以爲這只是一次簡短的電話採訪，結果卻遠遠超過原先的預期。隔天，他安排了前來哈佛的旅程，和我們相處了一整天，還帶了一位攝影師爲我們拍照。

「文中說些什麼，看起來怎樣？」艾德對他姊姊說道。他不小心在沙發上睡著了，此刻還有一點點頭昏腦脹的。

「摺線底下有一張布魯克和琴恩的彩色合照，照得很棒」艾美說道，「琴恩穿著黃色的運動衫，顏色和希拉蕊的黃色套裝十分相襯；這頁上方刊載了一張希拉蕊和克林頓的合照。」

「布魯克和琴恩被放在摺線底下，總統則被放在摺線的上方，」艾德說道，「我得和紐約時報的人好好談談，」他笑著說，「文中寫些什麼？」

「照片底下的大標題這麼說著：『不屈不撓的毅力和一個哈佛學位』。讓我唸給你聽，」她說，急著向他描述詳情。

艾美向艾德轉述文章內容，艾德隨後立刻撥了電話給我。時間很晚了，但我還陪著布魯克熬夜。艾德就他所知的告訴我們關於這篇文章的一切，但是我手邊沒有報紙可讀。我打電話給校車服務中心，有幾個人仍在執勤。

「哈囉，校車服務中心，我是巴柏。」

「嗨，巴柏，」我想都不想就叫他巴柏而不是鮑柏，「如果你路過任何一座書報攤，可否請你幫我買份紐約時報？」我向他解釋這項要求背後的理由，凌晨三點左右，他抱著一大疊報紙前來敲門。

布魯克和我以前曾上過報紙，也曾獲得讀者的迴響，但是登上紐約時報之後所得到的反應，是以往的經驗所無法比擬的。布魯克開始收到來自全球各地的電子郵件，廣播節目、報紙、雜誌和電視新聞也紛紛打電話邀她進行訪談，打算報導她的故事。刊登於紐約時報的文章提到她將在畢業慶祝日中致詞，眾多媒體都希望目睹這項典禮。如此熱烈的反應讓我們手忙腳亂，實在超過我們所能負荷的程度。幸好，哈佛新聞處的莉蓓嘉、莎麗和安琪亞救了我們一命。他們開始介入，著手過濾人們的來電。他們也負責應付和協調打算參觀畢業演說的各大媒體。

「以這種方式結束大學生涯眞不是蓋的，」我對布魯克說道。

「我不明白這有什麼大不了的，」布魯克說，「我只是一個即將畢業的學生。」

電話鈴響了，我拾起話筒，正準備請對方打電話給哈佛新聞處。

「艾利森太太，」電話那頭傳來一個男孩子的聲音。

「我是，請問您是哪位？」我說。

「我是大衛，」他說。

「大衛？哪一個大衛？」我問道。

「高中時候的那個大衛啊！我可以和布魯克講話嗎？」

布魯克

經過一天的傾盆大雨，到了畢業紀念日那天的清晨，雨仍然下個不停。畢業紀念日照例在哈佛正式畢業典禮的前一天舉行，不過和畢業典禮不同的是，畢業紀念日開放給每一個人參加，不需要門票。爸爸和理德已於稍早抵達，但是大部分來自紐約的親戚朋友都在前一晚就冒著滂沱大雨而來了。凱絲頓開車載奶奶和艾美姑姑一同前來；黛比、約翰和柴克同樣不畏風雨，媽媽教書時期的朋友克麗絲和艾思翠也是一樣。我因治療而結識的好友丹寧和安瑪麗，以及瑪格麗特姑姑和姑丈李，正搭著渡輪前來，希望能在下午兩點儀式正式開始以前抵達。

「爸爸，你想，雨這麼大，我還可能上台講話嗎？」我對爸爸說道，他剛走進我的房間和我聊天。

「如果演講取消的話，會讓一大群媒體大失所望的，」他說。

「你能相信這麼多媒體對我的關注嗎？」我說，「我眞不明白，今天甚至會有一輛警車護送我們到哈佛園裡呢！」

「我知道，你媽媽都告訴我了，那只是爲了保護你罷了。」

「是啊，最近發生的事情的確有些瘋狂，」我說，「說到瘋狂的事，我有沒有告訴你，大衛上個星期打了通電話給我？」

「大衛……你那個高中同學？」

「是啊，他說他讀了紐約時報的那篇報導，想要向我說聲恭喜。」

「那你怎麼說？」

「我謝謝他。」

「就這樣嗎？」

「不，他還道了歉。都過了這麼多年，他還爲自己當年的行爲道歉。他說他在大學裡學到了許多，很早以前就想打電話給我，可是覺得實在太尷尬了。」

「你怎麼回答？」

「我告訴他我原諒他了，事實上，我很早以前就原諒他了。」

「聽起來，他在大學裡頭可能學會了一些很重要的道理，一些往往無法在課本裡面學會的道理，」爸爸說道。

「我想我們都有所體會，爸爸。我們在生命中學會的重要課題，多半不存在課本裡。」

校車和警車一塊兒抵達，同時帶來了陽光。天空放晴了，綻放出一片燦爛的湛藍，彷彿剛抹上油彩的圖畫。那樣飽和的藍色，幾乎不像是眞的。

媽媽、爸爸、理德和我下樓準備上車，其他人都已先行前往哈佛園搶座位了。卡爾站在麵包車旁，身上穿著他的「制服」——運動夾克、領帶、卡其褲，配上一雙綴著流蘇的平底鞋。媽媽和我等著看卡爾和爸爸是否能夠正確無誤地叫出對方的名字。

「嗨，卡爾，很高興又見面了，」爸爸說道。

「嗨，艾德，我也很高興見到你。」

這眞是一個好徵兆，我心中想著。

「這是你今天的交通工具，親愛的，」卡爾一邊說著，一邊躬著身子朝麵包車揮揮手臂。由卡爾載著我們參加畢業紀念日儀式，似乎再完美不過了：他正是我們四年多以前在哈佛遇到的第一個人。卡爾幫助我進入車子，和爸爸一起固定住我的輪椅，然後尾隨著警車前往哈佛園。我們沿著花園街前進，到了哈佛廣場不遠處，交通漸漸堵塞起來。護航的警車打開警報器，強行開路讓麵包車通過。

「這樣好糗，」我對車裡的每個人說道。

「你就好好享受吧，」卡爾說，「可不是每天都能得到這樣的禮遇的。」

「想想你過去讓警報器護送的經驗，布魯克，」爸爸說，「看看你，從那時候到現在，你已經達成了多大的成就。」

卡爾穿越劍橋消防局對面的私用防火柵門進入哈佛園，把麵包車停在柴爾宿舍的正前面。警官護送我們繞過紀念教堂的側邊，走上我即將發表演講的舞台。我在各年級司儀和其他演講人的座位旁安頓下來，就坐在我的朋友賈斯汀的旁邊。賈斯汀是大四司儀，也是這項活動的主持人。離儀式預定展開的時間大約還有二十分鐘，從舞台上，我可以看見成山成海的人群，從我所在的紀念教堂前的階梯，一直蔓延到哈佛園底部威德納圖書館的階梯前。三百年紀念劇場的四周，密密麻麻地擠著將近一萬名學生與民眾。舞台右方有一塊受到封鎖隔離的地區，擠滿了正在擷取鏡頭或對著麥克風說話的攝影師、照相師和記者。理德走到台下第二排的預留座位，跟姊姊和奶奶坐在一起。媽媽坐在舞台上，座位就在我的正後方，爸爸則一直陪著我，直到典禮開始的幾分鐘之前才走向自己的位子。

「我不知道大家抱著怎樣的期望，爸，」我看著廣大的群眾和記者們說道。

「什麼意思？」爸爸問道。

「關於我的演講，」我說，「我擔心在這一切關注和期待之下，大家會對我的表現感到失望。那不是什麼偉大的演說，只是我發自內心、希望向大家表白的一番話。」

「只要發自內心就不會出錯，小布親親，不會有事的，我愛你。」

爸爸親吻我的額頭，然後步下舞台就座。我心中忐忑不安，試著在腦海中複習我的講稿。我已經一字不漏地背下講詞，不打算使用任何小抄。我一直無法專心，台下聽眾在我眼中只是模模糊糊的一片。我的朋友喬從舞台邊走過，他即將基於對難民兒童的無私奉獻而獲頒獎章。我還記得迎新週的時候，他在我的輪椅故障時對媽媽和我伸出援手。這時，我開始認出擠在群眾中的一些臉孔。我看見強和他的家人對著我微笑，也看見先前走上舞台給了我一個吻的尼爾；我看見來自柯瑞宿舍的一群朋友，也看見瑪格麗特姑姑、艾美姑姑和黛比以及她的家人。克麗絲、艾思翠、丹寧和安瑪麗笑容滿面，正抬頭看著我。我知道一群被我所愛也愛著我的人正與我同在，心中開始覺得好過一些。

賈斯汀走向講台向聽眾發表談話，他的表現傑出，以高超的技巧抓住群眾的注意力。他介紹每一位演講人以及其他年級的司儀，時間似乎不存在了，彷彿我們全都凍結在此時此刻中。接著，我聽到他說：「讓我們熱烈歡迎布魯克的演講，她的講題是：『共享的信心』。」

我察覺媽媽走到我的身後，幫助我步向舞台前端。我凝眸遠望人群，稍微閉上眼睛，很努力的呑了呑口水，然後開始說話：

當我四年前抵達哈佛的時候，和其他新鮮人一樣，也是由雙親陪著我一同前來。不過和其他人不同的是，我的父親離開之後，母親卻繼續留下來。柴爾宿舍二一二房的門牌寫著：「布魯克和琴恩．艾利森」。人們對此的最初反應，往往不是感到困惑，就是存著某種程度的懷疑。我想，由母親陪同赴外地就學的觀念，還無法讓大多數大學新鮮人欣然接受。媽媽的陪伴儘管充滿滋養，卻會對那些不只追求學術成就的學生造成許多社交上的困擾。但是我的母親和我時時刻刻形影不離，從大一的說明文寫作到大四論文，四年來陪著我上每一堂課。我是獲得入學許可的學生，我的母親則否；我將取得文憑，我的母親則否。然而她的收穫是否因爲這兩項因素而少於我的呢？絕對不然。

當我們從紐約初抵此地，我們都不知道該抱著怎樣的期望。我當年十七歲，母親四十四歲，對我們兩人而言，這都是頭一次赴外地求學的經驗。我們心中害怕莫名，不知道自己是否能夠融入哈佛這個社會。某種程度上，坐著輪椅穿梭於哈佛園中，還讓媽媽抱著書本和其他隨身用具亦步亦趨地跟著，實在不是一個能夠融入哈佛景物的影像。有好幾次，我很確定約翰．哈佛的塑像正注視著我們說道：「以上蒼之名，你們究竟在這裡做什麼？」

不過隨著時間流逝，我們逐漸明白約翰．哈佛是另一個時代的人。我們開始明瞭，我們的突兀未嘗不是一件好事。透過我們所建立的個人關係，我們學會某些人的獨特之處，只不過比其他人更微妙而難以捉摸而已。我們是活生生的證據，證明哈佛是個多元化的社會，能夠接納、包容所有人——不論你的長相如何、有怎樣的信仰或選擇和誰上床。這項觀察最令人詫異的嘲諷之處是，藉由察覺自身的差異，我們發現每個人都是一樣的。最基本的需求，以及愛人與被愛的渴望，皆存在於每一個人的心中。哈佛經驗之美，就在於我們在這裡建立的人際關係。

我們都即將取得文憑，它代表著許多年孜孜不倦的苦讀。不過，我敢說一旦文憑被裱了框、掛在牆上之後，它所激起的回憶將不是這些苦讀的日子。你們將會回想哈佛園和四方院，追憶哈佛廣場和你們曾經居住過的屋子。你們會想著科學中心、桑德斯劇場以及啊……洛克咖啡館的咖啡，不過最重要的，你們會想起一群人——一群與你分享此地的人。我所擁有的回憶，也存在母親的心中；我所擁有的朋友，也是母親的朋友。從教授與學生到校車司機和餐廳員工，我們所遇到的每一個人都豐富了我們的生活。

若非母親的幫助，我今天不會坐在這裡，同樣的，若不是因爲我，她今天也不會在這裡出現。如此看來，儘管我們很想爲各自的成就居功，但若非一路上許多人的扶持與照顧，我們都不會達到今天的成就。我們如此相互依賴，卻往往誤以爲自己能夠自力更生。不論是父母或手足、朋友或老師，或只是任何一位在適當時機說了適當的話的人，沒有人能逃脱其他人的愛和關切。母親和我從諸位身上深深地體會了這一點。我們希望各位從我們以及彼此身上學到一項課題，那就是不要將生命中的任何一個人視爲理所當然，並且珍惜彼此相處的每一刻。時間是如此短促而珍貴，沒有人知道自己的生命之路將如何開展。

十年以前，當我十一歲的時候，我遭遇車禍。我一開始被斷定爲腦死，沒有人認爲我可以活下來。自此之後，我從脖子以下全身癱瘓，必須仰賴呼吸器維生。明天，我將在媽媽和各位美好的人們陪伴之下從哈佛畢業。奇蹟確實存在；奇蹟曾發生在我身上，也將在各位身上發生，你只需看看生命中的人們，就可以看見奇蹟的蹤影。

恭喜諸位，願主庇祐。

媽媽淚流滿面地走到我的身邊，她幫我鬆開輪椅固定器，好讓我回到自己的座位。我見到身旁的賈斯汀正站著鼓掌，也明瞭每一個人都從座位上站起來了。我一開始覺得很尷尬，不知道該怎麼辦，但我望向第二排座位，看到我的奶奶，想起她對姊姊和弟弟的照顧，以及她在爺爺重病期間的奉獻；我看到凱絲頓和理德，想到他們歷經的一切困境與犧牲；我看到爸爸站著微笑，淚水順著他的臉頰汩汩地流下，想起他爲了我的就學問題所付出的一切心血。我接著抬頭看看媽媽，想起我們之間的關係所經歷的成長與改變。她是我的母親，我是她的女兒，但她已成了我最親密的伴侶和最知心的朋友。我想起我們共同走過的一切歡喜與哀愁，明白我們倆早已融爲一體。此刻，世界對我而言是如此清晰，就像母親和我是一體的，我們所有人其實都密不可分。我們母女之間產生的凝聚力，其實和讓所有人緊緊相繫的力量沒什麼不同。沒有人是孤零零的，我們並非缺乏崇高目的、漫無方向地飛舞盤旋的點點塵埃；我們皆爲了其他人而存在。正當我遙望群眾然後抬頭看著母親時，我突然明白我已找到答案回答她的問題，其實，她心中一直存在著這個答案：我們的生命目的，就是爲彼此製造奇蹟。

國家圖書館出版品預行編目資料

真愛奇蹟：她是我母親，我是她女兒／布魯克・艾利森，琴恩・艾利森（Brooke Ellison and Jean Ellison）著；黃佳瑜譯.—— 初版—— 臺北市：大塊文化，2002［民 91］
面；　公分.—— (Mark；33)
譯自：Miracles Happen: one mother, one daughter, one journey
ISBN　986-7975-44-8 (平裝)

1. 艾利森（Ellison, Brooke, 1978-　）- 傳記
2. 殘障者 － 美國 － 傳記

785.28　　　　　91012335

105 台北市南京東路四段25號11樓

廣 告 回 信
台灣北區郵政管理局登記證
北台字第10227號

大塊文化出版股份有限公司 收

地址：□□□ ＿＿＿＿市／縣＿＿＿＿鄉／鎮／市／區
＿＿＿＿路／街＿＿段＿＿巷＿＿弄＿＿號＿＿樓
姓名：

請沿虛線撕下後對折裝訂寄回，謝謝！

大塊 LOCUS 文化

編號：MA033 書名：眞愛奇蹟

讀者回函卡

謝謝您購買這本書，爲了加強對您的服務，請您詳細塡寫本卡各欄，寄回大塊出版 (免附回郵) 即可不定期收到本公司最新的出版資訊。

姓名：________________________ **身分證字號**：________________________

住址：____

聯絡電話：(O)________________________ (H)________________________

出生日期：______年______月______日 E-mail: ________________________

學歷：1.□高中及高中以下 2.□專科與大學 3.□研究所以上

職業：1.□學生 2.□資訊業 3.□工 4.□商 5.□服務業 6.□軍警公教 7.□自由業及專業 8.□其他________

從何處得知本書：1.□逛書店 2.□報紙廣告 3.□雜誌廣告 4.□新聞報導 5.□親友介紹 6.□公車廣告 7.□廣播節目8.□書訊 9.□廣告信函 10.□其他____________

您購買過我們那些系列的書：

1.□Touch系列 2.□Mark系列 3.□Smile系列 4.□Catch系列 5.□tomorrow系列 6.□幾米系列 7.□from系列 8.□to系列

閱讀嗜好：

1.□財經 2.□企管 3.□心理 4.□勵志 5.□社會人文 6.□自然科學 7.□傳記 8.□音樂藝術 9.□文學 10.□保健 11.□漫畫 12.□其他_____

對我們的建議：____

____

____

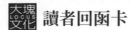

LOCUS

LOCUS

LOCUS

LOCUS

U0003793

LOCUS

LOCUS

LOCUS

LOCUS

mark

這個系列標記的是一些人、一些事件與活動。

mark 41
記憶無非徹底看透的一切
作者：安妮．艾諾（Annie Ernaux）
譯者：張穎綺
責任編輯：湯皓全
二版增修：潘乃慧
封面設計：張士勇
校對：聞若婷
出版者：大塊文化出版股份有限公司
105022 松山區南京東路四段 25 號 11 樓
www.locuspublishing.com
讀者服務專線：0800-006689
TEL：(02)87123898　FAX：(02)87123897
郵撥帳號：18955675　戶名：大塊文化出版股份有限公司
法律顧問：董安丹律師、顧慕堯律師
版權所有　翻印必究

書腰、前折口作者照：Francesca Mantovani © Éditions Gallimard

L'Événement by Annie Ernaux
Copyright © Éditions Gallimard, Paris, 2002
Complex Chinese Translation copyright © 2003, 2022 by Locus Publishing Company
Published by arrangement with Éditions Gallimard
through Bardon Chinese Media Agency
ALL RIGHTS RESERVED

總經銷：大和書報圖書股份有限公司
地址：新北市新莊區五工五路 2 號
TEL：(02) 89902588　FAX：(02) 22901658
二版一刷：2022 年 12 月
二版二刷：2022 年 12 月
定價：新台幣 300 元
Printed in Taiwan

L'Événement

記憶無非徹底看透的一切

ANNIE ERNAUX

安妮・艾諾 著　張穎綺 譯

目次

我的雙重心願：將事件化作書寫，讓書寫成為事件。

——米歇爾·雷里斯（Michel Leiris）

所謂的記憶，也許就是徹徹底底看透一切。

——津島佑子（Yûko Tsushima）

我在巴貝斯站下車。和上次一樣，地鐵高架橋下方聚集了一些男人。行人們拎著塔蒂百貨的粉紅塑膠袋。我彎進瑪壤塔大道，比利商店外頭照舊吊著雪衣。一個女人迎面走來，一雙蘿蔔腿上套著黑色大花紋長統襪。整條盎博斯街，一直到醫院旁，幾乎沒有行人。我沿著艾麗莎館的拱廊往前走。第一次來的時候，我不曾注意到，玻璃長廊旁的庭院裡，有座露天音樂台。我心裡想，待會再經過這裡，我會如何看待眼前景物。我推開十五號門，爬到三樓。來到檢驗部的櫃台，我遞出號碼牌。護理師翻找資料夾，抽出一個牛皮紙袋。我伸出手，她沒把紙袋給我，而是把它放到桌上，叫我坐下來等候，待會醫生會叫我。

候診室隔成兩個房間。我選了靠近診療室的那間，裡頭的人也比另一間來得多。我開始批改帶來的作業。在我之後，來了一位年紀相當輕的女孩，一頭金色長髮披肩，她也遞出號碼牌。我留意她是否也沒拿到紙袋，也得等候叫喚。已經有幾個人在等，一個三十歲出頭的男子，穿著時髦，頭有點禿；戴著隨身聽的年輕黑人；另一個約莫五十歲的男人，滿臉皺紋，整個人陷在椅子裡。每個人隔著老遠坐著。金髮女孩之後，來了第四位男人，他毫不猶豫地坐下，從公事包裡抽出一本書。隨後是一對情侶：女人，穿短褲，挺著有身孕的大肚子，男人西裝筆挺。

桌上沒有報紙，只有幾份衛教宣導手冊，說的是奶製品的重要性和愛滋病患者生活須知。女人對男人說話，她站起身，雙臂抱住他，撫摸他。他沉默不語，一動也不動，雙手支在雨傘上。金髮女孩一直垂著眼，幾乎像閉起來，皮外套疊放在膝蓋上，神情呆滯。她腳邊，擱著一只大旅行袋和一個背包。我心中思忖，她是不是比別人更有理由感到害怕。看完檢驗結果，她也許就要外出度週末，或是回外省和父母團聚。醫生從診療室走出來，是個身材纖細的年輕女子，活力四射的模樣，穿著粉紅短裙和黑色絲襪。她叫了一個號碼。沒有人動。是隔壁房間的人，一個男孩快步走過我眼前，我只瞥見他的眼鏡和馬尾。

年輕黑人被叫進去，接下來是幾個隔壁房間的人。除了那個女人，沒有人說話或移動。只有醫生出現在診療室門口，或是有人從裡頭走出來時，大家才會抬起頭來，盯著那人看。

電話響了幾次，預約檢查時間，要不就是詢問門診時間。其中一次，櫃台的護理師找來檢驗員，代她回答對方的問題。「不，數量正常，完全正常。」他說，隨後又重複了一次。這句話迴盪在闃靜的空間裡。電話那端的人一定是愛滋病患者。

我已經改完作業。我一再看到相同的一幕，畫面朦朧的一幕，發生在七月的某個週六和週日，交歡的動作，射精。正是因為這一幕，幾個月來已被遺忘的一幕，我才來到這裡。光裸身軀的交纏、律動，在我眼裡活脫是支死亡之舞。這個由義大利來的男人，我勉強答應再次見面的男人，似乎只是千里迢迢來把愛滋病毒傳染給我。然而，肉體繾綣、肌膚與精液的溫暖，以及現在身處醫院這回事，我看不出其間有任何關係。我以為，性和其他東西之間，從來沒有半點關係。

醫生叫了我的號碼。不待我走進房裡，她就對我粲然一笑。我當它是個好兆頭。關上房門後，她很快說「陰性反應」，我笑了。她接下來說了什麼話，我根本沒注意聽。她看起來很快樂，在替我高興。我快步走下樓梯，循著來時路往回走，逕直往前走，沒看四周。我心想，我又得救了。我想知道那位金髮女孩是不是也跟我一樣得救了。巴貝斯站裡，兩邊的月台擠滿了人，四處可見塔蒂百貨的粉紅塑膠袋。

我發覺，剛剛在拉里伯樹醫院，我的心情，就像一九六三那年，等候N醫生診斷時一樣，帶著相同的恐懼和惶然不安。計算安全期，以及從自動販賣機買來一法郎一個的保險套，我的人生，似乎就在其間擺盪。如此衡量人生，未嘗不是個好辦法，甚至要比其他方式來得準確可靠。

一九六三年十月，我人在盧昂，等了一個多禮拜，我的月經遲遲沒來。那是陽光普照、溫暖宜人的一個月。我太早換季，裹著大衣的身子，又悶又濕。趁著課間空檔，到百貨公司裡閒逛，買買絲襪，殺殺時間的時候，尤其覺得悶熱。一回到住處，赫布呂街大學女生宿舍的房間，我總巴望在內褲上看到血跡。每天晚上，我開始在記事本寫下：**沒來**。夜裡醒來，我馬上就曉得「還是沒有來」。前一年的同一個時期，我提筆寫起小說，感覺竟像是十分久遠以前的事了，彷彿永遠不會再發生。

一天下午，我上電影院看一部義大利黑白片，片名叫《差事》（*Il posto*）。這部緩慢而悲傷的片子，講述一個初入社會的男孩，在大公司當個小職員的生活。放映廳裡幾乎是空的。看著小職員裹著雨衣、卑微瘦弱的身影，看著他所受的屈辱，面對影片所透露的深沉絕望，我明白我的月經不會來了。

一天晚上，宿舍裡的幾個女孩拉我去看戲，她們多了一張票。劇碼是《絕路》（*Huis clos*），我還不曾看過一齣現代劇。

劇院裡高朋滿座。我看著遠遠那頭，燈光異常強烈的舞台，心裡不停想著我的月經沒來，我只記得劇裡的兩個人物：穿著藍色洋裝的金髮女孩「艾絲蝶兒」，還有一身僕人服的「服務生」，有著一雙紅通通的浮腫眼睛。我在記事本寫下：「一齣好戲，精采絕倫。要是我的肚子裡沒這個**東西**就好了。」

十月底，我想月經不會來了。我找了一位婦產科醫生，N醫生，預約十一月八日看診。

諸聖瞻禮節那個週末，我和往常一樣回到父母家。我擔心母親會問我月經遲來的事。我帶回家的那堆髒衣服，全由她處理。

我肯定她每個月都會注意我的內褲。

到了禮拜一，起床時我感到噁心想吐，嘴裡有股怪味。我到藥房去，藥師給了我胃乳；那濃稠的綠色藥水，只讓我更加噁心反胃。

O是宿舍裡的一位女孩，托我代替她到聖多明妮各女校教法文。這個教書機會，可以讓我在獎學金以外多一筆收入。修道院院長接見我，她手裡拿著一本《十六世紀文選》。我告訴她，我沒有教書經驗，覺得很害怕。很正常的事，她自己曾經有整整兩年的時間，走進哲學課教室時只敢低著頭，眼睛盯住地板。坐在我對面的她，當場模仿起從前的舉動，我只看見她罩著頭巾的頭顱。離開的時候，我手裡拿著她借我的《十六世紀文選》，想像自己正在替二年級學生上課，女孩們盯著我，我好想吐。第二天，我打電話給修道院院長，回絕教書的邀請，她冷冷地叫我把書還給她。

十一月八日禮拜五，我走向市政府廣場，準備搭公車到拉法葉街，去看N醫生。就在此時，我碰見賈克．S，一個文學院的學生，也是本區一間工廠的小開。他想知道我到河的左岸做什麼。我說我胃痛，要去看Stomatologue。他直截了當地糾正我，Stomatologue不看胃，看的是口腔毛病＊。我擔心撒的謊讓他心起

＊ 譯按：Stomatologue指的是口腔科醫生，容易被誤以為是胃科醫生。

疑竇，怕他想陪我去看醫生，公車一來，我便馬上撇下他走了。

下了診療台，我身上的綠色大毛衣重新落到大腿上。醫生說，我肯定是懷孕了，我以為的噁心反胃，是害喜的症狀。他還是開催經針處方給我，可是從他的表情看來，他不覺得打針會有效果。送我到門口時，他笑臉盈盈，「跟相愛的人所生的孩子，長得最漂亮了。」駭人的句子。

我步行回宿舍，記事本上，寫著：「我懷孕了。真慘。」

十月初，我和P上過幾次床。他是我在暑假期間結識的政治系學生。我到波爾多找他。按照安全期的算法，我知道自己正處在危險期，可是我不認為「這種事會發生」，就在我的肚子裡。做愛的時候，高潮的時候，我不覺得自己的身體和男人的身體有任何本質上的不同。

待在波爾多時的情景——巴斯德學院的宿舍房間，汽車川流不息的噪音，狹窄的床，蒙田咖啡館的露天座，兩人共同觀賞豪華古裝片《薩比奴女人》（*L'enlèvement des Sabines*）的電影院——所有的影像，只剩下一個含意：我人在那裡，可當時的我，並不知道自己將懷有身孕。

晚上，學生服務中心的護理師替我打催經針，沒有多說什麼。隔天一早再一針。那是十一月十一日，我回父母家度週末。有一會，我流出暗粉紅色的血，很快就不再流。我把沾了血的內褲和棉褲放進待洗衣物堆中，擺在顯眼的位置。（記事本上寫著：「流了點血。正好用來矇騙母親。」）回到盧昂，我打電話給N醫生，他確定我已有身孕，他說會寄給我妊娠證明。我隔天就收到了——安妮．杜山尼小姐，預產期：一九六四年七月八日。我看見夏天和陽光。我撕掉了證明。

我寫信給P，說我懷孕了，說我不想留下孩子。我倆分開時，並不確定要不要繼續交往。攪亂他無憂無慮的生活，正稱了我的心。即使我心知肚明，我的墮胎決定會讓他如釋重負。

一個禮拜以後，甘迺迪在達拉斯遇刺。不過，這種事不再引發我的興趣。

接下來的幾個月顯得虛無飄緲。我看見自己在街上不停往前走。每每回想起那段時期，我腦子裡就浮現一些文學辭藻，比方說「心靈旅程」、「善惡的彼端」，或是「長夜漫漫路迢迢」，我總覺得這些句子貼切表達出我當時的生活和心境，那是某種無以名狀、具有美感的東西。

這些年來，我繞著生命裡的這個事件打轉。在小說中讀到墮胎的描述，總讓我激動莫名，腦中一片空白，彷彿眼前的文字在頃刻間，全轉化為強烈的肉體感覺。同樣地，偶然聽見〈爪哇舞曲〉（La javanaise）、〈不復記憶〉（J'ai la mémoire qui flanche），任何一首那個年代的歌曲，總讓我內心翻騰不已。

一星期前，我動筆寫下這段文字，可是一點也不確定會不會寫下去。我只想確定自己真的想寫那個事件。這兩年來，我手頭有本書在寫。只要一提筆寫作，渴望寫下那件事的念頭，每每浮現心頭；我抗拒著不去做，卻忍不住要想。屈服在慾望之下、動手去寫，在我看來是何等可怕的行為。可是我心裡也想，直到撒手人寰以前都緘口不提，也未嘗不可。如果我有錯，這便是我犯下的錯。某天夜裡，我夢見自己手裡捧著一本書，一本寫我去墮胎的書，可是書店裡不見這本書的蹤影，圖書目錄裡也找不到。封面底側，斗大的字母，印著「絕版」二字。我不曉得這個夢究竟代表什麼意思？我非寫這本書不可？還是寫了也無濟於事？

這段敘述，開啟了過往的時光，我只能任憑回憶牽引。我現在明白，不管發生什麼事，我決心貫徹始終。就像我在二十三歲那年，毅然撕掉妊娠證明一樣。

我想再次進入生命的那段時期，弄明白當時發生的事。這次懷舊探索將以文字敘述為經緯；唯有靠著文字，才有可能還原當時的事件——那段我親身經歷、可是不復存在的日子。那幾個月的記事本和日記，提供我必要的線索和證據，好重建事實。我將竭盡全力，深入每段回憶的畫面，直到我的身體感覺「重返過去」，直到腦中有字句呼之欲出，而我可以說「啊，正是如此」，讓一直留存在心裡、抹滅不了的那些字句，再次迴盪在我耳裡。那些句子，當初聽來應該相當刺耳，要不就是正好相反，相當撫慰人心，因此，即便在今天，我一回想起那些話，心頭就漾滿憎惡或甜蜜。

我的墮胎，已然是陳年舊事。儘管是非法去墮胎，卻不足以

時間不再是一連串令人無動於衷的日子，上課、交報告、泡咖啡館、上圖書館，日復一日，最後以期末考和暑假作為結束。時間已經變成我體內正在成形茁壯的東西，我得無所不用其極毀掉它。

我去上文學課，去上社會學，去大學餐廳用餐，中午和晚上到學生酒吧「貝雷帽」喝咖啡。我的世界，不再是以前的世界。

別的女孩，小腹平坦；她們的世界，和我的世界有著天壤之別。

思索我的處境時，我從來不用指涉性的字眼，也不說「我要生孩子」，不用「懷孕」，更不用「大肚子」。這個字眼和「奇形怪狀」沒有兩樣。這些用辭，代表著接受未來，不會來臨的未來。我決定讓它消失的這個東西，不需要給它一個稱謂。在記事本裡，我寫著「這個東西」或「那個東西」，只用過一次「懷孕」。

我懷孕了。我從一開始的不可置信，終至於確信，這件事注定要發生。自從十四歲那年，我靠自慰達到高潮，這樣的結果就等著我——儘管心懷虔敬，向聖母禱告，向其他聖女禱告，我依然故我，一再嘗試，一邊幻想自己是妓女。沒在更早以前就懷孕，簡直是奇蹟。一直到去年夏天以前，我和人做愛時，總是半途就強迫自己踩煞車，因此我被罵過下流，被罵過賤人。我竭盡所能把持自己，連接個吻，都讓我擔心會跨過調情的底限。終究是靠著意志力，才讓我暫時逃過一劫。

我在我出身的社會階層，以及我的遭遇之間，含糊地建立起關聯。我家族的人不是在做工，就是做生意，我是當中第一個上大學的。我不用去工廠當女工，不用管收銀機、招呼客人。然而，雖然我通過高中會考，擁有文學學士學位，一旦未婚懷孕，也扭轉不了注定的悲慘命運，就像酒鬼的下場，那真是最好的例子。我活活被逮住，在我體內生長的東西，可以說，相當於社會的挫敗。

墮胎一點也不讓我害怕。對我來說，那是輕而易舉的事，至少是辦得到的事，不需要什麼特別的勇氣。那是稀鬆平常的考驗，我只需要跟隨前人的腳步。自青春期以來，我從閱讀的小說，從街坊鄰居竊竊私語的蜚短流長，得來不少相關資訊。我大概知道有哪些墮胎方式，用毛線針，用香芹根，灌肥皂水，騎馬——最好是找到一名「密醫」或是有個美麗稱呼的女人——「天使製造者」（Faiseuse d'Anges），也就是墮胎婆。兩者的費用都很高，但真正的收費是多少，我毫無概念。就在前一年，一個離了婚的年輕女人告訴我，有個史特拉斯堡的醫生幫她打掉孩子，她沒多交代細節，只說：「實在痛得不得了，我痛到緊緊攀住洗手台。」我也準備好要緊緊攀住洗手台。我不認為自己會因此賠上性命。

撕掉妊娠證明後，過了三天，我在校園裡碰見尚・T，一個已婚也在工作的同學。兩年前，我曾代沒法出席的他，去上雨果研究課。他這人言語激昂，思想開放，和我頗投契。我們到火車站廣場的大都會咖啡館小酌一杯。某個時刻，我拐彎抹角地暗示他，我懷了小孩，也許我認為他可以幫助我。我曉得他是某個半地下組織的成員，那是一個爭取避孕和家庭計畫自由的組織。我暗自想像，或許能從這一邊得到援助。

頃刻間，他浮現好奇又雀躍的神情，彷彿他正瞧見我雙腿大敞，露出私處。從前的乖乖女這會變得走投無路，或許讓他饒有興味。他想知道我懷的是誰的孩子，已有多久身孕。我懷孕的事，他是第一個知情的人。即使他暫時沒辦法幫助我，他的好奇心，於我毋寧是一種保護。他邀我到家裡晚餐，他住在盧昂的郊區。我不想孤零零待在宿舍房間。

抵達他家的時候，他太太正在餵孩子吃飯，孩子坐在高腳椅上。尚．T簡短跟她說我有麻煩。他們的一位男性朋友後來也到了。孩子上床睡覺後，他太太端出菠菜泥兔肉。兔肉下頭的綠菠菜泥讓我反胃。我心裡想，如果我不墮胎，明年我就會遇到跟尚的太太一樣的處境了。吃過晚餐，在小學教書的她，和朋友出門買教材。我和尚開始洗碗盤。他把我擁入懷裡，說時間夠我們做愛。我掙脫開來，繼續洗盤子。隔壁房裡傳來孩子的哭聲。我好想吐。尚擦著盤子，一邊在我身後擠壓摩蹭。倏地，他恢復平常的語調，說他只是想試探我的道德感。他太太回來了，他們邀我留下來過夜。夜色已深，夫妻倆想必提不起精神送我回去。我睡客廳的充氣床墊。隔天早上，我回到宿舍，房間裡的一切，跟我昨天下午離開時毫無二樣。床單平整，所有的東西都擺在原來的位置，而幾乎已經過了整整一天。正是這一類的細節，揭示生活失序的開始。

我不認為尚．T對我有輕薄之意。對他來說，我從一個「不曉得會不會跟人上床」的女孩，搖身一變，成為「毋庸置疑」已和人上過床的女孩。在那個年代，這兩種類別的分野攸關輕重，動輒左右男孩子對待女孩的態度，他對待我的方式可說再實際不過。再者，他也不必擔心會不會害我懷孕，反正我已經有了。這是令人不快的一段往事，但是和我當時的狀況相比，根本也算不了什麼。他答應替我找位醫生；沒有別人可以幫我。

兩天後，我到他的辦公室找他，他帶我到河畔的餐廳用餐。餐廳離巴士總站不遠，那是一個曾遭戰火蹂躪、現在水泥鋼筋建築林立的地區，是我不會履足的地區。我開始脫離平常的學生生活圈，在別處閒蕩。他點了三明治。我對他的魅惑未曾稍減。他笑著跟我說，他可以找幾個朋友，在我的肚子裡放導管。我不知道他是不是認真的。他提到一對姓B的夫妻，妻子LB在兩、三年前墮過胎，「她啊，差點就翹辮子。」他沒有他們的地址，不過LB在當特約記者，我可以到報社找她。我見過這個女孩，我們修過同一門語文學課。她個頭嬌小，棕色頭髮，戴副大眼鏡，外表嚴峻。有次她上台口頭報告，被教授大大褒獎一番。像她這樣的女孩也墮過胎，讓我心安不少。

吃完三明治，尚．T癱在椅子上，咧嘴微笑：「吃過東西，好舒服啊。」我覺得噁心反胃，感到前所未有地孤單。我開始明白，他不想和墮胎一事有太多牽扯。他參與的鼓吹家庭計畫組織，依他們的道德標準，可容不下想墮胎的女孩。他冀望的是，隨時掌握我的最新動態。有點像目睹一切，卻無需付出代價。他還告訴我，他加入的組織支持懷胎自主權，就「道德上」，他沒法借我錢，讓我去非法墮胎。（我的記事本寫著：「和尚・T在河邊用餐。問題不斷。」）

尋覓開始，我得找到ＬＢ。以前，我常在大學餐廳見到她的丈夫在發傳單，他似乎沒再出現。中午和晚間的空檔，我找遍所有的教室，我還待在大廳，守著大門。

接連兩個晚上，我在《巴黎－諾曼地報》（*Paris-Normandie*）分社前等ＬＢ。我不敢走進去問她在不在。我擔心人家會覺得可疑。況且墮胎差點讓她丟了命，我不想為這種事打擾她工作。第二天晚上，陰雨霏霏，街上只有我一個人。我撐著傘，漫不經心瞄著閱報欄，一邊輪流盯著街道兩頭。貼在牆上的報紙，因雨淋而發出惡臭。LB就在盧昂的某個地方，她是唯一能夠救我的女人，她並沒有出現。回到宿舍，我在記事本上寫下：「冒雨等LB，還是沒等到。我好絕望。得弄走這個鬼東西。」

我沒有半點線索，半點指引。

許多小說談到墮胎，可是從未描述詳細經過。發現自己懷了身孕的女孩，轉眼間就打掉了小孩，其中過程付之闕如。我到圖書館查「墮胎」的資料。相關書目只有醫學雜誌。我拿出兩本：《外科手術集匯》和《免疫學月刊》，我期望找到實用的資訊，可是文章只提到「墮胎罪行」有何後果，我對那壓根不感興趣。

（那些相關書目的名稱和編號，類號四八四，第五、第六目，一〇六五則，寫在我當時的地址通訊簿裡。看著以藍色原子筆寫下的這些潦草字跡，我有種古怪又迷惑的感覺。彷彿這些物質性的具體證據，以晦澀難解又無以抹滅的方式，掌握了過往的真相；那是變幻不定的回憶，以及難以恆常如一的書寫，所無法企及的真相。）

某天下午，我離開宿舍，想去找個願意替我墮胎的醫生。在某個地方，應該有這樣的一個人吧。盧昂成了灰色石碑構成的森林。我仔細看著每一塊門牌，納悶裡頭住著什麼人。我沒法下定決心去按門鈴。我等候徵兆。我往瑪坦區走去，那是個遠離市中心、有點偏僻的貧民區，我想像那兒的醫生會比較善解人意。

那時是十一月，灑著淡淡陽光的日子。我一邊走著，腦裡哼著〈多明妮克，妮克，妮克〉（Dominique nique nique）。那是當時非常流行的一首歌，到處都可以聽見。歌曲以吉他伴奏，演唱者是多明會教派的修女——微笑修女（Soeur Sourire）。歌詞教化人心又顯得有點天真（微笑修女顯然不懂niquer一詞的意義），不過這首歌的旋律輕快愉悅，給我勇氣繼續我的找尋。我來到聖馬可廣場，廣場上堆放著市場攤販的貨架。經過佛哲家具店，我往裡頭瞧。小時候，我曾經陪媽媽來這家店買櫃子。我不再看門牌，我隨意遊盪。

大概十年以前，我在《世界報》上讀到微笑修女自殺的消息。報導指出，微笑修女靠多明妮克一曲一炮而紅以後，就和所屬的修會有了不少磨擦。她離開教會，去和一個女人同居。漸漸地，她不再唱歌，被大家遺忘。她酗酒。這段生平簡介讓我震驚不已。對我來說，她是與社會徹底決裂的那一類女人；還俗的修女，多少有點同性戀和酗酒的傾向。她不曉得自己有一天會變成這種女人。在我孤零零一個人，茫然無措，徘徊在瑪坦區的時候，正是這樣的一個女人陪伴著我。我們都經歷過孤獨無依的時刻。那天下午，這個女人的歌，給了我活下去的勇氣。而在不久之後，她自己也面臨迷失墮落，最後還因此走上絕路。我多麼希望她至少有過一點幸福的光陰，希望她在喝著威士忌的夜裡，心裡曾經想，她終究是狠狠地把那些修女全給「操」了。那時的她，應該已經懂得niquer這個字的意思。

有些女人讓我心生認同。她們當中有些已經作古，有的尚在人世，有些真有其人，有的只是虛構的小說人物。這些我不曾打過照面的女人，儘管和我如此不同，我卻感覺自己跟她們有某些共同點。微笑修女就屬於這一類女人。在我心裡，這些藝術家、作家、小說女主角、童年回憶裡的女人，緊緊相繫在一起。我感覺，她們的故事，就是我的故事。

位在耶瑟大道上（Yser），靠近波瓦辛（Beauvoisine）廣場的這家內科診所，和六〇年代大部分的診所一樣，裝潢得像是資產階級家庭的客廳，有地毯、玻璃書櫃、仿古書桌。這一帶是右派眾議員安德烈・馬里居住的高級住宅區。我不曉得自己為什麼來到這裡。天色已晚，也許在打道回府以前，我想孤注一擲。替我看診的是位上了年紀的醫生。我跟他說我很累，月經遲遲不來。他戴上橡膠手套，替我內診。他說我肯定是懷孕了。我不敢明目張膽請他替我墮胎。我只懇求他，無論如何要讓我的月經再來。他不作答，也不看我，然後開始大罵那些只顧享樂、不負責任的男人。他開了鈣補充劑和雌二醇針給我。得知我還是大學生，他的態度溫和了點，問我認不認識菲利普．D，他朋友的兒子。我確實認識他，戴眼鏡的棕髮男孩，看起來一板一眼。大一時，我們修過同一門拉丁文課，現在，他人在坎城念書。我記得當時還想，自己絕對不會懷這種人的孩子。「很溫柔體貼的孩子，對不對？」他微笑問道，見我表示贊同，他顯得相當高興。他已經忘了我為何而來。送我到門口時，他的神情如釋重負。他沒叫我回去複診。

像我這一類女孩，對醫生而言都是在浪費時間。除非是既沒錢也沒有門路的女孩——要不然犯不著到他們那裡碰釘子。那些醫生只要一看見她們，很難不想起會害自己鋃鐺入獄，或是觸犯永遠不得再執業的法條。他們只是不敢坦承，絕對不會冒著失去一切的危險，去幫一個笨到讓自己懷孕的小姐。搞不好他們寧可死掉，也不願觸犯那個任憑女人自生自滅、賠上性命的法條。可是大家心知肚明，禁止歸禁止，想墮胎的女人照樣找得到方法。和身敗名裂相較，插進陰道的毛線針無足輕重。

我應該是花了好一番功夫，才擺脫掉那段回憶——盧昂聖馬可廣場的冬日陽光、微笑修女的歌曲，還有耶瑟大道上那位姓名不詳的醫生那間鋪了地毯的診療室。如此一來，我才能避免陷入影像的泥沼，抓住回憶裡隱而不現、抽象、未曾現形的真相——

其實正是法律，逼得我自生自滅，獨自奔走，尋覓不知道在哪裡的醫生。

法律無處不在，包括記事本裡遮遮掩掩、拐彎抹角的用辭，還有尚．T的灼灼目光、奉子成婚的下場、電影《秋水伊人》（*Les parapluies de Cherbourg*）、因墮胎而生的羞愧感、對墮胎的撻伐。當時，根本無法想像女人有一天能夠擁有墮胎的自由。一如蛋生雞雞生蛋的老問題，我們無法確定，究竟是因為墮胎罪大惡極，才被立法禁止呢？還是因為立法禁止，墮胎才變得罪大惡極？法律才是評斷萬事的準則，而法律本身，不容評判。

我不認為醫生要我打的針會有效果，但我想姑且一試。我擔心學生服務中心的護理師會起疑。我常在餐廳碰見一位醫學院女孩，我問她能不能幫我打針。當晚出現在我房裡的不是她。她派同學過來，是位金髮俏妞，臉蛋非常漂亮，神情自在。一看見她，我心想自己已淪落到何等可憐的地步。她幫我打針，什麼也沒問。第二天，她們兩人都沒空過來，我坐在床上，閉上眼睛，自己拿針刺向大腿。（記事本上寫著：「打了兩次針，無效。」）很久以後，我才知道，耶瑟大道的醫生開給我的處方，是用來避免流產的。

（我感覺寫下的文字牽引著我，讓我在不知不覺中為這些往事定義。我的不幸生活已悄然開始，這段敘述所表達的，便是這樣的意思。我強迫自己別快馬加鞭，別一口氣略過記憶裡的一大段日子。我試著用各式各樣的方法，讓記憶裡的光陰緩慢前進，遲緩如夢，比如：探索、記錄各樣細節，使用未完成過去式，分析事實。）

我照舊去上課，上圖書館啃書。暑假時，我興沖沖選了「超現實主義文學裡的女人」當論文題目。這會兒，相形於古法文的並列連詞研究，或是夏多布里昂（Chateaubriand）作品的隱喻分析，我的題目不見得更有意思。我漠然地讀著艾呂雅（Eluard）、布勒東（Breton）、阿拉貢（Aragon）的作品，它們全在頌揚抽象概念的女人，說女人是男人與宇宙間的潤滑劑。這一段、那一段，都有和我的題目相關的句子。我記了下來，可是我不曉得該拿筆記怎麼辦。教授要求我寫大綱和第一章，我不認為自己交得出來。理解每個相關句子，融會貫通之後，鋪陳為一篇條理分明的文章，我著實辦不到。

從念中學開始，我就對玩弄概念很有一套，總能洋洋灑灑寫就長篇大論。我很清楚，教授交代的申論文、作業，只消套用八股就能應付，不過身為箇中能手的我，還是感到洋洋得意。套用我父母的措詞，要「顧好學業」，似乎就該對文字、概念駕馭自如，我得持續不懈地努力。

現在，「思想穹蒼」於我，變得如此遙不可及，我拖著害喜的身子，在底下匍匐前進。有時候，我期望只要麻煩一解決，就能重新找回思考能力；有時候，我深覺自己的才智就像建築物一樣，已經徹底崩塌瓦解。就某個角度來說，寫不出論文這回事，比起墮胎的急迫性更叫我驚駭失措。寫不出東西，確確實實標誌著我的墮落與失勢（我的記事本寫著：「我不再寫作，不再念書。該如何是好。」）。我不再是「知識青年」。我不知道別人是不是有同樣的感覺。我為此痛苦莫名。

（我常感覺，自己還不夠深入事情的核心，彷彿某種根基遠久的理由阻止我更進一步挖掘真相。也許跟我出身的工人階層有關，那個世界懼怕「花費腦力」的行為；或者跟我的身體有關，與我的肉體所經歷的一切有關。）

每天早晨，醒來的時候，我以為自己不再害喜，才剛這麼想，作嘔的感覺隱隱湧現。我瘋狂渴望一些食物，瘋狂厭惡另一些食物。某天，我經過一家臘肉店，短香腸教我垂涎欲滴。我走進去買了一根，當場站在人行道上囫圇吞完。另一回，我央求一個男生請我喝葡萄汁，我好想喝，彷彿只要能喝到口，叫我做任何事也在所不惜。有些食物，光是看，就教我反胃作嘔；另一些看起來可口，一吃進嘴裡就變了樣，像腐臭食物的味道。

某一天早晨，我和同學在教室外頭等著上課，眼前一個個人影，卻在突然間化為亮晃晃的圓光點。我急忙坐到樓梯上，才沒昏倒在地。

我在記事本上寫著：「身體經常不舒服。」「十一點，市立圖書館，噁心想吐。」——「還是很不舒服。」

大一那年，我偷偷仰慕幾個男孩。老在他們身邊打轉，上課時挑他們附近的位子坐，他們何時到大學餐廳吃飯、上圖書館念書，我也瞭若指掌。那些風花雪月，像是十分遙遠以前的事了；不識愁滋味的日子，幾乎就像小女孩的天真歲月。

我有一張照片，是懷孕前一年的九月拍的。照片裡，我端坐著，頭髮及肩，膚色曬得古銅，條紋襯衫領口結著絲巾，我面露微笑，一臉淘氣盯著鏡頭。每回看到這張照片，我心裡總想，這是我在少女時代拍下的最後一張照片。當時還是少女的我，正緩緩步入人生的下一階段，必然的情慾誘惑階段。

某晚，貝雷帽酒吧有場舞會，我和宿舍的女孩一道前往。一整晚，我和一個溫柔的棕髮男孩共舞。他讓我心蕩神馳。從確定自己懷孕以後，這是我第一次對男人產生慾望。所以，不管發生了什麼事，性器官照樣緊繃、舒張，即使肚裡已經有個胚胎，不得不坦然接受噴流而來的陌生人精液。記事本上寫著：「和一位風度翩翩的男孩跳舞，不過，**我什麼也做不出來。**」

對我來說，閒聊鬼扯顯得幼稚又無聊。有些女孩習慣叨叨絮絮日常細碎瑣事，讓我難以忍受。某天早晨，從前語文課班上的同學坐到我身邊。她是蒙貝里耶市來的一個女孩，滔滔不絕，跟我描述她在聖莫爾街（Saint-Maur）的新居，包括大剌剌在屋子玄關曬衣服的女房東、她住在布瓦辛街的家教學生……那樣鉅細靡遺的描述，對自己的小世界沾沾自喜，在我看來，是何等瘋狂變態。女孩用南部口音說出的每一句話，我彷彿還謹記在心——也許正因為她訴說的一切是那樣微不足道，對我而言，反而有了可怕的意義，我意識到自己脫離了正常世界的軌道。

（從我下筆寫這個事件開始，我竭盡全力回想當年同學的臉孔和名字。我在隔年離開盧昂，除了和其中兩、三個人還保持聯絡，不曾再見過其他人。他們一個個從回憶裡翩然現身，文學院校園、大學餐廳、貝雷帽酒吧、市立圖書館、週五晚上的火車站月台，往日情景重現眼前。重新復活的一群人，我也是其中一分子。毋寧說是這群人，召喚出二十三歲那年的我，讓從前的我再度現形，而非我個人的記憶。正是他們，讓我明白，我當時確實過著學生該有的生活。這些臉孔和名字的存在，也解釋了我當年何以心慌意亂：和他們相比，和他們的世界相較，我的罪惡感油然而生。

我不許自己在這裡寫下他們的名字，他們並非虛構的人物，而是真有其人。同時，我又不願相信他們確實生活在某個地方。在某種意義上，我也許沒錯：他們目前的生活形態，不管是身體、想法觀念、銀行戶頭的存款，都和六〇年代迥然不同；現在的他們，不再是我回憶裡的那些人。我曾經想透過迷你電話網路找出這些人，但我馬上意識到這樣做不對。）

週六，我如常地回父母家，我輕而易舉就把他們蒙在鼓裡。打從青春期起，我和父母間的關係就毫無波瀾。我母親出生在第二次世界大戰之前，那個時代的人，將性愛視為罪惡和羞恥的事。我敢肯定，她的看法始終如一。既然她相信我抱持相同的觀念，我也只能忍受她的看法。跟絕大多數為人父母者一樣，我的父母，自以為一眼就能瞧出孩子的不對勁。我只消定期回家看他們，帶髒衣物回去洗，從家裡帶食物回學校，笑臉盈盈，神色泰然自若，他們就安了一百個心。

某個禮拜一，我從家裡帶回一對毛線勾針，是某年夏天，我買來織毛衣用的。毛衣一直沒有織成。大號的勾針，銀藍色。我無計可施，決定自己來。

付諸行動的前一天晚上，我和宿舍的幾個女孩去看電影《我的奮鬥》（*Mein Kampf*）。我心裡忐忑難安，記掛著隔天的計畫。看了電影，卻讓我體認到一個事實，和慘絕人寰的集中營相比，我要承受的痛楚根本微不足道。這部電影給了我勇氣和決心。而且，我知道在我之前，許多女人也做過同樣的事，這不啻是支強心針。

隔天早上，我躺在床上，小心翼翼把毛線針放入私處，我探了老半天，沒找到子宮頸。我一感到痛，就忍不住停下動作。我發現靠自己的力量根本辦不到。我感到絕望透頂。我實在力有未逮。「沒成功，根本辦不到。我哭了，我真的受夠了。」

（這段文字可能惹人不快或反感，要不然就是被扣上壞品味的標籤。我有權利寫下親身的經驗。事實就是事實，沒有高等或低劣的分別。對於這次經驗，如果我選擇輕描淡寫，我不啻在隱瞞相關事實；這樣一來，我也站到男性宰制的這一方。）

經過這次徒勞無功的嘗試，我打電話給N醫生。我告訴他，我不想要「這個東西」，我傷害了自己。我說了謊，可我想讓他明白，只要能墮胎，我任何事都做得出來。他叫我立刻到診所見他。我以為他要幫我。他沉默地替我看診，神情肅穆。內診後，他說沒有大礙。我哭了起來。他坐在桌前，垂著頭，一臉疲憊和不知所措。我想他內心還在交戰，但就要答應我的請求了。他抬起頭：「您要到哪裡去做，用不著告訴我。不過那前後八天，您得服用盤尼西林。我開處方箋給您。」

走出診所時，我自怨自艾，恨自己搞砸最後一個機會。我沒有使出渾身解數，裝可憐到底，好說服他違背法律來幫我。只要再多掉些眼淚，聲淚俱下多哀求一會，只要將我的惶然無措表現得更徹底，他就會答應幫我吧（有很長一段時間，我一直這麼認為。也許，我大錯特錯。真相如何，只有他自己知道）。至少他不希望我染上敗血症，白白送掉一條命。

他和我都沒用「墮胎」這個字眼，語言裡沒有它存在的位置。

（昨晚，我夢見自己回到一九六三年，正在尋尋覓覓墮胎的方式。醒來時，我心想，這個夢帶給我的沮喪和無力感，和從前沒有兩樣。我手裡寫的這本書，像是孤注一擲。回憶著夢境中的點點滴滴，讓我以為自己不費吹灰之力，就得到我藉由書寫一直冀望尋回的東西——就像在享受高潮快感時，靈光乍閃的片刻，有種「啊，這就是極樂至福」的感覺。這麼一來，我沒有必要再寫下去。

不過此刻，剛睡醒時的感受已經蕩然無存。我所做的夢，不啻證明了書寫的必要。這下子，更得繼續寫下去。）

學校裡，稱得上是朋友的兩個女孩已經離開。一個進了聖伊來爾市的結核病療養院，另一個到巴黎念教育心理學。我寫信告訴她們我懷孕的事，說我想墮胎。她們兩人都沒有評判我，可是顯然嚇壞了。別人的恐懼並不是我需要的東西；她們沒辦法幫上我的忙。

我和O從大一就認識，我倆的房間位在同一層樓，常一同外出，不過她稱不上是朋友。我和其他女孩一樣，覺得她黏人又討厭。不過女孩間就愛論人是非，評語再惡毒，也無關緊要，影響不了大家的交情。我曉得，她多麼渴望知道別人的祕密，好向其他女孩獻寶；講述祕密的那一個小時，別人會覺得她有趣，不當她是黏人精。她出身資產階級、篤信天主教的家庭，對教條奉如圭臬，我要想吐露隱情，她絕對是最後一個對象。可從十二月起，一直到事情結束的那段時間，她是我的心腹密友。我注意到一件事：我多麼渴望告訴別人我的狀況，我才不管他們的思想是保守或開放，才不管他們會怎麼評斷我。那是走投無路的我唯一可以做的事，我毫不在乎可能的後果，我試圖和別人分享事實，拖他們陪我一起驚慌失措。

安德烈．X是文學院大一的學生，擅長用冷酷的語調講述切腹自殺的恐怖故事。我和他稱不上熟。一次和他在咖啡館閒聊時，我拐彎抹角地告訴他懷孕的事，還有我不顧一切要墮胎的決心。他驚訝得愣在原地，棕色的雙眸直勾勾盯住我。他勸我坦然接受「自然的法則」，別鑄下大錯，他認為墮胎是罪過。我們坐在大都會咖啡館靠門的位置，桌子面對著街道。我們待了很長一段時間。他沒法撇下我離開。他堅決要我打消墮胎的念頭，我感覺，在他的堅持背後，隱藏著極度的慌亂，以及因驚懼而生的著迷。我的墮胎欲望，像是一種魅惑。其實，對O、安德烈．X、尚·T來說，我的墮胎不過是一段故事，結局尚未明朗的故事。

（我在躊躇，不知道要不要用這樣的文字：我又一次看見大都會咖啡館，我們坐的小圓桌，靠近大門、面對翠綠街的位置，咖啡館裡面無表情的侍應生，叫作吉爾。我把他當成《存在與虛無》書裡的角色，他並不是真正的咖啡館侍應生，而是假扮——諸如此類的回憶片段。寫作，注定要透過想像去看見一些東西，抑或，藉由回憶，又一次看見一些東西。啊，又回到了從前的生活，已然終結、消逝的那段日子——「又一次看見」這個用辭，記錄的正是這樣的感覺，「好像我還在那裡似的。」）

唯一無動於衷的，是讓我懷孕的那個男人。他偶爾才會從波爾多寫封信給我，字裡行間遮遮掩掩地暗示，要找到解決方式有多困難。（記事本上寫著「他要我自己想辦法。」）我應該斷定，他對我已經不再有感情，他唯一想望的是，再做個單單純純的學生，只管擔心考試和未來出路。我應該揣測到他的想法，我還是沒有勇氣分手，煩惱著要怎麼墮胎已夠叫我絕望，我不想再面對分手帶來的空虛失落。總之，我**恰如其分**地遮掩現實。在咖啡館裡，看見男孩子在開懷大笑，每每讓我心如刀割——在同一個時刻，他也許也像他們一樣開懷笑著；所以，我可不能讓他悠哉過日子。十月的時候，我們曾計畫在耶誕節和朋友去滑雪，是一對情侶檔。我不想改變計畫。

時序進入十二月中旬。

我的屁股、乳房緊緊繃住洋裝，我的身體臃腫，可是已經不再害喜。有時我壓根忘記自己有兩個月身孕。也許是因為我已經決心打掉胎兒，內心自我催眠，不去擔憂墮胎的底限，可我心裡再清楚不過，懷孕的女孩任憑一個禮拜又一個禮拜過去，一個月又一個月流逝，大限終會到來。我躺在床上，冬日的陽光灑落窗前，我聽著《布蘭登堡協奏曲》，就像去年冬天一樣。我不覺得自己的生活有任何改變。

我的日記上寫著：「我有種感覺，我的懷孕，抽象而不真切。」——「我摸著肚子，就在那裡。確確實實就在那裡，不是想像。假如我什麼也不做，明年七月，就會生下自己的小孩。可是我沒有半點真實感。」

聖誕節前十天左右，就在我不再懷抱希望的時候，LB來敲我的房門。尚・T在街上遇見她，告訴她我有事找她。她還是戴著黑框大眼鏡，樣子看來嚴峻得嚇人。她對我微笑。我們肩並肩坐在床上。她給了我那個女人的地址。幫她墮胎的女人，叫P－R女士，是一位上了年紀的助產士，在診所工作，住在巴黎十七區的卡地內甬道。甬道，聽起來多麼符合污鄙又神祕的墮胎婆形象。聽到這兩個字，我該是笑出聲來，因為我記得她特別強調，卡地內甬道通往卡地內大街，不是死巷。我對巴黎全然陌生，這條街名只讓我想起一家卡地內珠寶店，收音機頻道每天都有它的廣告。ＬＢ平靜地，甚至語帶詼諧地，對我描述Ｐ－Ｒ女士的操作流程：她用一支俗稱鴨嘴的窺器把導管放入子宮頸，接下來就等孩子自己流掉。這女人態度嚴謹，手法乾淨俐落，使用的器具都經過煮沸消毒。不過，沸水殺不了所有細菌，那次ＬＢ染上了敗血症。不過我大可隨便編個毛病，馬上去看醫生拿抗生素。我告訴她，我已經有一張盤尼西林處方箋。聽起來是挺簡單的一件事，教我放心。反正ＬＢ已經做過，也安然無恙地脫身。Ｐ－Ｒ女士收費四百法郎（相當於一九九九年的六千法郎）。ＬＢ主動提議借我錢。地址和錢，是我當時在世界上唯一需要的東西。

（我用姓名縮寫來代表的這個女人，現在回想起來，她是第一個站到我這邊，幫助我度過難關的姐妹。那些和我站在同一陣線的姐妹，用她們的知識、行動和決定，協助我盡可能安然度過這項考驗。我想寫下她的姓氏，還有她那個具有象徵意義的美麗名字——由她逃離佛朗哥統治的西班牙裔父母所取的名字。我想這麼做，證明ＬＢ確實存在，告訴世人她在我的生命裡何等重要。可也正基於同樣的理由，讓我打消念頭。我沒有權利，利用這麼個不對等的權力，在書裡曝露ＬＢ的身分，她是真實存在的人物，還活在人世——是的，我剛在電話簿上確認過。她大有可能義正辭嚴地指責我，說她「可沒要求我這麼做」。

上個週日，回到諾曼地時，我繞道盧昂一趟。我走過巨鐘街，來到大教堂。有棟新近落成的「皇宮空間」*，我在裡頭的一間露天咖啡座坐下。由於手頭正在寫這本書，我不停回想六〇年代，可早已除舊布新、色彩繽紛的這個城市，市中心的一切沒給我帶來任何悸動。我得靠著想像力，剝除城裡的一切色彩，讓建築物的牆壁再度恢復灰暗，讓人行道上又駛著汽車，只有藉由這番艱辛的過程，我才能趨近昔日歲月。

我仔細觀察行人。就像隱藏在風景畫裡的人物，來往的行人中，也許有我一九六三年的同窗。我在書寫的當下，浮現在腦海裡的那些面孔如此清晰，待在盧昂的露天座時，卻怎麼也想不起他們的面貌。鄰桌坐著一位美麗的棕髮女孩，小麥膚色，嘴唇小巧厚實，她讓我想起LB。我想把這女孩看作她的女兒。）

＊譯按：Espace du Palais，盧昂一間住商混合的購物中心。

到中央高原度假、再去見P，我心知肚明，他壓根不會想見我。而且得花掉用來支付墮胎的一筆錢。我這麼做，無異欠缺理智。可我不曾滑過雪，再者，在前往巴黎十七區卡地內甬道之前，我需要一點放鬆、一點娛樂。

我拿著米其林旅遊指南，翻看金色山區（Mont-Dore）的地圖，我讀著街名：梅那蝶街、阿波里奈街、蒙洛澤街、夏佐船長街、萬神殿廣場——我這才發現市區有朵多尼河穿流而過，還有一家溫泉療養機構。那裡於我是如此陌生，彷彿我從來不曾到過一樣。記事本上寫著：「到俱樂部跳舞」——「到製革廠酒吧」——「到穀倉酒吧」。可除了皚皚白雪和一間人滿為患的咖啡館，我什麼也回想不起來。我們在傍晚進入那間咖啡館，裡頭的點唱機，傳出〈假如我有根榔頭，我會無比幸福〉這首歌。

回憶裡，是一幕又一幕的爭吵和眼淚，沒有對話。我無法確認自己當時的心情，以及我對P期待些什麼。也許我在逼他承認，我的墮胎決定是犧牲，甚至是「愛情的證明」。雖然這個決定完全出於我的意願，是基於對自己的好處。

法學院的學生安妮克和葛坦，不曉得我懷了身孕而且想墮胎。P認為沒必要跟他們說，他說他們是典型的「資產階級保守分子」，不會接受這種事。他們已經訂婚，可從不上床。他尤其不願因為這件事，破壞了度假的歡樂氣氛。我一談到這個話題，他的臉色馬上一沉。他在波爾多的時候，沒有找到任何解決方法。我懷疑他真的想過要怎麼解決。

這對情侶檔家境富裕，住在一間高級旅館；P和我，則選了一間民宿。我們沒做過幾次愛，也總是草草結束，枉費了我的有孕之身——木已成舟。也許就像失業者沒善加利用得來的空間和自由，或是絕症患者沒能肆無忌憚大吃大喝一樣可惜。

我們交談的時候，一逕是調笑逗弄的口吻，偶爾出現傷人的言語，馬上就被匆匆帶過，好維持和氣。他們三個一向乖乖上課、交作業，因此決心要過個無憂無慮的假期，這是身為學生應得的報償。他們想要說笑打屁，想要跳舞，想看《槍手伯伯》（*Les tontons flingueurs*）。而我呢，一整個學期，只想著要怎麼墮胎。我強迫自己和他們一般開心，我不認為自己做到了。我只是被動地應和。

我只對運動感興趣，冀望靠著劇烈的活動或是狠狠摔一跤，讓我擺脫「這個東西」，用不著到巴黎十七區見那個女人。我沒錢租借滑雪用具，所以只要安妮克借我用滑雪板和雪鞋的時候，我會任自己大摔特摔，每每相信這一摔，就讓自己得救了。某一天，P和安妮克拒絕再往上爬，只有葛坦陪著我，繼續往朱梅爾山的坡道前進。我的假皮靴子裂了個大口，雪滲進鞋裡。我往前走著，眼睛只管盯住斜坡，陽光下閃爍的雪地讓我目眩，我的雪鞋深陷在雪裡，每走一步都吃力得很。我腦裡只有一個念頭，甩掉這個胚胎。我相信自己得爬到山頂，得達到體力極限，才擺脫得掉這個東西。我使盡全力好殺掉它。

每次一回想起金色山區的那段假期，那一個禮拜，我看見的是大片耀眼陽光和皚皚白雪，那是一月的黑暗裡驟然出現的光亮。也許是因為，回憶的原型，總是以光明與黑暗、日與夜對照的形式呈現。

（我一邊寫著，一邊不斷自問，用以證明那段日子的東西在哪裡：除了日記和記事本，我似乎沒有可靠的依憑，好確認彼時的感覺和想法，因為內心思想是那樣不具形體又短暫的東西。

只有對某些人、某些事物的感覺，像是朱梅爾山的雪、尚‧T眼球鼓凸的雙眼、微笑修女的歌，只有這些回憶，是具體的證明。唯一真實的記憶是物質性的。）

十二月三十一日，我搭某家人的便車，離開金色山區前往巴黎。我沒有參與車上的談話。某個時刻，有個女人說，租頂樓房間的女孩流產了，「她一整夜都在呻吟。」我對整趟車程的記憶，只有陰雨霏霏的天候和這句話。又是一句和墮胎有關的話。這些相關的話語（駭人的，鼓舞人心的，多數是我已忘了從哪聽來的），像是一盞明燈，給我支撐，直到也輪我去走這一遭。

（我之所以寫下這些文字，似乎只為了最後要描述一九六四年一月，發生在巴黎十七區的一切。就像十五歲那年的我，不過是為了一、兩個未來的願景而活著：為了到遠方旅行，為了做愛。我還不曉得會用哪些字眼。我還不曉得自己會寫下什麼。我想延緩自己動筆的時刻，繼續維持等待的狀態。也許，我懼怕書寫會讓所有景象崩解消逝，就像性慾在高潮後馬上蕩然無存。）

一月八日禮拜三[1]，我到巴黎和那個女人會面，商討手術的細節、日期和收費。為了省錢，我到聖凱薩琳山坡底下搭便車。

1. 對我而言，事件的真實性和日期緊緊相涉。對約翰．甘迺迪來說，對全世界而言，一九六三年十一月二十二日，是分隔生命和死亡的一天。

依我這種狀況，冒點險無關緊要。當時下著雪雨，一輛大汽車停下。我問駕駛那是什麼車，「積架。」他這樣回答。他雙手戴著手套，操著方向盤，一語不發開著車。他載我到納宜市，我在這裡換搭地鐵到巴黎。抵達十七區時，天色已暗。路牌上，寫著卡地內「通衢」，並不是「甬道」，讓我鬆了一口氣。挺好的兆頭。我找到地址上的門牌號碼——是棟破舊殘敗的建築，P－R女士住在三樓。

成千上萬的女人曾爬上一道樓梯，敲一扇門，要將自己的私處和腹部交由門後出現的一個陌生女人處置。這個女人，唯一能終結不幸的女人，為我打開門，她穿著圍裙，趿著圓點圖案的拖鞋，手上拿了條抹布，開口問道：「小姐，有事嗎？」

P－R女士身材五短肥胖，戴眼鏡，灰色髮絲挽成髻，衣著灰暗。她看來像鄉下老太太。她立刻帶我穿過狹窄陰暗的廚房，進到一個稍大的房間，房裡擺著老舊的家具，她的公寓僅有這兩間房。她問我上次月經何時來的。照她的看法，三個月是墮胎的最好時機。她掀開我的大衣，雙手擱在我的裙子上，觸摸我的肚子，她滿足地嚷著：「哇，好個小肚皮！」我告訴她滑雪的事，她聳聳肩，說道：「瞧！這小子可恢復體力啦！」她像在講一隻狡猾的野獸，一臉興高采烈。

我站在床邊，面對著這個臉色陰鬱的女人，她講話像連珠砲，手勢不斷。我要把肚裡的東西交給她，一切就要在這個房間裡上演。

她叫我下個禮拜三再過來，只有這一天，她才能從工作的診所帶回鴨嘴。她要替我放入導管，不放肥皂水也不放漂白水，只有導管。收費方面，沒錯，是四百法郎，只收現金。她公事公辦。不故作親熱（稱呼不用「你」而用「您」；不探人隱私），發問直擊重點，上次月經的時間、收費、手術方式，沒多問其他問題。完全只談具體的東西，感覺既奇特卻也教人心安。不帶感情也沒有道德評判。出於經驗，P－R女士一定知道，只談手術細節，才不會讓女孩突然悲從中來，哭哭啼啼地浪費時間，甚至最後還改變心意。

稍後，回想起她不停眨巴的眼睛，不時咬著上唇的動作，隱隱透露了她內心難以覺察的翻騰，我想她也害怕。不過，就像任何事都阻止不了我墮胎一樣，也沒有任何事能讓她罷手不幹。當然是為了錢，或許也為了助女人一臂之力。或許，也因為，她這個鎮日清理病人便盆的護理師，在卡地內通衢的小公寓裡，擁有了從來懶得跟她道一聲早安的醫生的權力。因此，非得收費高昂不可，因為她冒著危險，因為她的本事永遠得不到認可，也因為別人會以她為恥。

從卡地內通衢回來之後，我開始服用盤尼西林。我心裡只充斥著恐懼。P－R女士的廚房和房間浮現在我眼前，我不願想像她將要做的事。在大學餐廳吃飯時，我跟女孩們說，我要去點掉背上的痣，感到很害怕。她們很詫異，這種微不足道的小手術會讓我提心吊膽。能說出害怕的情緒，讓我如釋重負：在那一瞬間，我可以說服自己，我要去的不是一間廚房，要見的不是一個老護理師，等著我的是纖塵不染的手術室，以及戴著塑膠手套的外科醫生。

（那一個禮拜啃噬著我的恐懼不安，現在再也不可能重新體會了。除非，從超市等待結帳或是郵局窗台的隊伍裡，隨便挑一位六十來歲、乍看就惹人嫌惡的那種粗鄙女人，再想像她要用某個不知名的東西伸進我的陰道裡亂翻亂攪，我才能短暫重溫當時的感覺。）

一月十五日禮拜三，我在中午過後搭火車前往巴黎。抵達十七區的時候，離約定時間還有一小時。我在卡地內通衢附近閒逛。天氣溫暖而潮濕。我走進一間教堂——聖查理．波洛美教堂，坐在裡頭很長一段時間，祈禱待會不要受苦。時間還沒到，我到卡地內通衢附近的咖啡館，喝茶等候。鄰桌有幾個學生在玩一種擲骰子的遊戲，是店裡僅有的客人，老闆和他們有說有笑。我不停看錶。要離開前，我下樓上廁所。這是從小就養成的習慣，每回要做什麼重要的事情前，我總得先上個廁所。我盯著洗手台鏡子裡的自己，心裡大概在想：「這種事竟然要發生在我身上。」「我會承受不了。」

P－R女士已經做好準備。我看見瓦斯爐上頭蒸氣四冒的鍋子，所有器具應該都在裡頭。她帶我進房間，她似乎急著動手。她在床尾擺了張桌子，桌上蓋著一條毛巾。我脫掉絲襪，內褲，我應該沒脫掉身上的黑裙，因為是寬襬的裙子。我脫衣的時候，她問我：「破處女的時候，您可流了很多血？」她要我上半身在床上躺平，頭靠在枕頭上，提起腰和腿，彎曲著擱在桌上。她一邊忙東忙西、一邊滔滔不絕，再次跟我強調她只放導管，不放其他東西。她告訴我一個案例，就在上個禮拜，有位母親橫死在餐桌上，因為有個女人幫她灌漂白水。P－R女士一邊說，精神顯得相當亢奮；有人做出這種欠缺專業的事，顯然讓她非常憤怒。這是刻意說來讓我安心的話吧。我還寧可她啥也別說。許久以後，我認為，她不過是對工作一絲不苟，追求盡善盡美。

她坐到床尾的桌子前。

我看見掛著窗簾的窗戶、對街公寓的窗子，還有P－R女士灰色的頭顱，在我腿間。我不曾料到自己會有這一天。也許我想起了女同學們，在此時此刻，她們正在大學裡啃書吧。想起母親，她正一邊哼歌、一邊燙衣服吧。想起P，他正走在波爾多街上吧。可有些事情，就算不去想，也會自然而然盤踞心頭。我很清楚，大部分人照舊過著平常的日子，也許正因為這個理由，才讓我反覆問自己：「我究竟在這裡做什麼？」

那個房間的影像回到我腦子裡。那是分析不了的一幕。我只能沉溺其中。對我而言，湊在我腿間、插進鴨嘴的這個女人，似乎正在替我接生。

這一刻，我殺掉的是體內的母親。

這些年來，我記憶裡的房間與窗簾，就是我在床上所見的景象。也許已經有個年輕主管買下那整層樓，重新裝修。房間也許變得明亮，擺著IKEA家具。不過我敢肯定，那個房間還保留著過往的記憶，有這麼些女孩和女人，在這裡被插入導管。

疼痛那樣劇烈。她說：「小姑娘，別再叫了。」「我得完成工作。」也許她還說了別的話，所有的話只有一個涵義，她非得貫徹始終不可。後來，聽一些偷偷墮胎的女人描述往事，她們也聽過如出一轍的話語。彷彿在那樣的時刻，脫口而出的只有必要的指示，偶爾也有憐憫的話語。

我忘了她到底花多少時間放導管。我哭著。我不再覺得痛，只覺腰部沉甸甸的。她說已經大功告成，叫我什麼也別碰。怕會有血水流出，她幫我墊了厚厚一塊棉布。我可以去上廁所，可以走路。過個一、兩天，東西就流掉了，要是沒有的話，我得立刻打電話給她。我們一起在廚房裡喝咖啡。她也滿意自己完成的任務。我不記得何時給她錢的。

她擔心我要怎麼回去。她堅持送我到卡地內橋搭車，那裡有火車直達聖拉札火車站。我想獨自離開，再也不要看見她，但我不想拒絕她的好意，惹她不高興。我那時還不曉得，她的好意不過是出於恐懼，她怕我昏倒在她家樓下，被人發現。她套上大衣，腳上還穿著拖鞋。

來到外頭，一切突然變得如夢似幻，毫無真實感。我們並肩走在卡地內通衢中央，往路口前進；一棟樓房的牆壁似乎擋在衢道盡頭，往前望，只見一道縫隙的亮光。那是緩慢的一幕，天色不再那麼明亮。回顧我的童年、我過往的生命，我不知道自己何以淪落到這般田地。我們與一些人錯身而過，我感覺他們在看我，似乎看到我們兩人，就明白剛剛發生了什麼事。我覺得世界遺棄了我，陪著我的只有這個身穿黑色大衣的女人，彷彿她是我的母親。在街上的明亮光線裡，在她的洞窟之外，膚色灰槁的她，讓我心生嫌惡。拯救我的這個女人，看來像個猙獰的巫婆，或是老態龍鍾的老鴇。

她給了我一張車票，陪我在月台上等待開往聖拉札的火車。

（我不確定她是不是穿著拖鞋出門。我老是認為，她應該是那種習慣趿著拖鞋到街角雜貨店買東西的女人。從這一點可以顯示，對我來說，她是出身普羅階層的女人，是彼時的我正逐漸脫離的那個階層。）

一月十六、十七日，我等待子宮收縮。我寫信給P，說我永遠不想再見到他；寫給父母，說我週末不回家，我要去看維也納華爾滋——盧昂的大街小巷都貼著海報，正好給我一個正當藉口。他們可以從報上確認，表演是真有其事。

沒有動靜。我沒感覺到疼痛。十七日晚上，週五，我從火車站附近的郵局打電話給P－R女士。她叫我隔天早上去找她。從一月一日起就一片空白的日記，我在十七日週五這頁寫下：「我仍在等待。明天我要再去找墮胎婆，她沒做好。」

十八日週六，我一大早就坐上火車前往巴黎。天寒地凍的日子，眼前一片雪白。車廂裡，兩個女孩坐在我後面，有一搭沒一搭聊著，笑個不停。聽她們說話，我感覺自己失卻了年紀。

P－R女士一看到我，直嚷著天氣真冷，馬上帶我進屋。一個男人坐在廚房裡，年紀看來比她輕，他頭上戴著貝雷帽。看到我，他既不驚訝也沒有半點不自在。我不記得他後來是留在屋裡還是離去，不過他應該是講過一些話，因為我認為他是義大利人。餐桌上，有個裝滿沸水的臉盆，一條紅色的細導管在裡頭漂浮。我明白，那是她要再替我放進體內的導管。上一條，我沒看過。它看起來活像一條蛇。臉盆旁放著一支髮梳。

（假如我要用一幅畫來表現生命中的這個事件，我會畫靠在牆邊的一張小桌，上頭擺了個搪瓷臉盆，紅色導管在水裡漂浮。一支髮梳隨意擱在臉盆右邊。我相信，全世界沒有一間美術館藏有這樣的一幅畫——名為《墮胎婆工作坊》的一幅畫。）

和上一次一樣，她領我到房間裡。我不再感到害怕。我不感覺到痛。她拿出我體內的導管，再放入臉盆裡的那一條。這麼做的時候，她嚷道：「您在收縮。」那是助產士說的話。要不是聽到這一句話，我還不曾將墮胎和生產聯想在一起。她沒有叫我多付一筆錢，只吩咐我到時候要把導管寄還給她，因為那種樣式很難找。

從巴黎回來的火車上，在我坐的車廂裡，一個女人不停在銼修指甲。

P－R女士就此功成身退。她完成了工作，解決我的煩惱的第一步。她的責任到此為止。

（就在寫著這本書的時候，來自科索夫的難民嘗試從法國加萊偷渡到英國。索價高昂的人蛇，有些甚至在開船前就溜之大吉。不過科索夫人沒有因此打退堂鼓，來自貧窮國家的移民也不會：他們別無他法。人蛇被通緝，被眾人唾棄，就跟三十年前人人撻伐墮胎婆一樣。沒人去質疑，正是法律和常規造就了這兩種人。跟從前的墮胎婆一樣，那些人蛇裡頭，一定也有正派的人。

通訊簿裡寫有P－R女士名字的那一頁，我很快就撕掉了，可我不曾忘記她。大概六、七年後，在我任教的六年級班上，有個男孩姓氏跟她一樣，是個金髮男孩，沉默寡言，牙齒蛀了幾顆。和同年級的學生相比，他的個子顯得過高，年紀看起來過大。每次叫他回答問題，或是看到他的考卷，總讓我想起卡內地通衢的女人。對我而言，這個男孩的存在和那個老墮胎婆牢不可分，他就像是她的孫子。好幾年以來，安錫的聖母廣場上，一家裁縫店的男人（頭上的貝雷帽老是壓得低低的，是個腔調很重的義大利人），一直被我當成在P－R女士家廚房見到、可能是她丈夫的男人。我現在再也分不清哪個是原版，哪個是拷貝。七〇年代，在裁縫店裡，和一個手腳俐落、年齡不詳的嬌小女人一起看店，賣我滾邊蕾絲和象牙鈕釦的男人，竟成了那個冷冽的一月天，我在卡內地通衢看見的男人。）

一下火車，我馬上打電話給N醫生。我告訴他，有人替我放了導管。也許我期待他會像上個月一樣，叫我到診所去，總之就是接替P－R女士的工作。他沉默了一會，接著建議我服用Masogynestril[2]。聽他的語氣，我明白他根本不想見我，也不想再接到我的電話。

（現在的我，可以設身處地去想像他的反應——那是當年的我絕對做不到的事。試想，他在辦公室接到一個女孩打來的電話，女孩說她的子宮裡塞著導管已經整整三天，聽到這種事包準讓他冷汗直流吧。他恐怕是左右為難，不知如何是好。他如果答應見女孩，受制於法律，他得馬上拿出導管，讓女孩不想要的孩子繼續生長。假如他拒絕見她，那個女孩可能會有生命危險。選哪一個都不成，而且他不過一個人，勢單力薄的，只好勸我服用

2. 我不是很確定這種子宮止痛劑的名稱；現在市面上已不再販售。

Masogynestril。）

我走進最近的藥房，就在大都會咖啡館對面，買N醫生建議的藥。一個女人問我：「您有處方箋嗎？沒有的話，這藥不能賣給您。」我愣在那裡。櫃台後面，兩、三名穿白袍的藥劑師盯著我看。沒有處方箋代表我犯了罪。我感覺他們的目光彷彿穿透了我的衣服，看見我腹中的導管。那一刻，我萬般絕望。

（您有處方箋嗎？沒有處方箋不行！每次聽到這些話，看見藥劑師因我的一句「沒有」而拉下的臉，我總感到莫名的難受。寫作的時候，我不時得強迫自己別寫下充滿怒氣或痛苦的文字。我不想在這篇敘述裡寫下自己不曾做過的事，或者應該說，寫下自己至今很少做過的事，比如尖叫和哭泣。聽見女藥師的問話，看見髮梳擱在浸著導管的臉盆旁邊，當時的難過情緒，我只能盡量用文字照實記錄。再次看見那些畫面，再次聽見那些話語，我內心所起的騷動，和當初的感覺大相逕庭，難以比擬。我內心的騷動，不過是書寫當下的情緒。我的意思是：可以幫我完成文字書寫並建構起事實的情緒。）

週末，大學宿舍裡只剩下外國學生，還有老家在遠方的一些女孩。宿舍旁的大學餐廳不營業。不過我不需要和人說話。就我記憶所及，我當時並不害怕，只感到某種平靜，除了等待，我沒有其他事得做。

我看不下書，也聽不進音樂。我拿出一張紙，畫下卡地內通衢——我從墮胎婆家走出後，鋪展在我眼前的小巷，兩側緊緊相鄰的高牆，甬道盡頭的細縫。打從成年以來，這是唯一的一次，我想畫幅畫。

週日下午，我走在聖安紐市街頭，天氣冷冽，陽光普照。導管不再讓我不舒服。這個東西成為我肚子的一部分，我的夥伴。我只怪自己沒有早點行動。

日記本裡，一月十九日那頁寫著：「有點痛。我在想，需要多久時間，胚胎才會死去，被排出體外。有人用喇叭吹奏著〈馬賽進行曲〉，樓上有人在笑。生命就是如此，所有的一切。」

（所以我並未感覺到不幸。也許我真正該思考的是，為何八年以後，在寫我的第一本書《空衣櫥》時，我得想像自己又回到宿舍房間，回到那個禮拜天。為什麼我希望自己二十歲以前的歲月，留存在這個宿舍房間，留存在這個禮拜天。）

週一早上，我已經帶著導管生活了五天。中午左右，我搭上火車回Y城，匆匆來回父母家一趟。我擔心這個週末，身體狀況會讓我不方便回家。或許，我跟平常一樣，又用丟銅板決定，自己是不是還有時間回家一趟。天氣暫時回暖，母親打開每間房間的窗戶。我查看內褲。導管已經從私處跑出來，血和水沿著導管流出，濕透整條內褲。我看著附近的低矮房子、花園，是自童年以來，就不曾改變的風景。

（再來是另一個畫面。時光又要再倒退九年。粉紅色的大塊污漬，混雜了血和體液。那是四月的某個下午，在我上課的時候，我家母貓死在我的枕頭上，牠肚裡的小貓全部一命嗚呼。我回到家時，貓兒已被埋葬。）

下午四點二十分，我再搭電聯車回盧昂。車程只有四十分鐘。和往常一樣，我帶回雀巢咖啡、煉奶和餅乾。

貝雷帽酒吧的電影之夜，這一晚，放映的是《波坦金號戰艦》（*Le cuirassé Potemkine*），我和O一道去看。一開始我並沒有注意到肚子已經開始陣痛。每次一收縮，我一邊盯著螢幕，一邊屏住呼吸。陣痛的間隔越來越短。我再也看不下去。高吊的一塊肉上，密密麻麻的蛆在蠕動，那是我看到的最後一個畫面。我站起身，奔回宿舍。我躺到床上，開始緊緊攀住床頭，忍著不叫出聲。我嘔吐了。稍晚，O回來了，電影已經演完。她坐到我身邊，不知如何是好。她要我像待產的女人那樣呼吸，像小狗一樣。每次陣痛間，我才偷空喘口氣，疼痛持續不止。已過午夜。O回房睡覺，她對我說，有需要再叫她。我們兩人都不知道接下來會如何。

我感覺有強烈的便意，便跑向走廊盡頭的廁所，蹲在馬桶前，面對著門。我看著雙腿間的磁磚。我使盡力氣推。那東西像手榴彈一樣爆開，血水飛濺，直流到門邊。我看見從私處垂出一條淡紅色臍帶，尾端掛著一個小娃娃。我從未想過體內會有這個東西。我得帶著它回房去。我一隻手托住它——真是出奇地重，然後把它緊夾在雙腿間，沿著走廊往前走。我是隻獸。

O的房門微敞，透出光線，我輕喚她的名字，說：「出來了。」

我倆回到我房裡。我坐在床上，胚胎垂在我雙腿間。我們不知如何是好。我對O說，得剪斷臍帶。她拿起剪刀，我們不知從哪裡下手，不過她動了刀。我們盯著那個頭顱巨大的小小身軀，透明的眼皮下，雙眼像是兩塊藍色的斑點，就像個印度娃娃。我們辨識性別。似乎看見了冒出頭的陰莖。我竟然製造得出這樣的東西。O坐在圓凳上，她哭著。我們沉默地流淚。那是無以名狀的一幕，生與死並存的一刻。獻祭的一幕。

我們不曉得該怎麼處理胚胎。O回房找了個空餅乾袋，我把它放進去。我把袋子拿到廁所去，就像裝了個石塊似的沉重。我把袋裡的東西倒進便池，然後拉了沖水開關。

墮掉的死胎，在日本，叫作「水的孩子」。

我完成入睡前的梳洗。這個時候，再也沒別的事好做。信仰虔誠又出身資產階級的O，絕對沒料到自己竟會動手為一個三個月的胎兒割臍帶。現在的她，回想起當年的事，或許要把它當作是無從解釋的混亂、生命中的意外出軌。或許她也反對墮胎。不過，在我的記憶裡，看見的是她布滿淚痕、怏怏不樂的小臉。那一夜，在女生宿舍十七號房，只有她陪在我身邊，臨危受命的助產士。

我在失血。一開始我並沒有注意到，我以為一切已經結束。

血斷斷續續從剪斷的臍帶流出來。我躺在床上一動也不動，O替我敷上毛巾，一條條毛巾很快就被血浸濕。我不想看醫生，沒有他們幫忙，我不也安然脫身。我想站起來，眼前卻直冒金星。我想自己就要因為出血而死。我對O大嚷，馬上幫我找醫生。她跑下樓找管理員，找不到人。接下來我聽到一些聲音。我肯定自己已經流血過多。

值班醫生一現身，揭開這一夜的第二幕。從親眼見證生與死的第一幕，進展到祕密曝光與審判的階段。

他坐在我床上，抬起我的下巴：「妳為什麼幹出這種事？

說！為什麼？」他冒著怒火的雙眼盯住我不放。我懇求他不要讓我死去。「看著我！跟我發誓，妳不會再幹這種事。永不再犯！」他狂亂的雙眼讓我以為，如果我不發誓，他會眼睜睜讓我死掉。他拿出處方箋，「妳得到天主醫院。」我說我寧可到診所。他又說了一次「天主醫院」，口氣堅決，像是在表示，像我這種女孩，唯一的去處就是醫院。他向我要診療費。我站不起身，他自行打開我的書桌抽屜，從皮包裡拿了錢。

（這一幕，幾個月前我曾經書寫過，我剛在一堆文件裡發現那一篇文字。我發現自己使用了相同的字眼，像是「他會眼睜睜讓我死掉」等等。我在廁所流產的一幕，我也用了相同的比喻，比如炸彈或手榴彈爆炸，或是酒桶的木塞爆開。當你沒法子用其他的語彙去描述，某個畫面就確切代表了一切經過，沒有別的可能性，不啻證明，我**確實**經驗的過程，**正是如此**。）

我躺在擔架上被送下樓。沒戴眼鏡，眼前的一切都是模糊的。我在前半夜保持的冷靜、服用的抗生素，完全沒有用，最後還是必須到醫院解決。我感覺，直到出血以前，我的所作所為都無懈可擊。我尋思究竟犯了什麼錯，也許錯在不該剪斷臍帶。狀況不再是我能掌握的。

（我覺得這本書一寫完，我也會面臨同樣的命運。我的決心、我的努力，暗中進行、甚至可說是偷偷摸摸的這一番回顧——假如沒人懷疑我正在寫這個事件的話。一切的一切，都將驟然煙消雲散。將要公諸於世的文章，我對它再也沒有掌控權，就像在天主醫院，我失卻了對自己身體的掌控權。）

我被送到人來人往的大廳，放在正對著電梯的一張推床上頭。彷彿永遠不會輪到我一般。出現了一個挺著大肚子的女孩，陪在她身邊的女人應該是她母親。她說她就要生了。護理師置之不理，說她根本還不到預產期。女孩想住院，經過一番吵鬧，她和女人一起離開。護理師聳聳肩，「這個女的，十五天來，天天都來鬧！」我這才知道女孩二十歲，未婚懷孕。她沒墮掉孩子，可是得到的對待和我一樣糟。墮胎的女孩和貧民區的未婚媽媽，被歸類到同一邊。也許她比我更受鄙夷。

手術室裡，我全身赤裸，雙腿高舉，綁在擱腳架上，強烈的燈光照著我。我不明白為什麼要動手術，我肚子裡已經沒有東西。我哀求動手術的年輕醫生，請他告訴我。他站在我敞開的雙腿間，吼道：「我可不是你的水電工！」在麻醉藥開始生效前，這是我聽到的最後一句話。

（「我可不是你的水電工！」這句話，就跟所有標示這個事件的話語一樣，不過是非常平常的句子，是人們不經大腦就脫口而出的那種話。可這一句話，一直在我體內熊熊燃燒。不論是一再重複，或是社會政治評論，都無法減弱它的強度！這是「大出我意料」的一句話。一瞬間，我以為自己看到一身白袍、戴著塑膠手套的男人，一邊對我大吼「我可不是你的水電工！」，一邊把我痛打一頓。也許，他是看了當年大受歡迎的費南德・雷諾所畫的某幅漫畫，讓他脫口而出這句話。這樣的一句話，再次劃分了我眼中的世界，區分出醫生和工人、醫生和墮胎的女人、統治者和被統治者的階級。）

我醒過來時，已是晚上。我聽見有個女人走進來，後來吼著叫我閉嘴。我問她我的卵巢是不是被拿掉。她惡聲惡氣地回答：

只是刮個子宮而已。我一人獨占一間房，穿著醫院的睡衣。我聽見嬰兒在哭。我的肚子是個鬆垮的空殼子。

我明白自己在這一夜失去了少女的身體，私處生氣蓬勃又神祕的少女身體，即便接受過男人的陰莖也不會改變——反讓它越發活躍，更加神祕。我的私處曝露在那兒，大敞著，腹部洞開，被刮過。就像我母親的身體。

我拿床腳的病歷表來看。上頭寫著「utérus gravide」（子宮受孕）。這是我第一次看到「gravide」（受孕）這個字眼，我討厭這個字。它讓我想起一個拉丁字gravidus，應該是「沉重」的意思。我不明白為什麼要這麼寫，我已經沒了孩子。人們想隱瞞真正發生過的事吧。

中午，有人送來餐點，盤裡裝滿氽燙的肉和葉梗分明、煮得熟爛的包心菜。我沒法吃。我覺得餐盤裡的東西是我的胎盤。

走廊傳來巨大的騷動，似乎是餐車造成的。每到固定的時間，總有女人的聲音嚷著「奶油，給哺乳的X，奶油，給哺乳的Y」，像是特別待遇。

昨晚的實習醫生來看過我。他待在房間另一頭，看起來侷促不安。我以為，他為自己在手術室的粗暴態度感到慚愧。我替他難過。但我錯了。他會慚愧，不過是因為他事先毫不知情，才用對待工廠女工或超市收銀員的態度，來對待我這個文學院學生。這個真相，當晚我後來就發現了。

所有的燈光熄滅了好一段時間。值班護理師是個頭髮灰白的女人，她來到我房裡，一語不發走到我床頭。在床頭燈的半明半暗中，她看來和藹可親。她用責備的口吻對我低語：「昨晚，您怎麼沒告訴醫生，您跟他一樣？」我遲疑了幾秒，總算明白她的意思是：「跟他一樣，屬於他那個世界。」動完刮除手術，他才知道我是學生，也許是看到了我的學生保險卡。她模仿實習醫生吃驚和暴跳如雷的樣子，「到底是為什麼！她怎麼不告訴我！為什麼！」，彷彿我的作為也讓她忿忿不平。我當時該是想，她說得對，他那樣粗暴地對待我，全是我的錯：他並不知道自己在和誰打交道。

她離開時，意有所指地做出結論：「這樣一來，您可輕鬆多了。」她指的是墮胎的事。這是我在天主醫院唯一聽見的安慰話語。也許，我能夠堂而皇之違反法律，該感謝的不是助我一臂之力的那些女人，而是右派那些「有頭有臉人物」的認可。

（在一九六四年一月二十日凌晨值班的這位醫生，假如我知道他的名字，假如我也還沒忘，我想必會在這裡寫下他的名字。可是這樣的報復無濟於事，也不公平，因為像他一樣的行為，該是隨處可見。）

我的胸部開始腫脹疼痛。是脹奶，別人跟我說。我沒想過自己的身體會製造奶水，來餵養三個月大的死胎。孩子已經離世，自然的機制依然運作。有人替我用繃帶捆住胸部。一圈又一圈壓平它，彷彿要讓它縮進身體裡頭似的。我感覺胸部就此扁平下去，永遠不會再挺立。護理師在我的床頭桌放下一大罐花草茶，「等您全部喝完，胸部就不會痛了！」

尚．T、LB和JB一道來看我，我講述大量出血的經過，還有被送來醫院後的可怕遭遇。我用的是幽默口吻，他們也聽得開心，但我沒交代某些讓我念念不忘、日後不斷回想的細節。

LB和我，喜孜孜地比較墮胎經驗。JB告訴我，他聽巷口雜貨店的老闆娘說，要墮胎，犯不著大老遠跑到巴黎，他那一帶就有個墮胎婆，只收三百法郎。我們開著玩笑，早知道可以省個一百法郎呢。現在，可以對煩惱、對恐懼付之一笑，可以對一切付之一笑，一切的一切，都無法阻止我違背法律。

待在天主醫院的那五天，我不記得自己讀了任何書。三個月來，這是第一次，我無須再等待什麼。我躺在床上，望向窗外，看到醫院另一翼的屋頂。

剛出生的嬰兒不時哭著。我的房裡沒有搖籃，不過我也經歷了生產，我不覺得自己和隔壁的女人們有何不同。我甚至覺得自己比她們多懂了些什麼，因為我的孩子已經不在人世。我在宿舍廁所產下一個生命，同時間，那也是死亡。生平第一次，我感覺自己踏進女人的陣營，負有傳宗接代重任的女人。當時是陰沉的冬日。我在世界的光亮裡飄浮。

一月二十五日禮拜六，我離開了天主醫院。LB和JB替我辦出院手續，送我到火車站。我在附近的郵局打電話給N醫生，告訴他事情結束了。他建議我繼續服用盤尼西林——天主醫院的醫生沒開任何藥給我。我回父母家去，藉口自己染上感冒，立刻上床休息。我要他們請V醫生過來。他是我們的家庭醫生。N醫生已經告訴他我墮胎的事，他便低調前來幫我看診，開了盤尼西林給我。

母親一走遠，V醫生開始興奮地竊竊私語，想知道是誰幫我做的。他笑道：「您何必大老遠跑到巴黎去，這條街上有個太太（他說的這個人我並不認識），她的技術可好著呢。」現在，我不再需要墮胎婆了，這才知道到處都有她們的存在。不過我不敢痴心妄想，V醫生支持右派，每個週日望彌撒都坐在第一排，卻只能在事後才提供地址。他坐在我床上，為我倆共享的祕密感到開心。來自「下階層」的乖學生很容易就讓他產生同志情誼，這樣的學生，將來也許會進入他的世界。

出院後，在父母家度過的那幾天，我只保留了一段記憶。我斜躺在床上，任窗戶大敞，讀著十八分之十出版社發行的傑哈·德·奈維爾（Gérard de Nerval）詩集。我盯著自己在陽光下曝曬、裹著黑絲襪的雙腿。是另一個女人的腿。

我回到盧昂。那是個冷冽、陽光普照的二月天。我返回的世界，似乎不再是同一個世界。行人的臉、汽車、大學餐廳桌上的托盤，我眼中的一切似乎都蘊涵著象徵意義。但因為多得無可勝數，我只攫取了其中一樣。一邊是蘊涵太多意義的某些人、某些事物；另一邊，則是毫無意義的語句和字彙。我的神智無比清明，日夜如一，那是語言無法描述的狀態。我睡得很淺，我肯定自己一直是醒著的。白白小小的人兒飄浮在我眼前，就像朱勒·凡爾納（Jules Verne）的作品裡，被丟到外太空的狗骨頭，跟著太空人飄來盪去。

我到圖書館念書，準備十二月中旬起就不曾再碰的論文。閱讀變成耗時的大工程，我覺得自己像在破解艱澀的密碼。我的論文題目是超現實主義文學中的女人，整體概念似乎清晰明白，可是我沒法將它分解為一個又一個的觀點，條理分明地陳述。在我眼裡，這個題目彷彿是夢境的畫面，輪廓模糊，可是真實性不容置疑。圖書館裡，學生在努力啃書，肥胖的館員兜著一個查圖書目錄的女孩打轉，我的論文題目甚至比這些人都來得真實。我心領神會，那是一種不待言語的知性。

我在房裡聽巴哈的〈聖約翰受難曲〉，教士開始獨唱，以德文吟誦耶穌受難的經過，那彷彿是以我陌生的語言，講述十月到一月期間，我親身經歷的試鍊。接下來是和聲：**往何處去！往何處去！**廣大無垠的視界開展在我眼前，卡地內通衢的廚房、導管、汩汩鮮血，流淌過全世界的苦難和永恆的死亡。我感覺自己獲得了救贖。

我在大街小巷穿梭，體內深藏了一月二十一日凌晨那宛如聖物的祕密。我不知道自己達到的究竟是恐懼或是美的極限。我感到自豪。就像孤獨的航海家、吸毒者和小偷，跨入無人膽敢履足之地時，那樣油然而生的驕傲。也許，是我的沾沾自喜，讓我寫下這些文字。

某晚，O帶我去參加舞會。我坐在酒吧最裡邊，看著大家跳舞。大夥跳得這樣開心，讓我好生訝異。看著其中一個女孩安妮·C，穿著那個冬季流行的白羊毛洋裝，一臉神采飛揚，我重新意識到自己身處的位置。我受邀參加一場儀式，夾雜在眾多賓客之間。而這場儀式的意義，於我是如此陌生。

某天下午，我跟著醫學院學生傑哈·H，回到他在花束街的房間。他脫掉我的毛衣和胸罩，我看見自己瘦小乾癟的乳房——兩個禮拜以前，它們還脹滿奶水。我很想跟他說墮胎的事，說P－R女士。但我對這個男孩失去了慾望。我們只是一起吃了他母親做的蛋糕。

另一天下午，我走進馬內大道附近的一間教堂，聖帕提西教堂，我向教士告解，為墮胎一事懺悔。我馬上就意識到自己做了錯事。我自以為身處光明，問心無愧，可對他來說，我是有罪之身。走出教堂的時候，我明白，自己不會再信教。

不久之後，三月，我在圖書館又碰見賈克・S，就是我第一次去看婦產科時，陪我走到公車站的男同學。他問我論文寫得如何。我們走到大廳閒聊。和往常一樣，他一邊說話，一邊在我身旁轉來轉去。他打算在五月提出論文，題目是特華城的基督徒；我說我才剛動筆，讓他大吃一驚。我拐彎抹角告訴他，我去墮了胎。也許因為我痛恨他出身的階級，想刻意挑釁。他這個工廠小開，只要一提到工人，老像在說另一個世界的人。或許，也因為我的自負，我想向他炫耀。待他恍然大悟回過神來，竟愣在原地，眼睛睜得老大，直勾勾盯住我。那不可見的一幕讓他又驚愕又著迷。就我記憶所及，一和男人提及此事，他們必然露出著迷的神情。[3] 他不停說著「佩服！佩服！」，一臉恍惚。

3. 我馬上就意識到，約翰・厄文《蘋果酒屋法則》（*The Cider House Rules*）一書，恰巧是個好例子，顯示墮胎這件事對男人來說，有著多大的蠱惑。書中的一個男人角色，眼睜睜看著女人因非法墮胎死去，接著把她們帶到某個診所，將子宮裡的東西掏得一乾二淨；他也撫養女人生產後拋棄的嬰兒。子宮和血構成的夢幻世界，那個男人，攫取、操控了女人的生死大權。

我又去找N醫生。他仔細替我做過檢查，微笑著對我說，我可是安然無恙地度過了難關；他的口氣像是讚美，帶著滿足。他不自覺地讓我再次把承受的痛苦轉化為個人的勝利。他給我一個放在陰道的避孕器，再加上兩管殺精劑。

我沒把導管寄還給P－R女士。我想，憑我所付出的代價，我有權支配它。某天，我開家裡的車出去，把它扔進公路旁邊的森林。稍後，我很後悔自己的行為。

我不曉得自己在哪個時刻回到所謂的正常世界；那是由某些隱約模糊的規則所構成的世界，每個人都明白規則的箇中含義。

也就是說，看見閃閃發亮的洗手台，或是火車乘客的臉，再也不會讓我害怕或是痛苦。我開始動筆寫論文。晚上去當保母，去心臟科診所當值班總機，好慢慢還清墮胎的費用。我到電影院看奧黛莉．赫本和卡萊葛倫主演的《謎中謎》（*Charade*），還有珍摩露和白蒙度挑大樑的《香蕉皮》（*Pean de Banane*），這幾部片子沒讓我留下半點印象。我剪去一頭長髮，配了隱形眼鏡。戴隱形眼鏡，對我來說，就像在陰道裡放避孕器，一樣困難重重又教人提心吊膽。

　　我不會再見過P－R女士。可我不斷想起她。我該說，是這位有點貪婪的女人（她窮，情有可原）把我從母體中取出，將我帶到人間。我該把這本書獻給她。

許多年以來，一月二十一日是我的紀念日。

現在我明白，得經過這場考驗和犧牲，才能讓我有生孩子的念頭，才能讓我接受痛徹心扉的生產，輪到由我負責傳宗接代。

我終於寫完所經歷的一切，那像是一次全面性的人生體驗，包含著生與死、道德與禁忌、時光歲月，以及法律。我整個人親身承受的一切。

我從不覺得自己犯了罪。我唯一譴責自己的部分，是我竟然讓這種事發生，卻不曾回顧這段經歷，就像一份被白白糟蹋的禮物。藉著這本書，我消除了這僅有的罪惡感。我所經歷的一切，包含了社會與心理的起因，但是其中有個理由，我再確定不過：正是發生了這種事，我才能有所頓悟。我的人生，也許只有唯一一個真正的目標：將我的身體、感覺、想法轉化為文字，也就是某種清楚易懂、普遍性的東西，好讓我的生命完完全全融進其他人的腦海和生活。

這天下午，我回到巴黎第十七區，重訪卡地內通衢。我拿著地圖，計畫該怎麼走。我想找到那間咖啡館，我曾坐在裡頭等著赴P－R女士的約。還有我曾久待的一間教堂——聖查理·波洛美教堂。地圖上只有一間叫聖查理·摩梭的教堂。我想也許是同一間，只是名字改了。我在馬勒瑟貝站下車，一直走到托克維爾街。大約是四點鐘，天氣寒冽，陽光燦爛。卡地內通衢的路牌已經換新。新路牌上方，骯髒的舊路牌還掛在那兒，字跡已經模糊不清。街上空無一人，一扇門前掛著偌大的招牌「塞納烏瓦茲省納粹集中營倖存者協會」。我不記得以前看過這個牌子。

我找到P－R女士的門牌號碼。我站在門前，大門緊閉，有密碼鎖。我繼續往前走，站在通衢中央，往深處瞧，兩道牆之間的縫隙透出光亮。我沒碰見半個人，也不見汽車駛過。我覺得自己在模仿某個人物的行為舉止，卻全然無動於衷。

來到卡地內衢道盡頭，我往右轉，尋找教堂。教堂叫聖查理．摩梭，不是聖查理．波洛美。教堂裡頭，有尊聖女麗塔的雕像，我想起墮胎那一天，我曾替她點燃一支聖燭，因為人家說，她守護的是深陷絕境的人。我再走回托克維爾街。我自問，自己究竟是到了哪間咖啡館，一邊喝茶，一邊等待赴約的時刻來臨。從外頭看，沒有一家店讓我有印象，可我敢肯定，只要讓我瞧見廁所，我就能辨認出是哪一間。那間咖啡館的廁所位在地下室，動身前往P－R女士的公寓以前，我下樓上過廁所。

我走進布拉扎咖啡館，點了杯熱巧克力，拿出要批改的作業，不過我讀不進半個字，我不斷想著，該去看看廁所。一對年輕情侶傾身隔著桌子接吻。我終於站起身，問吧台服務生廁所在哪裡。他指指大廳最裡頭的門。門後是個小房間，有個洗手台，洗手台上掛了一面鏡子。鏡子右手邊有道門，廁所的門。廁所是土耳其式便池。三十五年前，那間咖啡館的廁所是不是這個樣子，我已不復記憶。當時，這個細節不會讓我大驚小怪，因為所有公廁都是這般模樣：水泥地上的一個洞，洞的兩側各有個小台階，好讓人放腳，好讓人蹲下。

回到馬勒瑟貝地鐵站，我站在月台上，心裡想，我本來以為，回到卡地內通衢，會有什麼事情發生。

寫於西元一九九九年二到十月

附錄

編輯說明

二〇〇三年，大塊文化出版了安妮・艾諾兩本自傳體小說《嫉妒所未知的空白》（*L'Occupation*）、《記憶無非徹底看透的一切》（*L'Événement*）。艾諾以第一人稱的「我」發聲，以私小說的形式，赤裸坦誠地挖掘、暴露、解剖自身的慾望，呈現一種不矯飾造作的女性敘事聲音。由此，深入探討女性身體自主與社會道德標準之間的扞格與掙扎、個人記憶與書寫的關係，更直面身為人的最深沉慾望。

二〇二二年，諾貝爾文學獎頒給了這位從二十歲開始以文字刻畫外在與內在世界的法國作家。大塊文化特地重新出版安妮·艾諾的兩本著作，期望她特殊的寫作觀點與文學技法能為新世代帶來啟發，尤其是個人心理探索過程中與社會環境變遷的對話與引用。

二〇二二年諾貝爾文學獎獲獎理由——

「安妮·艾諾發揮了勇氣和手術刀式的精準筆法，掀開個人回憶的根源、疏離與集體束縛。」

安妮・艾諾生平大事記*

一九四〇年 九月一日生於諾曼第利勒博納（Lillebonne）。父母開咖啡店及雜貨店。

一九五八年 十八歲離家，去兒童夏令營打工。

一九六〇年 到倫敦當互惠生（au pair），在寄宿家庭擔任保母工作，開始嘗試寫作。後來她將這段經歷寫進《女孩的故事》（*Mémoire de fille*）。返法後，在盧昂大學主修文學，後轉往波爾多。

* 資料來源：安妮・艾諾作家介紹網站（https://www.annie-ernaux.org）、維基百科（https://en.wikipedia.org/wiki/Annie_Ernaux）。

一九六七年 父親過世。

一九七一年 完成現代文學的高等學位。

一九七〇年代 取得教師資格之後，先後在安錫、朋特瓦茲的幾所中學任教。

一九七四年 第一部作品《空衣櫥》（*Les Armoires vides*）問世。

一九七七年 加入國家遠距教育中心，任教長達二十三年。

一九八四年 《位置》（*La Place*）榮獲荷諾多獎。

一九九八年 《羞愧》（*La Honte*）入選《出版人週刊》年度好書。

二〇〇八年 《歲月》（*Les Années*）出版，被視為艾諾的頂峰之作，獲頒諸多獎項，包括莒哈絲獎及莫里亞克獎。

二〇一七年 艾諾以《歲月》獲頒尤瑟納獎，表揚創作成就。

二〇一九年 《歲月》入圍國際布克獎。

二〇二一年 改編自《記憶無非徹底看透的一切》的電影《正發生》榮獲第七十八屆威尼斯影展金獅獎。

二〇二二年 獲頒諾貝爾文學獎，為此獎頒發的第一位法國女性作家、第十六位法國作家。

重要作品列表*

Les Armoires vides, 1974（空衣櫥）

Ce qu'ils disent ou rien, 1977（他們所說的話語或虛無）

La Femme gelée, 1981（冰凍的女人）

La Place, 1983（位置）

Une Femme, 1987（一個女人）

Passion simple, 1991（簡單的熱情）

Journal du dehors, 1993（外在日誌）

* 按出版時間排列，除已有中譯者，書名皆為暫譯。

La Honte, 1997（羞恥）

«Je ne suis pas sortie de ma nuit», 1997（「我還沒有離開我的夜晚」）

La Vie extérieure: 1993–1999, 2000（外部生活）

L'Événement, 2000（記憶無非徹底看透的一切）

Se perdre, 2001（沉淪）

L'Occupation, 2002（嫉妒所未知的空白）

L'écriture comme un couteau, 2003（像刀一般的書寫）

L'Usage de la photo, 2005（相片的用法）

Les Années, 2008（歲月）

L'Autre fille, 2011（另一個女孩）

L'Atelier noir, 2011（黑暗的工作室）

Écrire la vie, 2011（書寫生活）

Retour à Yvetot, 2013（回到伊沃托）

Regarde les lumières mon amour, 2014（我的愛，請看光）

Mémoire de fille, 2016（女孩的故事）

Hôtel Casanova, 2020（卡薩諾瓦飯店）

Le jeune homme, 2022（年輕男人）

國家圖書館出版品預行編目資料

記憶無非徹底看透的一切／安妮・艾諾（Annie Ernaux）著；張穎綺譯. -- 二版. -- 臺北市：大塊文化出版股份有限公司, 2022.12
144面；14.8×20公分. --（mark；41）
譯自：L'Événement.
ISBN 978-626-7206-31-7（平裝）

876.57　　111017201

L O C U S

LOCUS

LOCUS

LOCUS